国家社科基金
GUOJIA SHEKE JIJIN HOUQI ZIZHU XIANGMU
后期资助项目

企业历史亏损的作用机理与治理机制研究

Research on Functioning of and Governance Mechanism
over the Enterprise Historical Loss

刘红霞 著

中国财经出版传媒集团

经济科学出版社
Economic Science Press

国家社科基金后期资助项目
出版说明

后期资助项目是国家社科基金设立的一类重要项目，旨在鼓励广大社科研究者潜心治学，支持基础研究多出优秀成果。它是经过严格评审，从接近完成的科研成果中遴选立项的。为扩大后期资助项目的影响，更好地推动学术发展，促进成果转化，全国哲学社会科学工作办公室按照"统一设计、统一标识、统一版式、形成系列"的总体要求，组织出版国家社科基金后期资助项目成果。

全国哲学社会科学工作办公室

前　言

　　我国在经济转型过程中出现了许多亏损企业，既包括长期经营亏损靠政府补贴和负债赖以生存的僵尸企业，也包括已经扭亏为盈但仍背负着大额负向未分配利润"包袱"的历史亏损企业。历史亏损企业有别于僵尸企业，这类企业是盈利企业，只是因为经营利润无法弥补以前累计的负向未分配利润余额"包袱"，使得企业受到分红约束和股权融资约束。根据无可供分配利润不分红原则，历史亏损企业的股东无权得到现金股利收入，企业在公开资本市场进行股权再融资渠道受到限制，这在一定程度上钳制了企业生存与发展的内生动力与能力，成为企业转型升级、向高质量发展的桎梏。进一步，历史亏损也将影响股东和债权人的利益保护。因为当企业存在巨额历史亏损"包袱"时，即便企业经营盈利，股东也将长期无法通过股利收益分享企业经营成果，这是对股东利益的直接损害；巨额历史亏损"包袱"使得企业股权融资渠道受限，更多依赖债务融资，一旦发生债务违约风险将直接损害债权人利益。因此，消化企业历史亏损"包袱"需要企业、股东、债权人共同治理。此外，历史亏损企业转型升级需要借力国家政策扶持，政府参与治理至关重要。新形势下的企业转型升级，离不开政府的有效引导，政府通过不断完善体制、机制和政策，可为企业创造良好的外部环境和条件。历史亏损企业具有转型升级并持续发展的潜力，若能借助政策纾困和外力扶持，很快释放历史亏损"包袱"，不仅能使企业提升创新发展动力，而且可以加快企业转型升级的进程。

　　目前，这类负重前行的历史亏损企业的数量在我国不容小觑。探索我国历史亏损企业未分配利润为负问题，进而提出能够改善、释放历史亏损"包袱"的对策具有迫切性与现实性，也是进一步推进相应主体有序开展生产经营活动的客观要求。本书研究意义表现为：一是为历史亏损企业转型升级提供支持策略。通过探讨历史亏损企业分红约束、股权融资约束引致的相关问题，揭示当前我国历史亏损企业的治理状况以及历史亏损与补亏政策之间的关系，有利于历史亏损企业科学对待亏损"包袱"，相应研究成果为历史亏损企业脱困发展提供可行之策。二是为股东及债权人利益保护提供解决路径。本书从历史亏损企业分红约束、股权融资约束特征出发，对历史亏损企业股东利益保护、债权人利益保护进行实证分析，构建历史亏损企业共同治理机制，研究成果有利于提升股东及债权人利益保护能力，完善企业与利益相关者的契约治理。三是为完善我国相关资本制度法规体系建设提供经验证据。企业历史亏损特征产生于我国特殊的资本制度背景，尤其是资本公积补亏禁令的出台，在资本市场日益发展、资本运作手段更加丰富的条件下，客观上导致企业历史亏损和高额资本公积并存。资本公积用途受阻，造成累积未弥补亏损成为扭亏企业无以破解的难题，影响企业的高质量发展及长期可持续发展。通过追溯国家补亏政策演变过程，比较分析各国补亏政策，在一定程度上拓宽了历史亏损企业的补亏路径；通过对历史亏损企业失衡的所有者权益结构的揭示，从制度层面探讨了新资本制度下所有者权益内部结构的制度安排，以及股东、管理层、债权人之间的契约权利，为政府完善制度政策体系建设提供理论支持。

　　本书基于 A 股上市公司经验数据，分析历史亏损公司的财务特征及存在的问题，在此基础上验证了历史亏损对股东及债权人利益保护的影响效应及其作用机制；在梳理各国政府补亏政策经验基础上，对各种补亏政策工具的作用进行了实证检验；在企业、股东、债权人、政府四方主体利益协调基础上，针对历史亏损公司的亏损"包袱"问题构建了共同治理机制。本书研究从如下几方面做出了有价值的探索：一是锁定历史亏损公司这一特殊群体，关注上市公司历史亏损特征，拓展了亏损公司研究边界。二是引入所有者权益结构验证历史亏损与债权人利益保护的逻辑关系，拓展了财务学理论关于所有者权益内部结构平衡关系与债权人利益保护的研究视域，弥补了我国资本制度研究领域在实证分析方面的局限。三是从分红约束视角揭示了历史亏损公司大股东与管理层的合谋关系存在的条件，补充了合谋理论在财务学领域的研究文献。四是基于政府补助和非经常性损益对净利润的影响，对历史亏损公司是否真正扭亏提出了新的考量标准，可为科学界定历史亏损公司与僵尸企业边界提供参考依据。五是实证检验了我国补亏政策工具的影响效应及其补亏政策变化的经济后果，弥补了现有研究主要集中于法学领域以及规范研究的局限，并为我国公司资本制度的完善提供了经验证据。

　　本书是国家社科基金后期资助项目"企业历史亏损的作用机理与治理机制研究"（19FJYB025）的结项成果，项目主持人刘红霞是中央财经大学中国管理会计研究与发展中心、中央财经大学会计学院教授，课题参与人均为各高校青年教师，分别为孙雅男、李卓松、幸丽霞、周晓敏、李任斯、彭涛。该课题研究历经六年，倾注着研究团队的汗水与辛劳。本书还得到了中央财经大学学术著作基金资助。历史亏损是一个新课题，许多理论问题仍在探索和不断发展当中，本书涉及的相关建议还需要进一步完善。从这个角度说，本书主要是构建了完整的理论研究框架和分析思路，希望能够为相关领域学术研究和政府监管提供借鉴。

目　　录

第1章 总 论

1.1 研究背景与研究意义

1.1.1 研究背景

党的十九大明确指出，我国经济已由高速增长阶段转向高质量发展阶段，正处在转变发展方式、优化经济结构、转换增长动力的攻关期。就实体经济而言，进一步推动传统产业转型升级、强化经济实体的吸引力、提高企业核心竞争力应是该阶段经济工作的重要任务。2018年12月19日至21日，中央经济工作会议在北京举行。会议确定要稳步推进企业优胜劣汰，加快处置僵尸企业，推动企业高质量发展。2019年中央经济工作会议再次确定要有序推进僵尸企业处置。僵尸企业在我国主要是指那些持续经营亏损、资不抵债，靠政府补贴和负债赖以生存的企业（冯飞，2016）。目前学术界围绕僵尸企业的相关话题展开了系统研究与讨论，包括僵尸企业的认定（张栋等，2016）、僵尸企业的形成原因（朱舜楠和陈琛，2016）、僵尸企业的退出方法（熊兵，2016）等。如何激发企业的创新活力、提升企业的市场竞争能力，让那些绩效低下的企业，尤其是已无任何市场盈利能力的僵尸企业正常退出（程虹等，2016），是我国供给侧结构性改革的关键点。在关注僵尸企业退出与处置过程中，历史亏损公司作为一类特殊企业映入理论与实务工作者视域，亟待对其性质做进一步认定，厘清其与僵尸企业的边界，从而推动企业转型升级的进程。

历史亏损是指当期或以前年度已经实现经营利润扭亏为盈，但经营利润不能弥补以前年度经营亏损，在资产负债表上体现为大额负向未分配利润余额。目前，这类负重前行的历史亏损公司的数量在我国不容小觑，据国泰安（CSMAR）（以下均称 CSMAR）数据库统计，A 股市场 2007～2019 年间存在未分配利润负向余额的上市公司年平均在 360 家左右。其中当年利润为正的占 55.96%，连续两年为正的占 31.78%，连续三年为正的占 19.75%。这些企业由于无法用当期利润弥补历史亏损，根据无可供分配利润不分红原则，股东无权得到现金股利收入，企业在公开资本市场进行股权再融资渠道受到限制，必将对企业的经营活动以及未来发展造成影响。但是这些企业与僵尸企业有所不同，后者财务表现是企业陷入财务危机（刘奎甫和茅宁，2016），前者则是盈利企业，只是因为背负历史亏损"包袱"使得企业受到分红约束和股权融资约束，在一定程度上阻碍了这类企业的可持续发展能力。从理论层面看，背负历史亏损"包袱"的企业具有以下特点。

（1）历史亏损"包袱"是企业可持续发展的桎梏。历史亏损是指企业由于以前年度巨额亏损或连续亏损，目前虽已实现扭亏为盈，但仍存在巨额未弥补亏损的情形。按照企业会计准则有关规定要求，当年经营亏损反映为资产负债表所有者权益项目下未分配利润的负向发生额，企业可依据公司法规定，用未分配利润期初余额、以前年度提取的盈余公积进行亏损弥补。当企业某一年度发生巨额亏损或者因持续亏损进行债务重组，企业实现经营扭亏后仍未能弥补亏损的，则表明企业存在历史亏损"包袱"。由于历史亏损公司负重前行，若不能通过合理途径缓解融资约束、提升契约治理水平、轻装上阵，则后果不堪设想。历史亏损钳制了企业生存与发展的内生动力与能力，是企业转型升级、向高质量发展的桎梏。一方面，背负历史亏损"包袱"不利于企业可持续发展和资源优化配置。在证监会现有监管框架下，历史亏损将阻碍上市公司公开市场再融资能力。在银行信贷等非公开市场融资中，历史亏损将在金融机构对企业历史沿革、经营预测等因素审核评价中起到负面作用，影响企业整体资质及信用水平，进而影响企业对外融资，使企业错失经营转型和改革发展的良好时机，在社会资源筹集和配置过程中处于不利地位，影响关键技术、领先优势和核心竞争能力的培育。另一方面，背负历史亏损"包袱"不利于保护企业股东和债权人利益。无盈利不分配是各国公司法关于股利分配的基本原则，当企业存在巨额历史亏损"包袱"时，即便企业经营盈利，股东也将长期无法通过股利收益分享企业经营成果，这是对股东利益的直接损害。巨额历史亏损"包袱"使得企业股权融资渠道受限，更多依赖债务融资，增加财务风险。企业管理者在面临历史亏损时，可能会提高公司的风险承担水平，采用激进的投资或融资方式，从而损害投资人利益。

（2）从历史亏损公司到僵尸企业仅一步之遥。国内学者对历史亏损公司的研究主要集中在两个时间段：一是 20 世纪 90 年代关于国企改革过程中企业历史亏损问题的讨论，认为国有企业长久以来承担了应由政府完成的任务，企业富余职工过多、债务负担过重（马洪和刘世锦，1995；江小涓，1995），要让国企活起来，必须使其卸掉历史"包袱"走向市场（陈朝先，1995）。二是 21 世纪初关于如何化解农村信用社的历史亏损问题的讨论（王进诚和辛树人，2002；谢平，2001）。随着市场化进程的推进，在解决国有企业和农村信用社遗留问题之后，历史亏损讨论逐渐淡出学术研究的视野。2016 年国务院政府工作报告提出重点工作包括采取兼并重组、债务重组或破产清算等措施，积极稳妥处置僵尸企业。2019 年国务院政府工作报告进一步强调加快国资国企改革，依法处置僵尸企业。刘奎甫和茅宁（2016）对国外相关文献综述发现，对僵尸企业的界定需要满足"陷入财务危机"和"债权人继续提供借贷"两个标准。由于对这类企业的有效处置将会对股东和债权人利益产生极大影响，目前已有大量学术文献围绕僵尸企业的相关话题进行讨论和关注（熊兵，2016；朱舜楠和陈琛，2016；Bruche and Llobet，2012；Fukuda and Nakamura，2011）。在解决僵尸企业问题的同时，历史亏损"包袱"问题又一次成为亟待关注的话题。在供给侧结构性改革过程中，历史亏损有别于僵尸企业被赋予了新的经济内涵，特别是在经济下行压力下，企业的经营利润无法弥补负向未分配利润余额，分红约束以及股权融资约束使那些未分配利润持续为负的企业背着历史亏损"包袱"负重前行，若不能通过合理途径缓解、消化亏损"包袱"，轻装上阵，从历史亏损公司到僵尸企业仅一步之遥。

（3）历史亏损公司转型升级需要借力国家政策扶持。新形势下的企业转型升级，离不开政府的有效引导，政府应通过不断完善体制、机制和政策，为企业创造良好的外部环境和条件（中国企业联合会和中国企业家协会课题组，2017）。过去，政府为了鼓励企业转型升级曾利用政策以及其他特殊扶持方式，为企业提供了较多的投资与盈利机会（谢琳等，2012）。学术研究表明，对于那些经营风险极大、财务绩效极低的企业，若其存续状况主要依赖政府救助式补助或其他特殊政策，就是僵尸企业的预警信号（张栋等，2016），若政策扶持"僵尸"类企业，终将浪费政府财政资源，是新常态下企业转型升级的潜在危机（程虹等，2016）。如前所述，历史亏损公司是另一类特殊企业，虽然这类企业背负着巨额负向未分配利润而负重前行，但具有一定的盈利能力，具有转型升级并持续发展的潜力，若能借助政策纾困和外力扶持，就能在提升企业创新发展动力的同时，很快释放历史亏损"包袱"，加快企业转型升级的进程。

1.1.2　研究意义

上市公司未分配利润状况拷问了资本制度的科学性，影响着股东及债权人利益保护程度，它不仅是"上市公司分红"问题下备受关注的子话题，也是推进资本市场稳健发展的着力点之一。探索当前我国历史亏损公司未分配利润为负问题，进而提出能够改善、释放历史亏损"包袱"的对策具有迫切性与现实性，也是进一步推进相应主体有序开展生产经营活动的客观要求。具体而言，本书研究意义表现为以下几点。

（1）为历史亏损公司转型升级提供支持策略。当前供给侧结构性改革将亏损企业推向前台，如前所述，历史亏损公司具有一定的盈利能力，若能通过有效的制度安排消化历史亏损"包袱"，可加快企业转型升级的进程。本书通过探讨历史亏损公司分红约束、股权融资约束引致的相关问题，揭示当前我国历史亏损公司的治理状况，以及历史亏损与补亏政策之间的关系，有利于历史亏损公司科学对待亏损"包袱"问题，相应研究成果为历史亏损公司脱困发展提供可行之策。

（2）为股东及债权人利益保护提供解决路径。历史亏损公司面临着股东与债权人、管理层与债权人等代理冲突。历史亏损公司股东不能分红直接影响股东财富，从而加深了股东与债权人之间的冲突（Jensen and Meckling, 1976）。此外，历史亏损公司股权融资渠道受限，更加依赖负债融资，偿债风险增加以及管理层不负责的过度冒险行为会损害债权人利益（Keay, 2003）。本书从历史亏损公司分红约束、股权融资约束特征出发，对历史亏损公司股东利益保护、债权人利益保护进行实证分析，构建历史亏损公司共同治理机制，研究成果有利于提升股东及债权人利益保护能力，完善企业与利益相关者的契约治理。

（3）为完善我国相关资本制度法规体系建设提供经验证据。企业历史亏损特征产生于我国特殊的资本制度背景，尤其是资本公积补亏禁令的出台，在资本市场日益发展、资本运作手段更加丰富的条件下，客观上导致扭亏上市公司历史亏损和高额资本公积并存。资本公积用途受阻，造成累积未弥补亏损成为扭亏上市公司难以破解的难题，损害公司长期可持续发展。通过追溯国家补亏政策演变过程，比较分析各国补亏政策，在一定程度上拓宽了历史亏损公司的补亏路径。通过对历史亏损公司失衡的所有者权益结构的揭示，从制度层面探讨了新资本制度下所有者权益内部结构的制度安排，以及股东、管理层、债权人之间的契约权利，为国家政策体系建设提供理论支持。

1.2 国内外学术研究现状

基于本书研究的范畴与领域，从亏损企业分类及市场反应、股东利益保护、债权人利益保护三个层面展开分析评述。

1.2.1 亏损企业的分类及其市场反应

早期学术研究有个共同的特点，即不考虑亏损的属性，从财务绩效角度粗放地将公司划分为亏损公司和盈利公司两大类，对亏损公司的研究更多关注其财务表现与股价变动的相关性。美国学者海恩（Hayn）1995 年首次将亏损公司和盈利公司分离开来进行研究，发现亏损样本公司的会计盈余与股票价格之间的相关性比盈利样本公司要弱得多，甚至为负相关性。西恩和沃茨（Sin and Watts，2000）基于 1983～1993 年澳大利亚股票交易所上市公司样本数据，研究发现亏损与股票回报之间存在弱相关性关系，该结论与海恩（1995）的研究一致。之后，他们又聚焦于财务健康型公司的亏损进行研究，发现亏损的弱盈余反应系数取决于股东对未来盈余逆转的预期。换言之，股东认为这些财务健康型公司是有潜力的公司，这类公司可以通过管理者行为来达到扭亏为盈的目标。柯林斯等（Collins et al.，1999）利用简单盈余资本化模型对 1975～1992 年美国的上市公司进行检验，发现在模型中考虑净资产账面价值之后，原模型中亏损公司的会计盈余与股票价格之间稳定的负相关关系转为正相关关系，同时权益账面价值对公司股价具有很强的解释力。我国学者薛爽（2008）以 1998～2000 年 A 股上市公司为样本进行实证检验，发现公司权益账面价值、会计盈余以及公司发生的重组事件等因素对亏损上市公司股价有显著影响。孟焰和袁淳（2005）对 1998～2003 年度我国 A 股上市公司 5705 个研究样本进行了实证分析，发现亏损公司会计盈余价值相关性要明显弱于盈利公司，同时也发现净资产变量的价值相关性同样偏弱。

随着亏损公司在资本市场的数量上升以及亏损程度的不同，学者们意识到亏损公司的亏损性质具有异质性，应分类进行研究。考虑亏损的属性，朱斯和普雷斯科（Joos and Plesko，2005）首次利用亏损逆转（loss reversal）模型研究永久性亏损和短暂性亏损的公司样本，发现在短暂性亏损公司的亏损逆转机会较大，执行清算期权的可能性较低，因而这类亏损公司的股票价格一般在短期内不会马上下跌；永久性亏损公司意味着公司出现了财务困境，扭亏可能性很小，执行清算期权的可能性极大，因此投资者并不会对永久性亏损公司的股票定价。我国学者杜勇（2008）将亏损公司按照亏损属性不同分为了四种类型，对每类亏损公司的会计盈余与股票价格的关系进行了深入分析，发现单赤字、虚双赤两类亏损公司的会计盈余价值相关性较弱；由于实双赤公司和三赤字公司已经出现资不抵债的情形，投资者很可能执行清算期权，因而亏损信息将引起股价急剧下跌。鉴于亏损形成的原因具有复杂性，如公司所处的宏观经济环境（Klein and Marquardt，2006）、国企改制（叶檀，2006）、经济周期（薛爽，2008）等，郑海航（1998）按照亏损原因进行分类，将亏损上市公司分为经营性亏损和政策性亏损。其中经营性亏损被定义为因企业自身经营管理不善而形成的亏损，包括由于原材料价格上涨、产品成本上升等因素影响而带来的亏损，以及因产品供给大于需求、产品价格下降形成的亏损，还包括由于企业缺少诚信、商业信誉而产生的财务危机等；政策性亏损是政策因素造成的亏损，比如，受国家宏观调控机制影响而形成的亏损等。

总体来讲，目前文献已对亏损样本按照亏损程度、性质和形成动因不同予以分类进行研究，并对亏损公司的持续性问题进行了实证研究（杜勇和刘星，2009），这对本书研究具有一定参考作用。有鉴于此，刘红霞等（2018）对持续性亏损作进一步分类与实证检验，特别是对长期背负亏损"包袱"的历史亏损公司和僵尸企业做针对性研究，为本书研究样本的选择提供了理论基础。如何科学界定历史亏损公司与僵尸企业的边界，是企业转型升级与出清战略实施的关键。特别是当前供给侧结构性改革将亏损企业推向前台，化解企业历史亏损关乎改革成效能否落地，是改革的重要内容之一，对该问题的研究也具有较大的实践意义。

1.2.2　股东利益保护

早期学术研究认为，由于相关法律法规的不完善，更容易发生损害股东利益的行为。因此，学者们基本上是采用拉波塔等（La Porta et al.，1997）的研究思路从国家法律层面探讨投资者的相关权利以及相关规则是否得以有效执行（土晓梅和姜付秀，2007），研究旨在完善法律体系建设、提高股东利益保护程度（Mukwiri and Siems，2014）。

全球金融危机引发了学术界从经营层面对股东利益的关注，因为企业破产会直接损害股东的剩余索取权（Mukwiri and Siems，2014）。学者们从企业经营不同领域探讨股东利益保护问题，包括企业战略目标制定的科学化（Yoshitaka and Tatsuo，2007；张祖群和王波，2012），企业重组的经济后果（刘建勇和董晴，2014；黄建欢等，2012；Karim et al.，2016；姜付秀，2007），股利政策及其市场反应（李卓和宋玉，2007；吕长江和许静静，2010），企业现金流转移与投资效率（Ghosh and He，2015；魏明海，2007）等。

对股东利益保护的研究目前更多的是从公司治理角度进行讨论，研究发现，股东提供资本应拥有终极控制权以及公司现金流的剩余索取权。然而，他们没有参与公司的日常经营决策过程，必将面临两类代理冲突：一是股东与管理层之间的代理冲突。包括董事会与股东利益具有一致性，但管理层与股东利益不一致，需要借助薪酬激励以及其他监督机制来保证股东利益最大化（Ahmed and Duellman，2007；Francis and Martin，2010；LaFond and Roychowdhury，2008）。如罗瑟夫（Rozeff，1982）研究了股利政策对解决股东—经理人代理问题的作用，他认为支付现金股利的政策会给经理人带来压力，迫使经理人为他们的投资项目筹措资金，因而有助于降低资金浪费在非盈利项目的可能性。詹森和麦克林（Jensen and Meckling，1976）认为由于经理人和股东目标不一致导致代理问题，代理成本的主要原因在于自由现金流的存在，经理人倾向于持有现金以缓解融资约束和应对财务风险，而股东倾向于发放现金股利避免经理人滥用和过度投资。杨熠和沈艺峰（2004）、廖理和方芳（2005）研究发现，如果公司激励机制相对完善且公司薪酬水平市场化程度较高，那么未弥补亏损极有可能成为股东降低管理层薪酬的缘由；当巨额亏损导致预期业绩难以完成时，货币薪酬激励不足可能降低管理层履职效率和效果。此外，该类代理冲突还包括董事会与管理层利益一致，但他们与股东利益不完全一致的情形，需要设计董事会独立性以及股东影响董事会决策等机制来保护股东利益（Klein，2002；Zhao and Chen，2008；Duchin et al.，2008）。

二是大股东与中小股东之间的代理冲突。这是在股东利益保护过程中面临的第二类代理问题。拉波塔等（1999）研究发现股权集中的现象在世界范围内广泛存在，发展中国家尤为明显；作为管理者的大股东能够通过金字塔和交叉持股机制掏空公司,损害中小股东利益,因而高股权集中下公司治理的首要问题不再是股东与管理者之间的第一类代理问题,而是大股东与小股东之间的第二类代理问题。学者们分别利用亚洲 9 国,以及印度、韩国和保加利亚的数据提供了大股东掏空的支持证据 (Claessens et al.,2000;Bertrand et al.,2002;Bae et al.,2002;Atanasov,2005)。李增泉等(2004)利用我国 A 股上市公司 2000~2003 年的数据也证实了控股股东对上市公司的资金占用与第一大股东持股比例之间存在先升后降的非线性关系,通过企业集团和国有控制的公司大股东资金占用更严重。在此基础上,国内学者基于我国转轨经济发展阶段和资本市场监管特殊性,还讨论了特定情形下的掏空问题。如股权分置改革(吴斌等,2011;张利红和刘国常,2013)、A 股与 H 股或其他境外流通股交叉上市(吕秀华等,2013)有效减轻了大股东掏空现象;大股东参与定向增发(吴育辉等,2013),以及半强制分红政策下大比例现金分红(强国令,2014)加剧了掏空现象。

综观学术文献可见,股东利益保护领域的研究已涉猎较多内容且在逐步深化,但目前从公司资本制度入手探讨股东利益保护的文献较为鲜见。刘红霞等(2018)实证研究验证,高资本公积比例会加剧历史亏损对股东财富的损害。该研究结果为本书进一步研究提供了参考,在此基础上本书将针对"分红约束下历史亏损公司股东利益实现程度"这一基本命题,搭建公司资本制度与股东利益保护关系的理论研究框架,并为相关制度及政策体系建设提供经验证据。

1.2.3 债权人利益保护

由于股权不会对债权人提供任何保护,因此,债权人利益保护只能借助于制度以及契约权利(Keay,2003)。事实亦如此,学术研究脉络大致从法律制度保护和契约关系管理两条线索展开。

在顺应全球化竞争、信息时代的主基调环境下,对债权人利益保护的研究更多是从制度层面开始的,学者们意识到要从国家规制建设(La Porta et al. 1999;刘燕,2000)、偿债保障制度(张文魁,2000)、破产还债机制(Aghion et al.,1992;Paul,1999;万良勇和朱武祥,2013;何旭强和周业安,2006;李钢等,2010)等方面入手,完善债权人保护法律体系,实现债权人利益保护目标。此外,还有学者从法学视角以资本制度为着眼点,探讨资本原则的确定(Enriques and Macey,2001;朱慈蕴,

2004；赵旭东，2014），资本维持与债权人保护的关系（Armour，2000；李东侠和郝磊，2014；黄辉，2015），资本公积补亏（刘燕，2006；黄亚颖，2015）等具体问题，通过适合的资本制度平衡企业利益相关者之间的关系，达到最大限度保护债权人利益的目的。

从契约关系层面看，学术研究认为，在企业经营过程中债权人面临着两类冲突：一是股东与债权人利益冲突，这是由于债务契约给予股东一种次优投资的激励所造成的（Jensen and Meckling，1976），当股东利用债权人的资金进行投资时，股东可以获得全部的收益，而债权人要承受全部的风险，因此股东会利用债权人的借款进行过度投资，形成了资产替代效应（Jensen and Meckling，1976）；对于濒临破产的公司，由于投资带来的风险由股东全部承担，而债权人在公司清算中可以获得优先受偿权，因此，股东为了避免可能的损失会投资不足，产生债务悬置（Myers，1977）。股东与债权人的冲突表现为，通过提升企业杠杆以股利或股票回购方式将利益输送给股东（Jensen and Meckling，1976；Myers，1977），公司在借贷后进行高收益、高风险投资（黄辉，2015），将低风险资产置换为高风险的资产，以增加债权人的风险为代价提升股东的潜在收益（刘燕，2014）等情形。为了降低股东和债权人之间的代理冲突，保护债权人利益，有学者建议设计最优契约从股东与债权人关系视角探讨债权人利益保护问题，包括从资本结构角度分析短期债务、长期债务与权益资本之间的关系，探讨股东与债权人之间的利益平衡（Leland and Toft，1996；Grinstein，2006；肖作平和廖理，2007；刘燕，2014；童盼和陆正飞，2005）；对企业从事合并、分立、重大资产出售或转投资等交易进行限制，以防公司的资产形态变化损害债权人利益或者稀释债权人的财产保障（江伟和沈艺峰，2005；刘燕，2014）。还有学者建议加强内外部管理从而保证债权人利益不受损害，包括提高内部控制质量（李晓慧和杨子萱，2013）、加强审计独立性（李海燕和厉夫宁，2008）、加强政府干预（肖作平，2011）、增加会计稳健性（陶晓慧和柳建华，2007）等。二是债权人与管理层的冲突，这是由于债权人信息获取路径受限而面临着资金损失的潜在风险与可能性，包括公司在向特定债权人融资后进一步大举借贷，增加同一顺位或更优先受偿顺位的债务，或者为其他债务提供担保，从而造成在先债权人的债权稀释（刘燕，2014），以及管理层不负责的过度冒险行为对债权人的损害（Keay，2003），特别是当管理层与股东勾结，以债权人的利益为代价选择激进经营策略，从而损害债权人利益（Djembissi，2011）等情形。债权人是公司的主要利益相关者，公司靠债权人的资金进行运营，债权人通过行使清算权而剥夺代理人对企业的控制权，这就成为对代理人的"硬约束"（贾明等，2007）。因此，一方面，债权人可通过贷款担保、利率上调、债务期限结构、保险及索赔机制等手段实现自我保护（Keay，2003；Zhu，2014；陈骏和徐玉德，2012）；另一方面，管理层也必须充分考虑债权人利益，规避公司债务成本外部化风险（Keay，2003），通过完善契约履行机制来杜绝其债务协议中的潜在违约行为（Klein and Leffler，1981；张颂梅，2004），提高债权人利益保护水平。

综观相关文献发现，目前对债权人保护的制度研究大多从制度法律及契约关系层面反映债权人的利益诉求，鲜见从公司资本制度角度实证研究债权人利益保护的文献。刘红霞等（2019）首次从所有者权益视角揭示历史亏损公司的资本制度特征，并论证历史亏损公司债权人利益保护影响机制。在此基础上，本书将进一步建立历史亏损公司与债权人利益保护的逻辑关系框架，拓展财务学理论关于所有者权益内部结构平衡关系与债权人利益保护的研究视域，从而弥补我国资本制度研究领域在实证分析方面的局限。

1.3　公司资本制度

作为公司法的核心制度之一，公司资本制度的建立主要基于股东的有限责任和公司的独立责任两方面上。资本制度建立的目的旨在实现公司与利益相关者的利益平衡，进而在这个基础上追求公司利润最大化，实现资本价值，并推动市场经济发展。从微观企业角度看，公司资本制度是指公司资本筹集、运营、退出过程中的资本制度，主要涉及出资制度、减资制度、利润分配制度、公积金制度等。

资本制度演进历程可见，早期的资本制度特点较为明显，体现为不同法系对公司资本的约束具有极大的差异。比如，大陆法系国家执行的法定资本制，强调最低资本限额和对股息支付、股份回购的限制（Enriques and Macey，2001）。随着资本全球化进程的推进，本着引进外国资本、吸引投资者到本国投资或创业的目标，各国纷纷修改公司法律制度。因此，世界各国公司资本制度的立法表现出追求效率、放松管制、相信市场等特点（李长兵，2014）。因此，一些国家和地区依循英美国家的做法，采取了更为灵活的"授权资本制"，对资本的发行与缴纳法律层面不予约束，而是在公司章程中规定并授权董事会实施。还有一些国家和地区以大陆法系相关规定为基础，吸收了"授权资本制"的合理因素，采用了稍微缓和的"折衷资本制"，将发行公司资本的权力有限地下放给董事会，即董事会根据公司章程规定（股东会授权）决定资本的发行，但法律往往对首期发行以及随后发行的期限和数额进行了限制。

随着市场竞争的激烈化以及各国法律的不断完善化，无论是英美法系还是大陆法系国家均认识到，必须彻底破除法律制度上的障碍，放松公司监管，才能激发企业发展创新的积极性。2006 年英国《公司改革法案》正式通过，不再强制要求公司在章程中规定授权资本，允许私人公司在其减资时通过公司偿付能力声明替代现行的法院许可等。2008 年德国出台《有限责任公司现代化及防止滥用法》，将有限责任公司法定资本最低限额降低至 1 万欧元；同时有条件地承认隐性实物出资与现金出资具有同等履行义务的责任，同时明确规定公司向股东提供的信贷性给付与其对股东因此而享有的返还请求权具有同等的经济意义。由此可见，目前世界各国公司资本制度的立法趋于追求效率和市场导向，通过放松管制为资本的效率化的形成与运作提供最大的灵活空间（李长兵，2014）。

1.3.1　基本制度与原则

1.3.1.1　基本制度的种类

按照普遍认同的分类标准，公司法中的资本制度大致上分为法定资本制度、授权资本制度、折衷资本制度。

（1）法定资本制。法定资本制是指在公司设立初始，要求明确公司资本的注册总额及其法律规定的最低限额，还要求公司发起人股东一次认购、实缴或者募足全部注册资本的一种公司资本制度。该制度旨在最大限度防范商业交易活动风险，保护债权人利益。法定资本制度是大陆法系国家主要沿用的资本制度，其理论依据在于：一是股东按照公司设立协议规定出资形成的注册资本是公司信用的基础，也是公司日常经营发展的保证；二是股东出资是其承担有限责任的基本前提，是债权人利益的保障；三是公司资本可为公司经营过程中所产生的债务提供物质担保，在一定程度上规避交易第三人的交易风险。因此，法定资本制更多强调对公司资本形成安全完整的严格管制，突出公司资本的信用担保功能，对于实现公司资本充实，维护社会经济秩序的稳定发挥了根本性作用。

在实践中，法定资本制也凸显了自身的弱点：一是公司注册资本与实际所需资本的不匹配。注册资本成为一个账面数字，仅在名义上体现了股东以出资额为限对公司债务承担的有限责任，不能充分反映公司经营过程中的资产动态变化实际过程。二是法定资本制建立在一系列强制性规则之上，特别是将债权人利益保障建立在严格限制股东及经理层可能发生的机会主义行为上，在一定程度上限制了公司商业运营的灵活空间。这些也是许多国家（地区）开始反思法定资本制的原因。事实上，法国 2003 年 8 月废除了有限责任公司最低资本金制度，2005 年日本公司也废除了最低资本制度。因为法定资本制认为，公司以资本为信用，公司资本越雄厚，其信用越高。但在现实中，由于公司经营存在盈亏，且公司股票随市场价格波动而变化，公司的股本与公司实际财产价值并不保持一致，以至于无法依据公司股本状况来判断公司的信用情况（郭富青，2015）。此外，在借助有限责任公司形式从事商业活动被视为正常途径的时代，法定最低资本额的原始意义已不存在，在现实中或因太高而抑制投资者创业，或因太低而对债权人起不到保护作用（刘燕，2014）。原因在于，将公司的清偿能力完全寄托于公司资本实际上是一种虚幻（施天涛，2014）。

（2）授权资本制。授权资本制是指在公司设立初始，不需明确注册资本最低限额，也不需要发起人股东全部认购、实缴或者募足注册资本，仅在公司章程中明确注册资本总额，公司可依经营需要随时发行并募足资本的一种公司资本制度。该制度旨在提高公司资本的使用效率、保护投资人利益、提高公司经营活力。授权资本制是英美法系国家主要采用的资本制度，其理论依据在于：一是资本的根本是盈利，没有公司资本使用效率的提高，就不存在资本价值得到最大程度实现的可能性；二是如果设定最低限额的法定注册资本将会影响企业之间公平的市场竞争，因为该限制可能会形成行业进入壁垒，导致一些潜在的市场竞争者无法自由流动。授权资本制更多强调追求效率、放松管制，是一种相信市场并以赋权型规制为主导的公司资本模式。

在实践中，授权资本制也存在着潜在的风险：一是在授权资本制下，公司资本作用被弱化，在社会商业信用较弱的环境下，会严重损害社会交易的第三人利益；二是授权资本制往往赋予公司经营者（董事会）以较大的权力，在公司治理弱化环境下，会损害公司股东及债权人的合法利益。

（3）折衷资本制。这是大陆法系国家采取的一种折中的公司资本制度，其特点是充分考虑法定资本制和授权资本制的优点和弊端，以折中的方案为基础而形成的资本制度。具体而言，折衷资本制又分为折中授权资本制和声明资本制两种形式。折中授权资本制与授权资本制类似之处，是在公司设立初始，公司章程中就明确规定公司发起人股东无需全部认购、实缴或者募足注册资本，公司可依经营需要由董事会负责发行并募足资本；但是该制度又折中了法定资本制特点，要求授权资本的后续发行必须接受相关法律法规的严格约束，包括在发行比例上的限制以及发行时间上的限制等。声明资本制则是一种较为宽松的授权资本制，即在公司设立初始，公司章程明确规定了发起人股东应认购的注册资本总额，同时也允许在公司章程中规定董事会可以根据公司经营需要增加公司资本数额，当然该权限使用限于，董事会应在公司股本总额的比例范围内发行新股。

折衷资本制是大陆法系国家对其法定资本制的修正。如上所述，法定资本制是在社会商业信用较弱环境下产生的公司资本制度，虽然在一定程度上维护了第三方交易的安全性，但也影响了社会资本使用的效率，不利于引发社会投资的原动力。在此情景下，折衷资本制是发挥社会资本最大效用的一个较为理想的资本制度。随着社会信用的不断提升与发展，授权资本制将是每个国家最终公司立法更为重视的资本制度，在此基础上结合各国具体环境与其他方面制度相配套，形成完善的资本制度体系。在将折衷资本制细分为声明资本制和折中授权资本制两种形式的基础上，根据对于注册资本的监管从严格到宽松的程度不同，上述四个资本制度类型可以排列成一个连续频谱，即法定资本制最严格，折衷授权资本制次之，授权资本制再次之，而声明资本制最宽松（黄辉，2015）。

1.3.1.2 资本三原则

如前所述，随着社会信用环境的变化，公司资本制度也在不断演进。20 世纪中期之前，各国公司资本制度首选强制性规范，特别是大陆法系国家奉行的法定资本制，强调资本确定、资本维持和资本不变三大原则，亦即明确规定最低注册资本额，并且限定股东出资类型和范围，明令禁止股票折价发行；资本一经确定，不得随意改变，以严格的减资程序限制公司减资等（李长兵，2014）。这是因为公司法的一个基本特征就是股东仅承担有限责任，公司则独立承担全部债务责任，债权人承担公司不能清偿债务的风险（施天涛，2014）。可见，资本三原则是债权人利益不受侵害的重要保障。

（1）资本确定原则。要求公司在设立时必须在章程中明确公司的资本总额，并须由发起人股东全部认缴，在此前提下公司方可成立。具体而言，资本确定原则有两项要求：一是公司资本总额必须在公司章程中明确具体地说明；二是在公司设立时必须由全体发起人股东认足、实缴公司章程所确定的资本总额。由此可见，资本确定原则可以有效防止公司设立中的投机、欺诈行为，最终维护交易的安全。

（2）资本维持原则。亦称资本充实原则，要求公司在存续期间，其实有资产数额必须与公司注册资本保持一致。因为公司在经营过程中可能盈利也可能亏损，若发生亏损将可能导致公司的实有财产低于公司的资本，在公司偿债能力下降的情形下，很可能会损害公司债权人的利益。为了避免和减少这种情况的发生，许多国家在公司法中确定了资本维持原则。

（3）资本不变原则。要求公司资本一经确定不得随意变动，若必须增加或减少注册资本，公司必须严格依照法定条件和程序进行。可见，按照资本不变原则，公司资本不是绝对不能增加或减少，而是不能随意改变，必须严格按照法律规定进行。资本不变原则旨在防止公司因任意减少资本而使债权人利益受到损害，或防止公司因任意增加资本而稀释股权，使股东利益受到损害。

综上所述，资本三原则对于保证公司资本的真实完整，保护债权人的利益和股东利益等方面发挥了重要作用。但是，随着各国市场及商业信用环境的改善，以及各国资本制度的修改与不断完善，资本三原则也面临着废弃与修正。

1.3.2　英美法系的公司资本制度

属于英美法系的国家和地区，除英国和美国之外，主要是过去曾受英国殖民统治或采用英语的国家和地区，包括加拿大、澳大利亚、新西兰、爱尔兰、印度、巴基斯坦、马来西亚、新加坡、缅甸等国家。英美法系缺乏像大陆法系那样系统的门类齐全的成文法体系，也没有明确的公法与私法以及具体的法律部门的划分，往往采取社会生活需要什么法律就创制什么法律，或适时改变判例规则的做法。英美法系的法律渊源主要是判例法，其核心是"遵循先例"原则或"先例约束力"原则。

1.3.2.1　英国公司资本制度

英国公司资本制度主要从出资及减资制度、利润分配制度、公积金制度进行讨论。

（1）出资及减资制度。英国公司法对出资要求，公司股份不能折价发行，如果公司发行溢价股份，即超过票面价值的溢价金额必须转入"股份溢价"账户。公司法对减资要求，公司可以经特别决议减少公司股份资本，并更改公司章程体现减少的股份资本和相应的股份数。一般在下述情况下公司可实施减资程序：①公司资本高于实际需要的资本，因而将部分资本返还股东；②股本已发行但尚未缴足，公司资本已多于所需要的资本；③实物资本与账面资本不符，将已经损失或者没有对应资产的股份取消。

根据英国公司法的要求，减资程序如下：在公司通过特别决议后，公司向法院提出减资申请，法院需要对公司的减资申请做出判断与确认。在确保公司已经履行了对于债权人的保护程序后，法院还需要考虑的问题是，减资能否影响到公司的偿债能力？减资会带来股东利益不平衡问题吗？一旦法院确认公司的减资申请合理合法，则将法院批准公司更改资本的细节材料送交公司的登记机关。经登记后的公司减资决议才发生效力。

（2）利润分配制度。公司法总体原则是无盈利不分配，公司经营亏损金额必须在利润分配之前进行弥补；对股份持有人持有股本的报酬，采取从所得利润中支付股息形式，而这种股息只有在公司盈利的前提下方可支付。

在特殊情况下，公司若存在没有补足实收资本的亏损或是由于前几年的亏损表现在公司损益账的借方余额尚未抵消的情形，可从公司经常利润①中支付股息。也就是说，一般情况下公司应首先弥补以前年度亏损方可从经常利润中支付股息。在决定利润是否可以用来支付股息时，必须注意不能影响到资本的完整性。但是，固定资本和流动资本往往有差别：固定资本可能会有减少和亏蚀，经常收入超过经常支出的余额部分也可以分配，但流动或周转资本一定要保全。换言之，在确定可分利润之前，不需对固定资本的亏损先行补足。

在公司条例许可情形下，资本盈余是可以分配的。即当公司出售其项目的一部分，所得的金额大于公司的实收资本时，将多余的金额分配给股东们是合法的。然而，在将资本盈余分配前，必须确定资本金完整，为此，必须对整个项目的资产和负债情况进行法定的估价。资本盈余只有在下列情况下方能用于分配：①公司章程允许；②实际上已经以现金方式取得；③经过对资产和负债进行估价，确定其不属于实收资本部分。

---

① 企业经常利润是不考虑营业外收支等非经营性损益项目收支净额的利润，公式为：经常利润＝经营收入－（经营成本＋经营费用＋财务费用），其中，经营费用＝管理费用＋销售费用＋销售税金及附加。

需要注意的是，英国公司法规定，股息不能从资本中支付，即使招股章程或条例意图授权这样做也是禁止的，因为这样做意味着公司减少资本，而资本的减少必须按照公司法规定的方式办理才具有法定的效力。除了合法的利润分配（通常是股利）及经授权的减资或经其他合法授权程序之外的，任何公司资产向股东的转移或支付均被认为构成资本返还。也就是说，公司不应动用从股东手中所收到的股本支付股息，严令禁止任何公司资本向股东转移或支付的资本返还行为。

（3）公积金制度。英国的公积金制度不存在"法定公积金"与"任意公积金"之分，具有"任意性"特点，更注重"实用性"。具体而言，英国公司法对公积金的提取、使用和取消没有直接强制性规定，而是把权利交给了公司董事会，由公司董事会根据公司经营情况自主决定。英国公司法明确了这项属于董事会的分配权，规定在股息分配之前，董事会不仅可以从盈余中提取他们认为适当的数目作为一项或多项储备金，而且有权自由决定把储备金使用于最适宜使用盈余的任何地方（熊丹和李璟，2005）。其中"任何地方"涉猎范围很广，包括"公司的业务"和"合适的投资"等。由此可见，法律赋予了董事会较自由的公积金支配权，但是该权利仅限于把公积金用作经营资本使用，如果公司将其用于支付股息分配，则为禁止事项。因此，英国公司法也提醒公司的董事会，为谨慎起见，可将他们认为不宜分派的任何盈余结转下年而不提作储备金（熊丹和李璟，2005）。

英国公司法关于资本公积金的内容包括：①股本溢价；②资本赎回储备金；③累积未实现利润超过累积未实现亏损的数额，其中累积未实现利润应是以前未曾经过任何资本化处理的情形，累积未实现亏损应是以前未曾通过任何减资或重组手段进行冲销的情形；④股本再议价（相当于我们国家的资本折算差额）；⑤公司章程或细则禁止分配的其他资本公积金。在上述资本公积金组成内容中，股本溢价的作用最为明显，英国公司法规定股本溢价可冲抵发行股份的支出，支付股票发行过程中的佣金，可以全额转增公司股本，甚至可以通过红利股方式分配给股东。

英国公司法对于当期营业亏损的弥补来源、方式并未做单独规定，而是体现在利润分配制度以及资本减少相关的法律条款中。其一，当期营业亏损首先应从营业盈余中弥补。其二，减少注册资本抵消已实现的亏损，从而恢复公司账目的真实情况。其三，营业亏损弥补前虽然不能进行营业利润分配，但如果资本利润满足分配条件可以进行分配。同时也强调在营业利润不足以弥补营业亏损时，进行资本利润分配是不明智的。

1.3.2.2　美国公司资本制度

美国各州均有自己的立法权，就一般意义而言，美国的主要资本制度包括以下几点。

（1）出资及减资制度。美国公司法规定，公司发行股票以股份面值的数额为限形成设定股本；公司收到超过股票面值的那部分对价形成资本盈余。如果公司发行无票面值的股票，其收到的全部对价均为设定股本；如果公司按照相关规定仅确认其中一部分对价为设定股本的话，公司法也明确要求，公司在发行无票面值股票后60天内，董事会必须把设定股本外的其他对价部分转为资本盈余。

减少公司设定股本一般应关注以下内容：①召开公司董事会审议并通过减资议案，明确公司设定股本的数额以及减资的方式，此决议通过后应提交股东大会或特别会议表决。②用书面声明召开股东大会事宜，因为股东大会要依法审议董事会提交的减资议案，包括确定减少公司设定股本的数额和方式等问题，该重大事项必须依法令规定将股东会议的内容、时间和方式等，送达到对该议案有表决权的每一位股东。③减资议案需要有表决权股东对该问题进行表决，亦即需要有表决权的多数股份持有者同意后该议案方可通过。④公司应依法减少设定股本，当发生下列情形则不可进行减资：即公司设定资本总额减少到（或少于）在公司被迫解散时应支付给对公司资产具有优先权的总优先股数额，加上在公司被迫解散时对公司资产无优先权但有票面值的已发行股份的面值总额。

公司可以根据董事会决议，采用以下任何方式进行减资：①减少或消除已经收回的股份所代表的资本。②以将要购买或赎回的股份所代表的全部或部分资本，或者尚未分配给某一特定类别股本的任何资本用于在以其他方式获得授权的情况下，购买或赎回公司股本中已经发行在外的股份。③以将要兑换或置换的股份所代表的全部或部分资本，或者尚未分配给某一特定类别股本的全部或部分资本，或者同时采用上述两类资本用于以其他方式获得授权的情况下，兑换或置换公司股本中已发行在外的股份；但仅限于该等资本总和超过任何此前未予发行、并在上述兑换或置换之后可予以发行的股份的票面价值总和，或其额定资本的总和。④将下述各项转换为资本盈余：并非由公司股本中任何特定类别所代表的全部或部分资本；公司股本中已发行的面值股所代表的全部或部分资本，此等资本额超过该股份面值的总和；公司股本中已发行的无面值股所代表的部分资本。

如果资本减少后公司的剩余资产不足以偿付未以其他方式予以偿付的公司债务,则不得减少公司资本。

(2)利润分配制度。美国公司法对盈余、营业盈余和资本盈余做了区分,其中盈余等于公司的净资产减去公司的设定股本;营业盈余等于自公司成立之日起经营所得净收入和其他收益扣除亏损后的结余,减去分配给股东的分红收益,再减去转入公司设定股本和资本盈余的份额;资本盈余则为公司盈余扣除营业盈余后的剩余部分。

美国公司法规定,公司董事会可以用现金、资产或公司的股份支付股东股利,但不可违背以下规定:①从公司非保留和未限制的盈余中以现金或财产支付股利(另有规定的除外),或者以公司已经核准但尚未发行的股份支付股利。②以耗竭储备金支付股利(限于开发自然资源业务的储备金),但需要申明该股利支付来自于储备金,并向股东说明以储备金支付的每一股股利的金额。③用公司的库存股票支付股东的股利。④以某类别股支付的股利,不可支付给任何其他类别股份的持有者(公司章程有其他规定的除外)。

对于资本盈余而言,公司董事会可以动用公司的一部分资本盈余,以现金或实物资产的形式分配给股东,但不可违背以下规定条款:①若公司无能力支付股利时,即使具有表决权的公司各类别发行在外股份的多数持有者赞同,也不能动用资本盈余以现金、实物资产等方式对股东进行分配(公司章程另有规定的除外)。②在优先股或特别类别股的累积应付款项付清之前,公司不能动用资本盈余以现金、实物资产等方式对股东进行分配。③如果公司动用资本盈余对股东进行分配,使公司净资产减少,而且低于公司清算时的优先股数额(即公司清算时对公司资产享有优先权的股份持有者在公司被迫清算时所优先分得的数额),则公司不可做上述分配。④公司动用资本盈余以现金、实物资产等方式对股东进行分配时,应明确说明该分配出自资本盈余,并向股东说明每股分配数额。

(3)公积金制度。公司可依据董事会会议决议,从公司营业盈余中提取、设立或者取消储备金。美国公司法关于盈余及储备金的特别条款规定:①如果因为公司财产贬值,或者因为损失或其他原因,导致公司资本缩减,并低于就公司资产分配享有优先权的所有各类别的已发行流通股票所代表的公司资本的总额,则该公司董事会不得宣布并用公司盈余就其任何类别股本的任何股份支付股息,直到对公司资产分配享有优先权的所有各类别已发行流通股所代表之公司资本的不足数额得到补足为止。②公司的资本盈余可依董事会决议不断增加，该资本盈余是指公司营业盈余转入资本盈余的部分。此外，公司可依照董事会决议动用全部或任何部分的资本盈余从而减少或消除公司的累计亏损额，但其前提是公司的全部营业盈余必须首先用于弥补公司亏损，只有在公司累积亏损超过营业盈余时才可动用资本盈余。

需要说明的是，虽然美国公司法做出了资本盈余可以依据董事会决议弥补亏损的规定，但由于各州均有自己的立法权，有些州明确限定了利用股票发行溢价弥补亏损和分配股利的行为。但鉴于美国财务会计准则委员会（FASB）和其他州立法关于资本盈余中"股票溢价账户"补亏存在明确限制，故资本盈余对于美国公司能否用于弥补经营亏损不可一概而论。此外，虽然美国公司法没有明确减资的具体事由，但明确了减资的程序，同时指出依据公司章程和董事会决议执行，可见减资补亏应不违背法律规定。

1.3.2.3　英美法系公司资本制度启示

基于对英美两国公司法关于公司资本制度立法规定的内容分析，相关启示如下。

（1）英美法系的利润分配制度总体原则是无盈利不分配，对资本盈余限制严格。公司盈余在弥补亏损、提取储备金以后可以股利形式分配给股东。公司盈余可区分营业盈余和资本盈余，营业盈余是指公司盈余的一部分，是利润分配的基础，可以用来弥补亏损、发放股利等；资本盈余限制条款则比较严格，虽然以资本盈余分派股利在特定条件下合法，但整体限制较为苛刻。

（2）减资需要严格遵守特定的法律程序，以保护债权人利益。英美法系对减资的具体条件没有给予明确规定，但对减资的方式及其法律程序有明确的规范，旨在保护债权人利益不受侵害。如美国法律规定，公司可以通过董事会决议审议并通过减资议案，但同时明确规定了"偿债能力"标准，如若减资后公司的剩余资产不足以偿付公司债务则不得启动减资程序，体现了美国立法对债权人利益保护的关注程度。英国法律甚至明确了减资的具体事由，即公司可以通过决议减少其股本，但当公司资本面临严重损失（如净资产是其已召集股本的一半或更少时），董事会必须召集会议讨论应对措施。换言之，只要经由董事会决议并履行合法的程序，补亏也可以成为减资的合法理由。

（3）在公积金制度安排上，英美法系均赋予董事会更大的权利。英国和美国公司法及相关法律均明确规定公积金的提取与运用均可由董事会决议，公司可自主决定是否从营业盈余中�取储备金，且其运用途径指定不明显。如英国对"法定盈余公积"与"任意公积金"不予以区分，在财务报告中对于董事会决定提取的储备金仅披露"对自己股票的储备""公司条例（或章程）所规定的储备"等内容，并列于"资本和储备"栏下的第四部分"其他储备"中。

（4）资本盈余可否弥补营业亏损争议较大。美国公司法对于营业亏损的弥补途径做出了明确规定，即营业盈余首先用于弥补亏损，超过部分可以依据董事会决议动用资本盈余。但由于各州均有自己的立法权，有些州明确限定了利用股票发行溢价弥补亏损和分配股利的行为。此外，根据美国财务会计准则委员会的规定，所有者权益项下设置股票溢价账户用于计量股票发行溢价收入，该账户原则上不得用于弥补亏损，也不得用于股利分配，只能用于抵消股票折价发行等权益成本支出。英国法律则规定，营业亏损弥补途径为：营业盈余中弥补、减少注册资本抵消已实现的亏损、资本盈余补亏，但也强调进行资本利润分配是不明智的。

1.3.3　大陆法系的公司资本制度

大陆法系涉及较多国家，除法国、德国、比利时、奥地利、荷兰、瑞士、意大利、西班牙、葡萄牙等大部分欧洲大陆国家外，中美洲、南美洲、亚洲、非洲的许多曾作为法国、德国、荷兰等国殖民地和附属国的国家和地区，也属于大陆法系国家。甚至属于英美系国家的个别地区，如美国的路易斯安那州、加拿大的魁北克省、英国的苏格兰地区等，都属于大陆法系。日本在明治维新以后的立法也在大陆法系之列。大陆法系的法律渊源主要是成文法，格外重视法典的形式，重视法律的系统化。

1.3.3.1　法国公司资本制度

法国的资本制度体系对财务报告、准备金计提以及亏损弥补做出了具体规范。主要内容包括以下几点。

（1）出资及减资制度。公司股份是以实物或现金出资购得，股东必须认足全部股份，并全部予以缴纳，最低注册资本不得少于 2 万法郎。此外，要依据公司章程按照合法程序选择评估机构对股东的实物出资进行评估，载明每笔实物出资的评估价值；如果股东实物出资的评估价值未超过5 万法郎，且未经评估的实物出资总价值不超过公司资产的1/2 的情况下，也可以不对股东实物出资进行评估。

法国公司法规定，如果财务报告的损失导致股份有限公司的净资产少于其注册资本总额的一半以上时，公司应在财务报告批准日后 4 个月内决定是否有理由提早解散公司；如果没有按照公司章程要求决定解散，公司须在不迟于记录损失的第二个财政年度终结时将其资本减少，至少等于不能以储备金弥补损失的数额。

（2）利润分配制度。法国公司法规定，可分配利润是指该期间的利润减去以前年度累积的损失，加上根据法律或公司章程结转的款项以及以前年度累积实现的利润。股东大会可决定从其可用的储备金中分配款项，但应明确指出所分配的储备子项。股息主要来自该期间的可分配利润，除非资本减少发生，否则当股本少于根据法律或公司章程所要求的资本加上储备金的数额时，不得向股东作出分派。资产重估增值不可用于分配，可以全部或部分转入资本。

（3）公积金制度。公积金制度突出特点是其规定的"强制性"，尤其是法定公积金。有限责任公司和股份公司应从该财政年度的利润减去以前的损失（如适用）中扣除至少 5%，形成"法定准备金"。当该储备金达到股本的 10% 时，上述扣除将不再是强制性的。

1.3.3.2　德国公司资本制度

德国具有较为完善的公司法体系，既有能够涵盖各类注册形式及企业整个运转过程的综合性立法体系，也有仅针对特定注册形式或具体事务的专门立法体系。就德国公司资本制度而言，其主要内容包括以下几点。

（1）出资及减资制度。德国公司法规定，自然人、法人或人合公司等均可发起成立股份公司，且对发起人的人数没有限制，换言之，仅有一个自然人或法人股东出资也可以成立股份公司。对出资额的规定也比较宽松，股份公司的最低注册资本为 5 万欧元，每股最低面值为 1 欧元。公司法强调对股东实行同等待遇原则，要求在同等条件下平等对待每一个股东。

在减资方面，公司法区分正式的减资和简化的减资。正式的减资条件包括：①如果削减基本资本，必须取得代表着基本资本的至少 3/4 的多数股权的同意与认可。②如果有多个股票，股东大会的决议只有在获得各投票股东的同意后才有效。③正式的减资决议中应当规定，减资基于何种目的，是否偿还基本资本的份额。④减资方式包括降低股票的票面价值、合并股票等，决议必须说明减资的形式。简化的减资条件包括：①减资目的在于平衡价格下跌带来的影响，弥补其他损失以及将减资额转入资本储备金等行为。在决议中应当明确指出，这次减资是为此目的而作出的。②只有当法定储备金和资本储备金总额超过减资后剩余的基本资本的 10% 的那部分，且事先已经清除盈利储备金时，才允许采取简化的减资方式。换言之，只要还存在盈利结转账目，就不允许采取简化的减资方式。

德国公司法对债权人设置了减资保护条款：①在减资决议公告之前已确定债权的债权人，应在公告之后 6 个月内提出债权申报，只要债权人的权利得不到解决，公司就应提供保证金。在上述执行程序之后，公司才能在削减基本资本的基础之上支付股东的相关款项。②减资只能用于平衡跌价、弥补其他损失，以及将它作为转入资本储备金或法定储备金中的款项。其中，资本储备金、法定储备金以及削减资金不得用于对股东的分配，也不可以用于替代股东的投资额。只有在资本储备金和法定储备金总计不超过基本资本 10% 的情况下，才允许将解除其他盈利储备金所得到的款项转入法定储备金中，把削减基本资本而得到的款项转入资本储备金中。③在法定储备金和资本储备金总计达到基本资本的 10% 之前不得分红。只有在减资 2 年后的营业年度，才允许支付不超过 4% 的红利。如果在减资决议的公告发布以前确定债权的债权人已经得到清偿或得到担保时，只要他们在年度报告公布后 6 个月内已经就上述目的进行了债权申报，就不适用上述规定。按照简化的减资规定，公司的资本储备金、法定储备金、削减资本金额不得对股东进行利润分配。

（2）利润分配制度。德国公司法规定，在法定储备金和资本储备金总额达到基本资本的 10% 之前不得分红，结算盈余的使用与已确认的年度账目挂钩。在公司决议中，应分项详细说明结算盈余的使用情况，重点关注以下项目的说明：①公司盈余决算；②对股东的股利分配；③转入公司法定储备金的款项；④公司盈利的结转金额；⑤需要重点说明的其他附加支出。

（3）公积金制度。德国公司法要求公司应设立法定储备金，按照年度盈余扣除上一年度亏损额的 5% 计提计入法定储备金中，如果公司法定储备金和资本储备金总和达到公司基本资本的 10%（或者章程规定的较高金额）则可以不再计提。如果公司的法定储备金和资本储备金总和没有达到上述标准，公司储备金的用途：①弥补本年度的经营损失（在公司没有用上一年度的盈余或取消计提其他盈利储备金来补足亏损的前提下）。②弥补以前年度亏损（在公司没有用本年度盈余或取消计提其他盈利储备金来补足亏损的前提下）。如果公司法定储备金和资本储备金总和已超过公司基本资本的 10%（或者章程规定的较高金额），可以将超过的数额用于：①弥补本年度的经营损失（在公司没有用上一年度的盈余来补足的前提下）。②弥补以前年度亏损（在公司没有用本年度盈余来补足的前提下）。③增加公司资本。

德国公司法规定，股东大会可以做出决议，将资本储备金转化增加基本资本，以及盈利储备金转化为法定资本金来增加基本资本，其前提是资本储备金和法定储备金合计必须超过公司基本资本的 10%（或者章程规定的较高金额）；此外，若公司财务报告中显示有亏损状况，则资本储备金和盈利储备金不可以转化为基本资本。

1.3.3.3　大陆法系公司资本制度启示

基于对法国、德国公司法关于公司资本制度立法规定的内容分析，相关启示如下。

（1）公积金制度具有强制提取的特点。法国和德国均对公积金做出了明确规定，公司应从利润中按一定比例计提储备金，其中法国公司在资产负债表中列示为：法定盈余公积、由条例或规则规定的盈余公积、其他（任意）盈余公积。德国公司资产负债表的权益项目列示为：法定盈余公积、对自己股票的盈余公积、规章性的盈余公积、其他盈余公积。

（2）强调资本确定、维持与不变原则。法国和德国均在公司法中明确成立股份公司最低注册资本，强调债权人利益保护。其中德国规定，公司计提的法定储备金和资本储备金转化为基本资本的前提是二者的合计额应超过基本资本的 10%（或者章程规定的较高金额）；在二者的合计额未达到基本资本的 10% 时不可以给股东分红；只要在财务报告中显示了公司的亏损情况，资本储备金和法定储备金就不能转化为基本资本。法国公司法规定，当股本少于根据法律或公司章程所要求的资本加上储备金的数额时，不得向股东做出股息分派。

（3）减资可获得法律程序上的便利，但有完备的限制措施。无论是德国还是法国，虽然在减资程序上都豁免了对债权人的通知义务，但是对减资前后的公司利润分配事宜均有严格限制。比如，德国规定，如果减资目的是平衡价格下跌带来的影响、弥补其他损失以及将减资额转入资本储备金等，公司可以采用简化的方式进行，但在具体执行过程中强调非以亏损为由减资给予债权人异议权，即股东应按照法规和章程的约定条件审议和批准减资事宜，若股东大会通过非以亏损为由的减资计划，债权人可在法令规定的期限内对减少资本提出异议。

（4）明确了资本盈余补亏路径。德国规制要求，资本盈余在特定条件下可用于弥补亏损，即如果公司法定储备金和资本储备金总和已超过公司基本资本的 10%（或者章程规定的较高金额），可以将超过的数额用于补偿年度亏损、补偿上个年度的亏损结转、转增基本资本等。

综上，英美法系公司制度与大陆法系公司资本制度差异比较如表 1 - 1 所示。

表 1 - 1　　　　　　　　　　公司资本制度特点比较

类别	英美法系公司资本制度		大陆法系公司资本制度	
	英国	美国	法国	德国
出资制度	公司法对出资要求，公司股份不能折价发行，如果公司发行溢价股份，即超过票面价值的溢价金额必须转入"股份溢价"账户	美国公司法规定，公司发行股票以股份面值的数额为限形成设定股本；公司收到超过股票面值的那部分对价形成资本盈余。如果公司发行无票面价值的股票，其收到的全部对价均为设定股本；如果公司按照相关规定仅确认其中一部分对价为设定股本的话，公司法也明确要求，公司在发行无票面值股票后 60 天内，董事会必须把设定股本外的其他对价部分转为资本盈余	公司股份是以实物或现金出资购得，股东必须认足全部股份，并全部予以缴纳	对发起人的人数没有限制，只要有一个自然人或法人股东出资即可成立股份公司。成立股份公司的最低注册股份资本为 5 万欧元，每股最低面值为 1 欧元
减资制度	公司法对减资要求，公司可以经特别决议减少公司股份资本，并更改公司章程体现减少的股份资本和相应的股份数	公司可以根据董事会决议，采用以下任何方式进行减资：①减少或消除已经收回的股份所代表的资本。②购买或赎回公司股本中已经发行在外的股份。③兑换或置换公司股本中已发行在外的股份。④将特定资本转换为资本盈余	按法国公司法规定，如果财务报告的损失导致股份有限公司的净资产少于其注册资本总额的一半以上时，公司应在财务报告批准日后 4 个月内决定是否有理由提早解散公司	德国公司法对减资的债权人保护设置了保护条款：一是只要债权人的债权未能得到清偿，就应对其提供保证金；二是资本储备金、法定储备金以及从削减资本中得到的资金额，不得用于对股东的分配，也不可以用于替代股东的投资额

类别	英美法系公司资本制度		大陆法系公司资本制度	
	英国	美国	法国	德国
利润分配制度	公司法总体原则是无盈利不分配，公司经营亏损金额必须在利润分配之前进行弥补；对股份持有人持有股本的报酬，采取从所得利润中支付股息形式，而这种股息只有在公司盈利的前提下方可支付	美国公司法对盈余、营业盈余和资本盈余做了区分，其中盈余等于公司的净资产减去公司的设定股本；营业盈余等于自公司成立之日起经营所得净收入和其他收益扣除亏损后的结余，减去分配给股东的分红收益，再减去转入公司的设定股本和资本盈余的份额；资本盈余则为公司盈余扣除营业盈余后的剩余部分。公司董事会可用现金、实物资产或本公司的股份支付股利。可动用该公司资本盈余的部分资产，以现金或财产的形式，分配给股东	股息主要来自该期间的可分配利润。除非资本减少发生，否则当股本少于根据法律或公司章程所要求的资本加上储备金的数额时，不得向股东作出分派。资产重估增值不可用于分配，可以全部或部分转入资本	在法定储备金和资本储备金总计达到基本资本的10%之前不得分红。若公司财务报告中显示有亏损状况，则资本储备金和盈利储备金不可以转化为基本资本
公积金制度	英国公司法对公积金的提取、使用和取消没有直接强制性规定，而是把权利交给了公司董事会，由公司董事会根据公司经营情况自主决定	公司可依据董事会会议决议，从公司营业盈余中提取、设立或者取消储备金。美国公司法作出了资本盈余可以依据董事会决议弥补亏损的规定，但对于弥补途径也作出了明确规定，即营业盈余首先用于弥补亏损，超过部分方可动用资本盈余	公积金制度突出特点是其规定的"强制性"，尤其是法定公积金。有限责任公司和股份公司应从该财政年度的利润减去以前的损失（如适用）中扣除至少5%，形成"法定准备金"	如果公司法定储备金和资本储备金总和已超过公司基本资本的10%（或者章程规定的较高金额），可以将超过的数额用于：①弥补本年度的经营损失（在公司没有用上一年度的盈余来补足的前提下）。②弥补以前年度亏损（在公司没有用本年度盈余来补足的前提下）。③增加公司资本

资料来源：作者根据相关资料整理。

1.4 历史亏损、公司资本制度、股东及债权人利益保护之间的关系

历史亏损公司的财务特征将对股东及债权人利益产生极大的影响，公司资本制度也会对历史亏损与股东、债权人利益保护之间的关系产生调节

作用。因此，如何有效协调上述关系是本书研究的重点之一。

1.4.1　我国公司资本制度演变及其资本原则变化

我国公司法经历了 1999 年、2004 年、2013 年、2018 年四次修正，特别是 2005 年的修订标志着我国公司资本制度开始从法定资本制度迈向了授权资本制度的进程中，公司资本制度的改革也使资本原则发生了变化。

1.4.1.1　我国公司资本制度的演变

我国早期的公司资本制度是 1993 年《中华人民共和国公司法》（以下简称《公司法》）确立的法定资本制度，其特征包括三大要素：一是法定最低资本的要求；二是在公司设立登记前缴足注册资金的要求；三是在公司运营阶段遵循资本维持与不变原则的要求。具体包括公司不允许折价发行股票，禁止股东抽回出资，原则上禁止股票回购，无盈利不分配，严格按照法律程序进行公司减资且减资后的注册资本不得低于法定的最低资本限额等。为了适应我国市场经济的深入发展，2005 年修订的《公司法》对公司资本制度进行完善，大幅度降低了市场准入门槛、放松了缴纳出资上的限制。虽然此次改革降低了注册资本的最低限额，同时将注册资本的实缴制由一次性足额缴纳改为分期缴纳制，但依然没有摆脱对公司准入及运营的严格束缚问题（郭富青，2015）。因而，设立公司难、企业自主权受到制约、市场机制缺乏灵活性等问题依然没有得以充分解决，这在一定程度上限制了企业特别是中小微企业成长的空间，也在一定程度上抑制了市场投资者的积极性（施天涛，2014）。2013 年 10 月 25 日国务院出台了公司资本与登记制度改革五项措施，明确取消了注册资本的最低限额，资本缴纳将实缴制改为认缴制，放宽了对公司住所的登记要求，将公司年度检查制改为年度报告制，并大力推行企业诚信制度建设等。随后，2013 年 12 月 28 日，全国人大常务委员会通过了公司法修正案，正式以立法方式明确了新的公司资本制度，对于封闭公司和发起设立的公众公司不再实行法定资本制度，只有募集设立的公众公司和少数特殊企业继续执行法定资本制度，包括保留最低资本限额的规定并且继续履行实缴出资的法定义务等。我国修改后的资本制度具有以下特征：一是没有最低资本额的约束。源于最低资本仅是形式上的约定且数额确定较为武断，不能从实质上起到保护债权人利益的作用（汉密尔顿，1999）。最低资本制度可能会误导企业追求资本规模而忽略了企业经营发展质量（黄辉，2011）。二是放松了资本发行的限制。公司成立初始只要求在公司章程中明确资本发行总额，声明为一次性发行并由股东认购即可。在公司存续期内董事会有权自主决定资本发行数量且不受制于公司章程中规定的资本总额。三是放松了实缴资本金限制。对于股东认购的资本不再要求一次足额实际缴纳，在规定期限内发起人可自主决定出资缴纳方式和缴纳时间，可以一次缴纳也可分次缴纳。

如前所述，我国公司法的修正和修订彰显了我国资本制度从法定资本制向授权资本制的迈进。需要说明的是，公司资本制度的改革应当与市场机制、信用程度等因素相结合，在以往改革经验借鉴基础上，建立具有中国特色的公司资本制度。依据目前我国企业及资本市场现状，资本制度改革由法定资本制直接跨越到授权资本制显然是操之过急的，因此，公司资本制度改革必须实施循序渐进的策略。换言之，公司法虽然取消了法定资本最低限额，这并不意味着资本维持规则的废除，理由有三：一是信托财产的独立性、保护债权人的合理信赖等构成了资本维持规则的理论基础。在信用度不高和信用评估业不发达的情景下，债权人信息披露不完善、董事诚信义务不健全等均决定了资本维持规则在我国的存在不仅是合理且必要的，而且应当是长期的（张雪娥，2015）。二是从公司法内部安排看，必须强化股东出资义务以及董事的信义义务，公司存续期间必须严格落实资本维持原则，不得直接或变现抽回出资（郭富青，2015）。三是采用认缴资本并不等于股东缴纳出资的随意性，应基于资本维持原则规定，强调公司股本账面与实物的一致性，这是因为发起人股东自签订公司章程开始，就意味着其承诺对认购的公司资本负有实缴出资的义务和责任（郭富青，2015）。

1.4.1.2　我国资本原则的变化

20 世纪中期之前，各国公司资本制度以强制性规范为主，如法定资本制盛行于大陆法系的一些国家，强调资本确定、资本维持和资本不变三大原则。要求在资本形成的初始阶段明确最低注册资本额，对股东出资类型和出资范围给予一定程度的限制，并且严格禁止股票的折价发行；在资本运营阶段强调资本维持与不变，对公司减资行为设定严格的减资程序及其他限制条件（李长兵，2014）。由于公司法的基本特征是股东只承担有限责任，债权人将承担公司无法偿还债务的全部风险。因此，资本三原则的确定便成为传统大陆法系国家旨在保护债权人利益的资本制度的核心内容（施天涛，2014）。

如前所述，我国 2013 年修正的《公司法》对公司的资本制度进行大幅度的修改，包括取消了注册资本最低限额、注册资本实缴限制、货币出资比例限制、公司登记提交验资证明的要求。公司资本制度改革动摇了公司资本三原则。

（1）资本确定原则的软化。资本确定原则要求实缴资本与注册资本完全一致，在一定程度上阻碍了交易自由和交易效率（施天涛，2014）。新的资本制度实行认缴资本制，并允许在公司成立后股东约定期间分期缴纳出资，该规定软化了严格的资本确定原则。

（2）资本不变原则的更正。资本不变原则意味着资本总额一经章程确定就应该保持不变，若公司确需变动资本应履行相应增资或减资程序。依上所述，资本确定原则的软化使得资本不变原则也发生了改变。

（3）资本维持原则的修正。关于资本维持原则的学术研究争议较大，周翔和高菲（2016）认为既然放松资本管制是改革的大势所趋，建立在管制基础上的资本维持原则就不能成为维护交易安全的可靠信赖标准了，如果投资者不能得到回报，公司就不能良好经营，债权人利益就不能得到保障。因此，体现公司资产担保能力的偿付能力测试便成为资本维持原则的替代性选择。郭富青（2015）则认为我国公司资本制度的改革也使公司在一定程度上面临着风险，包括因取消资本最低限额等制度变化可能会使公司财产信用失去法律保障等，因此，我国资本制度设计必须充分关注股东的信义义务，强调股东出资到位并突出公司资本维持的制度功能。可见，无论是法定资本制还是授权资本制都需要资本维持原则的理念，特别是认缴制下注册资本只是一个抽象的、不确定的名义资本，更应赋予资本维持原则新内容与含义，也需要借助一些合理限制来防止公司财产流失，比如，禁止随意抽逃公司资本，强调股东非货币性资产出资价值评估的公允性等。

1.4.2　历史亏损公司的基本财务特征

未分配利润为负但净利润为正是历史亏损公司的一个重要特征。未分配利润是所有者权益的重要组成部分，它传递了净利润弥补亏损、提取盈余公积及利润分配后的留存信息等。当未分配利润为负且公司净利润为负时，公司可能濒临僵尸企业状态；当未分配利润为负且企业净利润为正时，说明这类企业虽背负亏损"包袱"但有持续发展能力，本书定义该类公司为历史亏损公司。本书研究探讨的"未分配利润为负"上市公司就是这类由于以前年度巨额亏损或连续亏损，目前虽已实现经营扭亏为盈，但仍存在巨额未弥补亏损的上市公司。

由于历史亏损公司存在亏损"包袱"，必将使公司经营在一定程度上受到相关法规制度约束。依据《公司法》第一百六十六条明确规定，公司弥补亏损和提取公积金后所余税后利润，方可按照股东持有的股份比例分配。依据中国证券监督管理委员会发布的《上市公司证券发行管理办法》及其《关于修改上市公司现金分红若干规定的决定》的规定，企业公开发行证券的条件是上市公司最近三年以现金方式累计分配的利润不少于最近三年实现的年均可分配利润的百分之三十。受上述法规制度约束，历史亏损公司表现为两大基本财务约束特征。

（1）分红约束。《公司法》第一百六十六条明确规定，公司分配当年税后利润时，应当提取利润的百分之十列入公司法定公积金，公司法定公积金累计额为公司注册资本的百分之五十以上的可以不再提取。公司的法定公积金不足以弥补以前年度亏损的，应当先用当年利润弥补亏损。公司弥补亏损和提取公积金后所余税后利润，方可按照股东持有的股份比例分配。从我国制度背景看，在不完全市场条件下，历史亏损公司具有分红约束财务特征，即对于长期未弥补亏损，按照我国《公司法》规定，如果企业本年度有净利润，应当按照弥补以前年度亏损、提取法定盈余公积和任意盈余公积、向股东分配利润的顺序进行利润分配。换言之，如果企业年初有未弥补亏损，且本年利润及盈余公积累计额不足以弥补以前年度亏损，企业是不具备股东分红条件的，从而形成历史亏损公司的分红约束特征。

（2）股权融资约束。中国证监会自 2001 年以来发布的一系列关于上市公司再融资资格同股利分配水平相挂钩的监管措施，均明确了发放现金股利是企业股票市场再融资的必要条件。比如，证监会《上市公司证券发行管理办法》和《关于修改上市公司现金分红若干规定的决定》等监管政策，对企业再融资设定了连续三年现金股利必须高于可供分配利润30%的门槛。历史亏损公司背负着大额负向未分配利润的"包袱"，其经营所得只有在依法弥补亏损"包袱"之后，剩余所得才能进行现金股利分配。这意味着历史亏损公司既没有资格发放现金股利，也不具备公开股权融资条件，从而形成历史亏损公司的股权融资约束特征。在此基础上，公司经营只能更多依靠债务融资来解决资金问题，而高杠杆负债经营将使历史亏损公司面临极大的偿债风险。

1.4.3　公司资本制度与股东、债权人利益保护

在公司法律关系中，债权人和股东是最主要的利益相关者，二者天然存在利益冲突，这种冲突源于利益目标的不同，以及有限责任致使的风险收益不对称，且信息上也存在严重的不对称。因此，公司资本制度就成为平衡公司和股东、债权人之间利益的重要内容。公司资本制度设计的目的不仅聚焦于保护债权人利益，也极大程度地关注股东利益保护，包括解决公司大股东与小股东之间、内部人股东与外部股东之间潜在的利益冲突问题（刘燕，2014）。因此，不论是大陆法系国家，还是英美法系国家，都在资本制度方面确立了自己的相关原则与规制，表现为资本制度在公司与股东之间、公司与债权人利益之间不同程度的选择空间和制度安排。

（1）公司资本制度的作用。如前所述，从国家宏观政策层面看，公司资本制度包括出资制度、减资制度、公积金制度、利润分配制度等内容；从企业财务层面看，公司资本制度内涵体现在企业所有者权益中，其中出资和减资制度体现为企业的股本制度，公积金制度体现为企业资本公积制度和盈余公积制度。基于实证研究数据可得性考虑，本书后续研究将从财务层面界定公司资本制度的内涵予以深入讨论。

公司资本制度最早是作为有限责任机制的制衡制度出现的（褚红丽，2006）。有限责任制度意味着股东只需要以其出资额为限对公司承担责任，因而提高了股东投资的热情，推动了资本的快速形成与积累。从另一角度讲，有限责任也使股东有更大动力拿债权人的钱去冒险，一旦经营失败终将损害债权人利益，形成引发公司、股东和债权人之间利益冲突的导火索。换言之，公司资本制度的重心在于尝试解决股东、公司、债权人三类主体的利益平衡问题（赵德勇，2014）。因此，不论是英美法系国家，还是大陆法系国家，都尽力结合自身法律环境和市场环境特点，在公司资本制度方面确立相关原则与规制体系，使资本制度在公司与股东之间、公司与债权人利益之间呈现出不同程度的选择空间和制度安排。

（2）公司资本制度对股东利益的保护。一般而言，公司资本制度应具有两大功能，一是保证资本增值功能发挥，实现股东利益保护；二是保证偿债和债权担保功能的发挥，实现债权人利益保护。如前所述，在法定资本制下，最低资本限额强制性的制度安排、一次性全额缴足资本的规定、严格的利润分配程序、货币出资比例限制和股东退股规定等，提高了公司设立的门槛，同时也减弱了股东投资的积极性。我国 2013 修正的《公司

法》对公司资本制度的修改，在一定程度上提高了股东利益保护程度。在这种新的模式下，公司资本制度以股东利益最大化为导向，市场准入门槛较低，效率优先，赋予股东自由商业判断的权利。

（3）公司资本制度对债权人利益的保护。从各国公司资本制度的应用实践和改革发展趋势看，大多制度都倾向于充分发挥公司资本经营和增值的功能，在追逐股东利益最大化的同时，忽视了公司资本的担保功能，淡化了公司资本对债权人利益保护作用（褚红丽，2006）。从理论上看，由股东出资形成的公司注册资本不仅是公司经营的财产基础，股东承担有限责任也是保障债权人利益的一种合理制度（刘燕，2014）。因此，我国公司法对公司资本制度的修改，旨在从公司资本制度立法层面上，通过建立一套针对资本融、投、管、退的规则约束体系，从而有效实现股东、公司与债权人三者之间利益协调目标（富饶，2017），进而保护债权人利益。

综上所述，公司资本制度设计的初衷是保护股东及债权人利益，但必须指出，对历史亏损公司而言，由于存在分红约束、股权融资约束等财务特征，在一定程度上可能会对股东和债权人利益产生不利影响。因此，依据公司资本制度科学设计公司财务制度，将对改善股东和债权人利益保护有重要作用。历史亏损、公司资本制度、公司财务制度、股东及债权人利益保护之间的逻辑关系如图 1 – 1 所示。

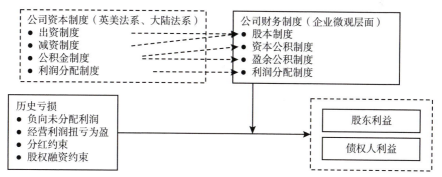

图 1 – 1　历史亏损、公司资本制度、公司财务制度、
股东利益、债权人利益逻辑关系

1.5　研究内容与方法

1.5.1　研究逻辑框架

本书在对相关文献及政策进行梳理的基础上，对历史亏损公司财务特征以及样本分布特点进行了统计分析，从股东、债权人、政府角度针对历史亏损公司分红约束、股权融资约束等问题进行了相关研究，并提出了股东、债权人、政府及历史亏损公司共同治理的理论框架体系，如图 1 - 2 所示。

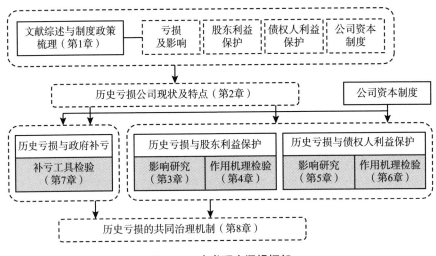

图 1 - 2　本书研究逻辑框架

1.5.2　研究主要内容与观点

本书致力于解决我国历史亏损公司大额负向未分配利润"包袱"问题。历史亏损公司因长期存在未弥补亏损引致股东分红约束、企业股权融资约束等问题，影响企业持续发展，终将影响股东及债权人利益保护。但历史亏损公司经营利润已经扭亏为盈，与僵尸企业有本质上的差别，因此需要通过转型升级以及利益相关者共同治理，激发企业的创新活力，提升企业的市场竞争能力，从而化解历史亏损"包袱"。本书基于 A 股上市公司经验数据，分析历史亏损公司的财务特征及存在的问题，在此基础上验证了历史亏损对股东及债权人利益保护的影响效应及其作用机制。在梳理各国政府补亏政策经验基础上，对各种补亏政策工具的作用进行了实证检验。在企业、股东、债权人、政府四方主体利益协调基础上，针对历史亏损公司的亏损"包袱"问题构建了共同治理机制。本书的主要内容和观点如下。

（1）对国内外关于亏损及其市场反应、股东及债权人利益保护等相关文献进行完整梳理，构建本书研究的理论框架体系。

我国很多企业面临着历史亏损问题，然而对长期背负历史亏损"包袱"的企业进行有针对性学术研究的文献并不多。根据无可供分配利润不分红原则，历史亏损公司股东无权得到现金股利收入，且在公开资本市场进行股权再融资渠道受到限制，必将对企业的经营活动以及未来发展造成影响。但是这些企业具有良好的生产经营能力，与僵尸企业有所不同。目前学术界围绕僵尸企业的相关话题已经展开了系统研究与讨论，包括对僵尸企业的认定、僵尸企业的产生诱因、僵尸企业的处置方式等。在企业转型升级过程中，如何构建共同治理机制，帮助历史亏损公司消化亏损"包袱"，激发历史亏损公司的创新活力也应是我国供给侧结构性改革的关键点。

（2）依据我国制度背景，凝练历史亏损公司的财务特征，并进一步对我国历史亏损的企业现状进行剖析。

《公司法》第一百六十六条明确规定，公司弥补亏损和提取公积金后所余税后利润，方可按照股东持有的股份比例分配。中国证券监督管理委员会发布的《上市公司证券发行管理办法》及其《关于修改上市公司现金分红若干规定的决定》明确规定，企业公开发行证券的条件是上市公司最近三年以现金方式累计分配的利润不少于最近三年实现的年均可分配利润的百分之三十。受相关制度约束，历史亏损公司呈现分红约束、股权融资约束等财务特征。基于 A 股上市公司全样本数据分析发现，国家政策规制导向对企业所有者权益结构影响大，形成高股本、高资本公积与高负向未分配利润并存局面；企业负向未分配利润水平与政策环境相关，亟待从国家政策层面予以扶持；历史亏损公司行业特色突出，需要留有政策补亏空间；历史亏损公司扭亏方式差异巨大，需要区别对待。该结论可为相关制度及政策体系建设提供经验证据。

（3）基于分红约束验证历史亏损对股东利益保护的外在影响因素，检验资本公积政策以及地区投资者保护对历史亏损与股东利益保护关系的调节作用。

无盈利不分红使历史亏损公司股东财富直接受到影响，分红约束的信号传递作用也影响了股东在资本市场的利得收入。此外，资本公积作为政策效应的财务体现，是公司资本制度设计的重要内容，资本公积大量闲置状态会造成企业资源浪费；地区投资者保护作为一种重要的外部治理机制，理论上应能够促进公司治理水平的提升，改善公司融资环境并提高股东回报。本书实证检验发现，具有历史亏损的扭亏公司股东财富实现程度更低；在资本公积补亏禁令的政策限制下，高资本公积会加剧历史亏损对股东财富的损害程度；囿于我国不完善的市场环境，高投资者保护水平在抑制历史亏损对公司股东财富损害程度作用上不显著。

（4）对历史亏损公司股东利益保护内在作用机制进行实证检验，基于股东分红约束与管理层薪酬超额支付并存现象，验证大股东与管理层的合谋关系；通过对股权制衡度以及两权分离度的分组研究，进一步验证合谋掏空的存在条件。

从理论层面看，历史亏损公司股东分红约束将会引致管理层薪酬约束，因为在公司激励机制相对完善、薪酬激励水平市场化的情况下，未弥补亏损更容易成为股东降低管理层薪酬讨价还价的条件，但我国现实情况并非如此。本书实证检验发现，历史亏损公司存在着大股东掏空与管理层超额薪酬并存现象；盈余管理对历史亏损公司大股东掏空以及管理层超额薪酬支付具有促进作用。对股权制衡程度分组研究显示，由于历史亏损公司第一大股东持股比例相对较低，当股权制衡程度较高时，大股东更可能与管理层合谋实施掏空行为；对企业控制权与现金流权分离程度分组研究发现，分红约束造成历史亏损公司控制权与现金流权分离，使大股东与管理层合谋掏空具有必然性。

（5）验证历史亏损对债权人利益保护的影响，从历史亏损公司所有者权益结构失衡视角，检验股本、资本公积、盈余公积结构对债权人利益保护的调节作用，验证公司资本制度设计的有效性。

目前所有者权益结构失衡是许多企业亟待解决的重要问题。本书实证研究发现，历史亏损公司股本规模越大，对债权人利益保护程度越好，确保股本的安全性与完整性是债权人利益保障的必要条件；历史亏损公司资本公积（特别是股本溢价）越大，对债权人利益保护程度越差。资本公积转增股本对历史亏损公司债权人利益保护没有显著增量效应，原因在于转增股本的前提是公司必须有良好的经营业绩增量，有更多的资产或现金流可以为债权人提供信用保障；若历史亏损公司盈余公积数额占比较大是一种不正常的现象，将会对债权人利益保护产生负向影响。因此，科学设计所有者权益结构是债权人利益保护的关键。

（6）对历史亏损公司债权人利益保护内在作用机制进行实证分析，验证了风险承担以及融资约束等因素对历史亏损公司债权人保护的影响效应。

历史亏损公司背负着负向未分配利润"包袱"，面临着股东与债权人、债权人与管理层等代理冲突。股东分红约束引发企业股权融资约束，造成债权人利益受损。一方面，企业在面临大额历史亏损时，股东分红约束会引致历史亏损公司管理层风险承担水平提升，终将影响债权人的利益。另一方面，股权融资约束造成企业对债务融资依赖，高水平的杠杆率不利于债权人利益保护。实证研究形成如下结论：管理层风险承担水平越高，历史亏损对债权人利益保护的负向影响越大；公司融资约束程度越高，历史亏损对债权人利益保护的负向影响越大。

（7）探讨股本、资本公积、盈余公积、当期盈余等补亏政策工具对历史亏损的作用方向及其作用程度。

归纳补亏路径的国际经验发现，累积盈余补亏是各国弥补亏损最直接的途径，资本公积补亏手段在各国法律规定以及实务操作中差异较大且饱受争议，有条件的减资补亏在各国补亏政策中均有涉猎。VAR 模型验证，资本公积规模越大，负向未分配利润绝对值越大，历史亏损"包袱"越严重；盈余公积、股本、营业利润和净利润对负向未分配利润绝对值有显著的负向作用。脉冲响应函数验证，资本公积、股本等政策工具对历史亏损的冲击作用程度较大，而净利润、营业利润、盈余公积等作用程度较小。

（8）对历史亏损公司股东、债权人、政府等多方主体构建了共同治理的理论分析框架，围绕支持与监督机制探讨政府治理问题。以债权人对公司的制衡机制为核心探讨债权人治理问题；以股东与债权人、管理层利益平衡机制为重点探讨股东治理问题；以利益相关者协同控制为目标探讨公司内部控制问题。

基于公司治理和内部控制有机结合原则、公平与效率协调平衡原则、企业利益与社会利益兼顾原则，建立政府、债权人、股东以及企业四方共同治理机制（Governments - Creditors - Shareholders - Enterprises，GCSE），从而根本解决历史亏损"包袱"。

由于分红约束、股权融资约束影响了股东及债权人的利益，因此，对债权人而言，通过参与公司治理，建立债权人与公司的制衡机制，可实现债权人利益保护。对股东而言，通过建立股东与债权人、管理层的利益平衡机制，以实现股东利益最优化。由于政府的补亏政策直接影响到公司的历史亏损弥补程度，而公司自身创新水平、风险管理与内部控制水平对补亏程度贡献极大，因此，对政府而言，通过相关政策与制度设计，在助力历史亏损公司补亏的同时还要完善监督机制建设。对历史亏损公司而言，通过加强内部控制，在努力提升企业经营业绩的同时做好风险把控，实现公司的社会责任目标。

1.5.3　研究方法及技术路线

本书作者力图广泛地搜集整理现有国内外的研究资料，包括亏损企业的分类及其市场反应、股东及债权人利益保护、资本制度等，掌握本书研究所涉及领域的最新研究进展。通过对前人研究的检索分析以及各国制度的比较分析，形成本书理论分析范式；基于相关理论与文献提出实证研究命题；通过统计分析手段，为本书研究目标提供经验证据。具体研究方法包括以下几点。

（1）文献分析法。搜集、鉴别、整理文献，并通过对这些文献的阅读与归档，了解已有的研究成果，在此基础上进行归纳总结，形成对事实、理论科学的认识。比如，通过对我国1993年《公司法》以及之后关于公司资本制度修订的文献梳理，尤其2013年《公司法》修正部分以及后续出台的司法解释的梳理，归纳整理我国公司资本制度发展脉络，了解目前学术研究的现状与不足，以便提出具有创新意义且对现实有指导意义的研究成果。

（2）比较分析法。科学理论研究需要严密的逻辑推演和实证检验，但是社会科学往往难以通过可控和可重复的实验对理论进行反复检验，因此，社会科学研究大量使用了比较分析方法，对不同的现象和实体进行分析对比，从区别中发现问题和规律。本书在公司资本制度内容的研究中使用了比较分析方法，通过对美国、英国、德国、法国等国家资本制度的比较分析，指出我国目前在公司资本制度改革中存在的问题；通过借鉴域外对各类资本制度争议的解决机制，以期为我国资本制度及相关配套措施的完善提供具有前瞻性的改革方案。

（3）理论分析方法。本书在研究中充分运用现代管理理论的最新成果，以加强理论研究的自洽性和规范性。捕捉各种重要信息并了解相关内在与外在机制，便理论抽象在可以处理的范围之内尽可能接近现实，提高理论的可信度和解释力。比如，以信号传递理论为基础提出历史亏损与股东利益保护的命题，以合谋理论为基础分析股东财富实现程度的内在作用机制，以契约理论为基础探讨债权人利益保护的内在作用机制。

（4）统计分析方法。通过使用数据，借助一定的计量方法，对变量之间的关系，特别是因果关系进行考察，从而提出具有实际证据支持的理论成果。比如，本书采用基本回归模型、调节效应、PSM 检验等系列方法对历史亏损公司股东及债权人利益保护相关问题进行实证分析，以 VAR 模型、脉冲响应函数等方法对政府补亏政策有效性进行检验。通过对相关问题的实证分析，增强理论体系的合理性和现实解释力，为相关政策形成提供经验证据。

本着"事实归纳→文献梳理→理论框架建立→实证检验→理论归纳"的分析顺序，本书采取定性分析与定量分析相结合的方法进行研究，设计技术路线与研究方法如图 1 – 3 所示。

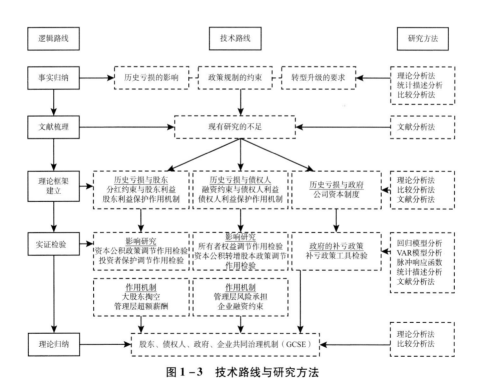

图 1 – 3　技术路线与研究方法

对技术路线具体说明包括以下几点。

（1）事实归纳。本书将首先通过政策分析和统计描述等方法深入分析和归纳总结我国历史亏损公司存在的现实，分析这类公司面临的风险以及对股东财富、债权人利益的影响，并归纳分析了公司资本制度以及国家政策规制给历史亏损公司持续发展带来的制掣，为本书研究提出了理论和现实亟待解决的问题。

（2）文献梳理。本书对已有国内外关于历史亏损、股东利益保护、债权人利益保护等文献进行全面梳理和总结，分析已有文献的可借鉴之处及其不足；聚焦本书研究主题，在比较、借鉴和吸收其他国家的资本制度及其他有益的思想与方法基础上，围绕解决历史亏损"包袱"、保护股东及债权人利益等内容开展研究。

（3）理论框架建立。本书构建了政府、债权人、股东、企业四位一体关系框架，探讨了历史亏损对股东财富的影响及其内在作用机制，历史亏损对债权人利益的影响及其内在作用机制，以及政府相关政策对历史亏损弥补的重要作用。在此基础上，建立了股东、债权人、政府、企业共同治理机制（GCSE）。

（4）实证检验。利用回归分析模型对研究基本命题进行实证检验，包括历史亏损对股东财富的负向影响，资本公积、投资者保护等对历史亏损与股东利益保护关系的调节作用；历史亏损对债权人利益保护的负向影响，所有者权益结构对历史亏损与债权人利益保护关系的调节作用，以及风险承担、融资约束对历史亏损与债权人利益保护关系的影响效应。利用VAR模型、脉冲响应函数对政府补亏政策工具进行检验。

（5）理论归纳。本书对上述研究成果进行理论归纳，在此基础上提出股东、债权人、政府、企业共同治理机制（GCSE），可补充完善新常态下我国企业转型升级理论研究体系。理论归纳可为我国企业分类改革的具体实施提供经验证据，为我国公司资本制度的完善提供理论支撑。

1.6　研究创新

历史亏损"包袱"导致的直接后果便是上市公司不能分配股利，股东不能分享公司经营带来的红利，这是否也意味着管理层的努力难以直接得到股东认可，从而偏离经营绩效对管理层薪酬激励的最优水平，加剧股东和管理层之间的代理矛盾？此外，企业在面临大额历史"包袱"时，会在资本市场传递不良信号，使股权融资途径受限、企业融资约束程度增加。这是否也意味着企业因偿债风险水平提升会降低债权人利益保护程度呢？本书基于上市公司经验证据检验了分红约束、股权融资约束下历史亏损与股东、债权人利益保护的关系，股东与管理层的合谋关系，以及国家补亏政策安排等命题。研究结论可为利益相关者理论研究做出有价值的贡献。具体而言，本书研究从如下几方面做出了有价值的探索。

（1）锁定历史亏损公司这一特殊群体，关注上市公司历史亏损特征，拓展了亏损公司研究边界。

学术研究对于亏损公司的分类有多种思路，如海恩（1995）区分亏损公司与盈利公司，朱斯和普雷斯科（2005）分为永久性亏损公司和短暂性亏损公司，杜勇（2008）将亏损上市公司按照每股盈余、每股经营现金流量以及每股净资产是否为负值分为 4 种类型。本书重点探讨已扭亏为盈但仍背负亏损"包袱"的公司，关注这类公司历史亏损特征，弥补了现有财务学研究领域主要围绕当期亏损特质探讨的局限，使研究范围更加广泛，也更加契合我国资本市场现状。

（2）引入所有者权益结构验证历史亏损与债权人利益保护的逻辑关系，拓展了财务学理论关于所有者权益内部结构平衡关系与债权人利益保护的研究视域，弥补了我国资本制度研究领域在实证分析方面的局限。

本书以所有者权益结构为基础，通过对历史亏损公司股本、资本公积、盈余公积与债权人利益保护关系的检验，得出股本对债权人利益保护的正向影响关系，以及资本公积对债权人利益保护的负向影响关系。该研究从管理学和法学融合角度进行探索，不但丰富了债权人利益保护的学术研究内容，也是对公司资本制度进行实证研究的大胆尝试。

（3）从分红约束视角揭示了历史亏损公司大股东与管理层的合谋关系存在的条件，补充了合谋理论在财务学领域研究的研究文献。

虽然刘红霞等（2018）提出历史亏损公司股东分红约束可能会引致高管薪酬约束，但并未作进一步机制检验。本书通过揭示历史亏损公司分红约束与管理层超额薪酬并存现象，以及操控性应计对历史亏损公司大股东掏空和管理层超额薪酬的正向影响作用，验证了大股东与管理层合谋关系的存在。研究内容对已有文献将起到补充和拓展作用，研究结论可为历史亏损公司薪酬设计提供理论参考依据。

（4）基于政府补助和非经常性损益对净利润的影响，对历史亏损公司是否真正扭亏提出了新的考量标准，可为科学界定历史亏损公司与僵尸企业边界提供参考依据。

通过对历史亏损样本按照"净利润扣除非经常性损益""净利润扣除政府补助收入"重新分组研究发现，部分历史亏损公司扭亏为盈是依靠政府补助、非流动资产处置等方式支撑的，要关注历史亏损公司的异质性，剥离这类"准僵尸企业"。上述分类也可为企业转型升级、"出清"等战略选择提供经验证据支持。

（5）实证检验了我国补亏政策工具的影响效应及其补亏政策变化的经济后果，弥补了现有研究主要集中于法学领域以及规范研究的局限，并为我国公司资本制度的完善提供了经验证据。

本书研究基于财务学理论实证检验了补亏政策变化的经济后果，弥补了现有研究主要集中于法学领域以及规范研究的局限。通过验证补亏政策与历史亏损的影响关系，从政策制度层面提出历史亏损公司纾困思路；通过对股本、资本公积、盈余公积、当期盈余等补亏政策工具作用方向及其作用程度的检验，从而为补亏政策选择提供数据支持。

1.7　研究不足

1.7.1　制度领域的研究尚有拓展的空间

公司资本制度改革是一个系统性问题，尤其 2013 年我国《公司法》修正变动较大，涉及范围较广。由于本书以实证分析为主，研究更多基于数据的可得性，强调对既有制度运行效果的分析，因此，本书尚不能对公司资本制度的变化进行全面观察。在后续研究中，本书作者将持续搜集数据，逐步构建系统的数据资料，进一步拓展相关话题的研究。

此外，本书研究力求将管理学与法学领域进行有效融合，比如，关于公司资本制度的讨论，先从公司资本的法律制度分析入手，进而将公司资本制度归结为股本、资本公积、盈余公积、未分配利润等公司财务制度问题。囿于本书作者对各国法律政策把握深度不够，可能在法律制度与财务制度的衔接方面理解不够全面、表述不够准确，今后将会持续关注这个领域的问题并推进相关研究。

1.7.2　历史亏损问题的国际化研究有待开展

历史亏损问题不是中国资本市场的特殊问题，而是全球范围内普遍存在的。利用 Compustat 数据库，对其他主要资本市场上企业的负向未分配利润情况进行简单的描述统计，结果如下表所示。美国纽约证券交易所 2006 年未分配利润为负的上市公司有 380 家，占比 21%，平均为 -121229 万美元；2012 年为 588 家，占比 31%，平均为 -100428 万元；2018 年已达到 637 家，占比 37%，平均为 -115725 万美元。美国历史亏损公司的数量和占比都逐渐上升，说明历史亏损问题在美国较为普遍，但是平均金额没有体现出明显上升或者下降的趋势。德国 2000 年未分配利润为负的上市公司有 72 家，占比 23%，平均为 -885 万欧元；2007 年为 261 家，占比 31%，平均为 -10255 万欧元；2018 年为 157 家，占比 26%，平均为 -38190 万欧元。德国历史亏损公司从 2006 年开始数量和占比整体呈现下降趋势，但是平均金额却呈现上升趋势。法国 2000 年未分配利润为负的上市公司有 38 家，占比 10%，平均为 -2254 万欧元；2007 年为 128 家，占比 18%，平均为 -5345 万欧元；2018 年为 175 家，占比 31%，平均为 -6680 万欧元。法国历史亏损公司数量和比重呈现上升趋势，但是各年之间的金额波动较大，且未呈现明显的趋势变化方向，如表 1-2 所示。

表 1-2　　　　其他主要资本市场企业负向未分配利润情况统计

年度	美国			德国			法国		
	未分配利润为负的企业数量（个）	占比（%）	未分配利润均值（万美元）	未分配利润为负的企业数量（个）	占比（%）	未分配利润均值（万欧元）	未分配利润为负的企业数量（个）	占比（%）	未分配利润均值（万欧元）
2000				72	23	-885	38	10	-2554
2001				136	29	-2157	50	10	-3989
2002				177	35	-4620	57	11	-4527
2003				135	26	-3475	59	10	-3651
2004				158	28	-4636	76	13	-5461
2005				242	33	-9495	125	19	-13708
2006	380	21	-121229	276	33	-8999	124	18	-10675
2007	381	22	-115469	261	31	-10255	128	18	-5345
2008	509	29	-141936	273	34	-14563	205	30	-7203
2009	506	28	-119780	262	33	-18762	222	33	-10234
2010	522	29	-111151	245	32	-20165	145	22	-7167

续表

年度	美国			德国			法国		
	未分配利润为负的企业数量（个）	占比（%）	未分配利润均值（万美元）	未分配利润为负的企业数量（个）	占比（%）	未分配利润均值（万欧元）	未分配利润为负的企业数量（个）	占比（%）	未分配利润均值（万欧元）
2011	545	29	-104713	241	32	-21871	149	23	-8446
2012	588	31	-100428	239	32	-26293	167	27	-10389
2013	598	31	-94638	235	33	-29699	162	26	-5229
2014	631	33	-98410	219	31	-29769	176	27	-5977
2015	711	37	-107749	216	31	-27384	187	29	-6743
2016	735	38	-111653	190	29	-35470	194	30	-5060
2017	711	37	-113525	173	27	-36109	200	32	-6396
2018	637	37	-115725	157	26	-38190	175	31	-6680

资料来源：Compustat 数据库。

　　上述统计说明，历史亏损是全球范围内普遍存在的问题，中国、美国以及欧洲国家的上市企业中均有一定比例的企业存在历史亏损情况。在后续研究中，笔者将进行比较研究，挖掘历史亏损问题在各国的关注程度以及解决路径。

第2章 历史亏损公司的现状及特点

学术研究发现，我国企业历史亏损的形成原因较为复杂，既包括企业自身经营不善因素造成的巨额亏损，又包括客观环境引致的亏损。叶檀（2006）认为在国企改制重组过程中会使一些企业形成历史亏损；薛爽（2008）指出经济周期波动将造成一些行业企业产生亏损；杨蕙馨（2002）基于产业组织理论认为，制度性进入和退出壁垒导致许多产业竞争格局不合理，使公司陷入亏损困境；周正柱和孙明贵（2012）认为产业转移与产业内公司亏损密切相关，即当产业转移和积聚到一定程度时，产业内亏损公司数量必然增加。

如前所述，历史亏损公司虽然经营利润扭亏为盈，但背负着负向未分配利润"包袱"，其后果表现为：一是大额负向未分配利润信息将向市场传递负面财务信号，扭曲了上市公司实际经营成果，可能误导利益相关人对公司的合理判断，进而导致上市公司再融资及长期发展受限；二是既定政策规制给部分上市公司带来较为沉重的财务负担，亏损"包袱"难以有效释放，在一定程度上干扰了上市公司的正常生产经营活动，使得利润分配作用无法充分发挥。那么在现实中，历史亏损的形成是否与企业经营环境、国家政策规制等因素有必然联系呢？为验证学术研究结论，本书以国内沪深两市 1993～2019 年数据为样本进行统计描述分析，数据来源于 CSMAR 数据库及 WIND 数据库。样本数据显示，历史亏损公司具有以下特点：国家政策规制导向对历史亏损公司所有者权益结构影响极大；负向未分配利润水平与政策环境影响密切相关；历史亏损公司行业差异明显；历史亏损公司扭亏方式差异较大，不同考量方式呈现企业的异质性。

2.1 国家政策规制对企业所有者权益结构影响极大

我国自 20 世纪 90 年代以沪深证券交易所成立为核心的资本市场建立至今，追踪有关补亏政策的关键节点，补亏政策变迁可分为三个阶段，如

表2－1所示。第一阶段（1993～2004年），明确规定资本公积是合法补亏途径，但补亏顺序应在盈余公积不足以弥补亏损的情况下方可动用。如2001年证监会的《公开发行证券的公司信息披露规范问答第3号——弥补累计亏损的来源、程序及信息披露》（以下简称《问答3号》）规定公司弥补累计亏损应按照任意盈余公积、法定盈余公积的顺序依次进行；但法定公益金不得用于弥补亏损；如果采用上述方式依旧未能弥补累计亏损，公司可通过资本公积中的股本溢价、接受现金捐赠、拨款转入及其他资本公积明细科目部分加以弥补；公司累计亏损未经全额弥补之前不得向股东派发股利或以资本公积转增注册资本。第二阶段（2005～2011年），禁止利用资本公积弥补亏损，但对采用资本公积转增股本同时缩股来弥补公司亏损（以下简称缩股补亏）的方式留有政策空间。受"郑百文资本公积补亏事件"影响，2005年修订的《公司法》规定"资本公积金不得用于弥补公司的亏损"。证监会也对《问答3号》进行了修改，删去了资本公积弥补亏损的规定，但允许公司以资本公积转增注册资本，参照以任意盈余公积、法定盈余公积弥补累计亏损的程序履行转增程序及信息披露义务。在此政策背景下，许多企业在实务中采用缩股补亏方式"曲线"达到资本公积补亏的目的。第三阶段（2012年至今），禁止采用缩股补亏，企业累积盈余（当期盈余、盈余公积）补亏成为唯一合法途径。针对"ST飞彩事件"以及33家重组后存在巨额亏损的上市公司希望利用资本公积补亏的申请，证监会于2012年制定《上市公司监管指引第1号——上市公司实施重大资产重组后存在未弥补亏损情形的监管要求》（以下简称《1号指引》），在重申资本公积不得补亏的同时，强调上市公司不得以缩股补亏方式来弥补亏损。至此，资本公积补亏途径彻底被阻断，企业补亏方式仅限于当期盈余和盈余公积。

表2－1　　　　　　　　　　我国公司补亏政策变化历程

年份	法律/制度	监管部门	政策关键点	关联实务案例
第一阶段：1993～2004年				
1993.12	《公司法》（1993）	全国人大	公司的公积金可用于弥补亏损，扩大企业生产经营规模，转增注册资本	"郑百文事件"：利用原有2.5亿元资本公积和1822.17万元盈余公积，以及重组方三联集团豁免的15亿元债权形成的资本公积弥补巨额亏损
2001.6	《问答3号》	证监会	应按照任意盈余公积、法定盈余公积、资本公积的先后顺序弥补亏损。累计亏损未全额弥补前不得派发股利或以资本公积转增注册资本	

续表

年份	法律/制度	监管部门	政策关键点	关联实务案例
第二阶段：2005～2011 年				
2005.10	《公司法》（2005 修订）	全国人大	资本公积不得用于弥补公司的亏损	"ST 飞彩事件"：以资本公积向全体股东每 10 股转增 22 股，再由非流通股股东将其获增股份中的 29.12 万股转送给流通股股东，最后全体股东以每 10 股减 6.7 股的方式减资弥补亏损
2006.4	修改《问答 3 号》	证监会	删去了资本公积弥补亏损的规定。依旧规定公司累计亏损未经全额弥补之前，不得向股东派发股利，对于资本公积，却允许它转增注册资本	
第三阶段：2012 年至今				
2012.3	《1 号指引》	证监会	重申资本公积不得用于弥补公司的亏损；明确不得采用缩股补亏方式规避上述法律规定	33 家企业重组后巨额亏损，不能满足《上市公司证券发行管理办法》相关规定进行再融资且不能分红，因此提出修改公司法相关条款

资料来源：作者根据相关资料整理。

从我国补亏政策演变过程看，2005 年和 2012 年是我国补亏政策从严的两个关键节点，为了验证 2005 年和 2012 年补亏政策巨大变化对历史亏损的影响，本章选取 1993～2019 年我国沪深 A 股上市的具有历史亏损"包袱"问题的公司作为样本，对样本进行三个阶段的均值检验和中位数检验，结果如表 2-2 所示。

在补亏政策变迁的三个阶段中，前后两个阶段进行均值和中位数比较可见，一是未分配利润负向水平显著增大。其中第一、二阶段，t 检验为 -10.42，中位数检验为 -9.88，且均在 1% 的水平上显著；第二、三阶段，t 检验为 -14.04，中位数检验为 -12.69，且均在 1% 和 5% 的水平上显著，表明企业历史亏损"包袱"愈加严重。二是资本公积水平显著增加。第二、三阶段，t 检验为 14.50，中位数检验为 22.29，且均在 1% 的水平上显著，表明 2012 年《1 号指引》要求资本公积不得补亏以及不得缩股补亏禁令均发挥了政策约束效力。三是股本水平显著增加。第二、三阶段，t 检验为 12.50，中位数检验为 20.85，且均在 1% 的水平上显著，也从另一方面印证了《1 号指引》缩股补亏禁令对股本的政策影响效果。可见，要消化历史亏损"包袱"，国家政策扶持是极其有效的路径。

表2—2　具有历史亏损的公司样本进行三个阶段的均值检验和中位数检验

单位：万元

变量名称	全样本（1993~2019年）：3755		第一阶段（1993~2004年）：805		第二阶段（2005~2011年）：1431		第三阶段（2012~2019年）：1519		第一阶段与第二阶段		第二阶段与第三阶段	
	平均值	中位数	平均值	中位数	平均值	中位数	平均值	中位数	t检验	中位数检验	t检验	中位数检验
未分配利润	-40853	-20175	-18577	-9117	-31804	-16997	-61183	-33852	-10.42***	-9.88***	-14.04***	-12.69**
资本公积	92501	32442	29574	19051	41426	23450	173965	73005	4.86***	2.89***	14.50***	22.29***
盈余公积	9637	3418	6200	2757	5994	2803	14892	4680	-0.40	0.23	7.06***	12.26***
股本	64646	32504	31072	21589	40479	27610	105207	51440	4.52***	7.58***	12.50***	20.85***
营业利润	5722	1434	2494	1114	2262	1118	10691	2145	-0.43	-1.19	5.77***	7.4***
利润总和	10398	2607	3217	1427	7098	2406	17313	4191	6.41***	8.48***	6.70***	9.92***
净利润	8908	2076	2899	1211	6047	1837	14789	3026	5.69***	7.22***	6.36***	9.33***

注：***、**、*分别表示1%、5%和10%的统计水平上显著。
资料来源：CSMAR数据库。

2.2 负向未分配利润水平与企业环境密切相关

根据经济后果理论（Zeff，1978），政策变更必然会对资本市场参与者带来较大冲击。1993～2019 年间未分配利润为负样本在以下节点呈较大幅度变化状态，即 2000 年、2005 年、2008 年、2012 年、2015 年，如表 2 - 3 所示。

表 2 - 3　　　负向未分配利润（净利润为正）总体样本数据统计

年份	历史亏损公司（连续三年净利润为正）		未分配利润为负（连续两年净利润为正）		未分配利润为负（当年净利润为正）	
	样本数（个）	未分配利润平均值（万元）	样本数（个）	未分配利润平均值（万元）	样本数（个）	未分配利润平均值（万元）
1995	0	0	4	-432	4	-432
1996	3	-627	3	-627	6	-2789
1997	0	0	2	-5984	19	-5797
1998	5	-5520	12	-6957	24	-8307
1999	34	-3937	45	-4917	91	-12518
2000	26	-3897	61	-12837	89	-13141
2001	54	-12492	74	-12635	118	-19385
2002	43	-11744	71	-16193	129	-20971
2003	43	-19100	74	-21709	156	-23488
2004	50	-23113	100	-21042	171	-21476
2005	51	-15557	85	-16376	141	-19815
2006	60	-12897	91	-16223	215	-27776
2007	56	-18098	138	-26661	243	-33539
2008	83	-27516	142	-30957	190	-32012
2009	94	-31001	117	-31383	218	-35647
2010	84	-30684	137	-31677	245	-35699
2011	85	-31663	133	-34729	182	-35316
2012	84	-34011	112	-34431	186	-40805
2013	73	-30794	104	-35853	179	-39509
2014	61	-34147	99	-37303	177	-42079

续表

年份	历史亏损公司 （连续三年净利润为正）		未分配利润为负 （连续两年净利润为正）		未分配利润为负 （当年净利润为正）	
	样本数 （个）	未分配 利润平均值 （万元）	样本数 （个）	未分配 利润平均值 （万元）	样本数 （个）	未分配 利润平均值 （万元）
2015	59	−36056	80	−42096	160	−52093
2016	52	−45624	92	−56633	206	−56194
2017	61	−57154	129	−58947	208	−65370
2018	69	−67768	107	−80826	173	−78521
2019	65	−113719	100	−103157	257	−96009
合计	1295	−33753	2112	−36409	3787	−40873

注：研究观测样本期间始于 1993 年，因计算连续三年净利润正，故表内样本年限显示为 1995～2019 年。

资料来源：CSMAR 数据库。

（1）关于 2000 年《问答 3 号》颁布之前的变化。《问答 3 号》要求，公司应按照任意盈余公积、法定盈余公积、资本公积的先后顺序弥补亏损。此外，累计亏损未全额弥补前不得派发股利或以资本公积转增注册资本。由于《问答 3 号》将于 2001 年实施，在政策实施之前，大多企业会利用之前较为宽松的政策来弥补以前年度亏损。数据可见，2000 年历史亏损公司未分配利润均值较上年减少，其中未分配利润（连续三年净利润为正）均值为 −3897 万元。此后，2001～2004 年负向未分配利润呈大幅度增长趋势，分别为 −12492 万元、−11744 万元、−19100 万元、−23113 万元。

（2）关于 2005 年《公司法》影响。2005 年 10 月 27 日我国修订通过的《公司法》要求"资本公积不得补亏"，并于 2006 年 1 月 1 日正式实施。受修订后《公司法》的影响，部分上市公司选择 2006 年开展"缩股补亏"补亏方式弥补负向未分配利润"包袱"。表 2 − 3 数据也证明了这一行为，负向未分配利润（连续三年净利润为正）的样本均值为从 2005 年的 −15557 万元降为 2006 年的 −12897 万元。

（3）关于 2008 年金融危机的影响。受世界性金融危机的影响，历史亏损公司（连续三年净利润为正）的未分配利润由 2007 年的 −18098 万元，骤然升至 2018 年的 −27516 万元。可见，2008 年美国次贷危机导致全球经济危机，我国上市公司亦深受其害，企业海外订单大幅下降，致使开工普遍不足，产品库存大幅增加，盈利水平显著下滑，经营亏损屡见不鲜。数据显示，2009~2011 年，历史亏损公司（连续三年净利润为正）的负向未分配利润居高不下，分别 – 31001 万元、– 30684 万元、– 31663 万元。

（4）关于 2012 年《1 号指引》颁布后的变化。2012 年 3 月 30 日，证监会公布《1 号指引》，并要求即日实施。《1 号指引》着重明确两点规定，一是资本公积不得弥补亏损；二是上市公司不能以资本公积转增股本同时缩股的方式补亏。受《1 号指引》影响，上市公司补亏路径更为狭窄，负向未分配利润额大幅增加，数据显示，2012 年历史亏损公司（连续三年净利润为正）的未分配利润为 – 34011 万元，该负向未分配利润比 2011 年增加 2348 万元。

（5）关于 2015 年前后企业转型升级策略的影响。在我国，僵尸企业备受关注始于 2015 年底的国务院常务会议，该会议明确提出对持续亏损三年以上且不符合结构调整方向的企业采取资产重组、产权转让、关闭破产等方式予以出清，清理处置僵尸企业。受此国家大计方针的影响，对比经济危机之后几年，2015~2019 年我国历史亏损公司（净利润连续三年为正）样本数波动平稳且比之前大幅度降低，分别为 59 个、52 个、61 个、69 个、65 个。但深入分析发现，2015~2019 年历史亏损公司（连续三年净利润为正）的负向未分配利润均值却逐年增加，分别为 – 36056 万元、– 45624 万元、– 57154 万元、– 67768 万元、– 113719 万元，特别是 2019 年由于新冠肺炎疫情原因，65 家历史亏损公司样本的负向未分配利润（连续三年净利润为正）均值比 2017 年的 61 家历史亏损公司负向未分配利润（连续三年净利润为正）均值增加近一倍。数据说明，这些历史亏损公司"包袱"巨大，难以在短期内通过经营利润来弥补以前年度亏损，需要借助国家政策予以扶持。

2.3　历史亏损公司行业差异明显

行业背景折射出企业的生存环境与产业发展态势（杜宇玮，2012）。按照证监会《上市公司行业分类指引》（2012 修订）的规定，本章对历史亏损公司样本行业分布情况统计数据如表 2 – 4 所示。

表 2 - 4　　　　负向未分配利润（净利润为正）分行业数据统计

行业	历史亏损公司（连续三年净利润为正）		未分配利润为负（连续两年净利润为正）		未分配利润为负（当年净利润为正）	
	样本数（个）	未分配利润平均值（万元）	样本数（个）	未分配利润平均值（万元）	样本数（个）	未分配利润平均值（万元）
A（农、林、牧、渔业）	22	-24026	36	-23027	81	-26979
B（采矿业）	28	-16947	59	-29284	116	-35361
C（制造业）	644	-36712	1048	-40209	1926	-44988
D（电力、热力、燃气及水生产和供应业）	83	-41801	130	-51225	212	-54618
E（建筑业）	29	-31209	47	-29291	74	-31072
F（批发和零售业）	130	-25597	191	-26196	301	-32097
G（交通运输业）	29	-104783	46	-94598	85	-92685
H（住宿和餐饮业）	6	-11627	15	-18646	33	-27012
I（信息传输、软件和信息技术服务业）	63	-23137	105	-23593	205	-28866
J（金融业）	48	-27076	77	-30517	124	-34493
K（房地产业）	86	-30808	150	-31677	262	-32694
L（租赁和商务服务业）	17	-13806	29	-20010	56	-32645
M（科学研究和技术服务业）	27	-30585	39	-31393	67	-39195
N（水利、环境和公共设施管理业）	25	-9855	42	-15817	72	-21370
P（教育）	2	-3177	6	-3191	14	-3199
Q（卫生和社会作用）	8	-12310	12	-13208	22	-16912
R（文化、体育和娱乐业）	22	-26624	40	-26584	73	-34127
S（综合）	26	-32704	40	-31055	64	-29374
合计	1295	-33753	2112	-36409	3787	-40873

注：研究观测样本期间为 1993 ~ 2019 年。
资料来源：CSMAR 数据库。

　　从样本量来看，排序在前三位的历史亏损公司所在行业分别为：制造业（644 个样本）、批发和零售业（130 个样本）、房地产业（86 个样本）；从负向未分配利润（连续三年净利润为正）均值看，排序在前三位的历史亏损公司所在行业分别为：交通运输业（负向未分配利润均值为 -104783

万元）、电力、热力、燃气及水生产和供应业（负向未分配利润均值为
－41801万元）、制造业（负向未分配利润均值为－36712万元）。对交通
运输业进行深入分析发现，该行业样本数量仅为29个，但未分配利润
（连续三年净利润为正）均值为所有样本最高值，远超其他行业。交通运
输业历史亏损问题如此严重原因何在？进一步分析发现，由于全球经济的
不确定性以及运输业市场供求不平衡等因素影响，运输业面临着极大的挑
战。成长性与盈利性是行业发展的核心，近年来我国运输业发展落入低
谷，业内上市公司亏损严重成为不争的事实。亦即自2012年起我国运输
业的发展已经进入了低谷期，虽然运输量在不断的增长，但行业利润出现
了大幅下滑。究其原因主要有两方面因素。

（1）国际物流特点影响。汇率波动、油价上涨、国际贸易不景气等因
素均可影响到运输业的利润水平。运输业主要依靠石油消费的用油大户，
原油价格波动必然会对运输业带来极大的风险。2011～2014年，国际原油
价格一直处于高位水平。高油价导致运输成本增加，使运输业利润减少。
2017年全年，国际原油价格仍呈现稳中有升的态势，上半年震荡下行，下
半年总体上涨，在油价提升的背景下，加上经济增速趋缓，有效的交通需
求不足，运输业业绩必然呈负增长态势。

（2）行业特征约束。由于运输业具有资本密集型特征，目前处于
"劳动密集型—资本和资源密集型—技术密集型"产业转移链条中的第二
阶段，并向第三阶段转型，产业演变特征约束了该行业可支配利润（桑瑞
聪，2014）。从统计数据来看，大额负向未分配利润问题主要集中在传统
行业，如运输业、制造业、开采业，这些行业处于探索新模式、实施新变
革的转型升级阶段，业内上市公司因外部环境发生较大变化，加之自身长
期形成的"传统行业"惯性以及资源约束，在新常态下更容易发生连续性
亏损，负向未分配利润问题更加严重。此外，由于体制改革创新滞后、缺
乏明晰的技术创新战略及产业转型乏力等原因，我国转型企业普遍存在历
史"包袱"沉重、核心竞争力缺失和人力资源匮乏的困境（吕鹏和张志
杰，2013），这些负面因素桎梏着运输行业及其他传统行业，使其很难在
短时间内及时扭亏并彻底摆脱大额历史亏损"包袱"。

对交通运输业经营环境及行业特征分析可知，历史亏损形成原因各
异，对那些历史亏损"包袱"严重的行业企业，要剖析外部环境因素的影
响程度；对那些亏损"包袱"严重但具有可持续竞争能力的企业，在政策
扶持方面予以适度倾斜。

2.4   历史亏损公司扭亏方式具有异质性

虽然历史亏损公司未分配利润为负，但净利润已经为正，实现了扭亏。进一步梳理相关学术文献发现，企业扭亏主要通过三种路径，经营扭亏（戴德明和邓璠，2007）、盈余调节扭亏（张昕，2007；齐祥芹和沈永建，2015）、重组扭亏（李传宪，2014）。其中，经营扭亏主要通过降耗增效、提升经营管理水平、战略变革来实现，但扭亏周期较长，扭亏不确定性较强；盈余调节扭亏需要借助应计项或真实经营活动实现盈余管理扭亏，但其与利润操纵边界模糊，具有很强的操作风险；重组扭亏是企业摆脱经营困境、扩大规模实现竞争优势的重要途径（牟旭东，1998），特别是政治气候、政策法规、市场环境以及地方企业资源等制度环境和施政约束条件的综合变化，使得企业特别是国有企业更倾向采用重组方式进行扭亏（谭劲松等，2009）。近年来，随着对僵尸企业的讨论，有学者（叶志锋等，2017）对企业扭亏的内涵提出了新的考量标准，认为应将因政府支持而得以扭亏与企业正常经营扭亏区分开来，充分考虑政府补助和非经常性损益对净利润的影响。本书研究发现，由于历史亏损公司扭亏方式差异较大，需要进一步区别对待并进行比较分析。

对历史亏损公司的净利润和经营利润分别考量结果，如表 2 – 5 所示。

表 2 – 5   分类比较样本数据统计

年份	历史亏损公司				未分配利润为负			
	连续三年经营利润为正		连续三年净利润为正		当年经营利润为负		当年净利润为负	
	样本数（个）	未分配利润平均值（万元）	样本数（个）	未分配利润平均值（万元）	样本数（个）	未分配利润平均值（万元）	样本数（个）	未分配利润平均值（万元）
1995	3	– 543	0	0	4	– 432	4	– 432
1996	3	– 627	3	– 627	4	– 645	6	– 2789
1997	1	– 246	0	0	15	– 5549	19	– 5797
1998	4	– 2489	5	– 5520	19	– 7726	24	– 8307
1999	29	– 3349	34	– 3937	71	– 11001	91	– 12518
2000	21	– 9367	26	– 3897	78	– 14150	89	– 13141
2001	38	– 11732	54	– 12492	98	– 17227	118	– 19385

续表

年份	历史亏损公司				未分配利润为负			
	连续三年经营利润为正		连续三年净利润为正		当年经营利润为负		当年净利润为负	
	样本数（个）	未分配利润平均值（万元）	样本数（个）	未分配利润平均值（万元）	样本数（个）	未分配利润平均值（万元）	样本数（个）	未分配利润平均值（万元）
2002	36	-12235	43	-11744	105	-18125	129	-20971
2003	37	-17583	43	-19100	128	-20957	156	-23488
2004	39	-22666	50	-23113	144	-20438	171	-21476
2005	34	-13290	51	-15557	114	-16290	141	-19815
2006	49	-12950	60	-12897	176	-24982	215	-27776
2007	39	-15748	56	-18098	159	-25160	243	-33539
2008	48	-22520	83	-27516	124	-25495	190	-32012
2009	50	-19311	94	-31001	156	-28461	218	-35647
2010	53	-22723	84	-30684	167	-29434	245	-35699
2011	60	-23501	85	-31663	131	-27159	182	-35316
2012	54	-29936	84	-34011	113	-36203	186	-40805
2013	50	-25026	73	-30794	126	-38321	179	-39509
2014	50	-33888	61	-34147	121	-38884	177	-42079
2015	43	-35839	59	-36056	119	-44414	160	-52093
2016	31	-52447	52	-45624	143	-54841	206	-56194
2017	39	-50375	61	-57154	193	-59294	208	-65370
2018	48	-59661	69	-67768	163	-75474	173	-78521
2019	56	-92095	65	-113719	225	-95434	257	-96009
合计	915	-29295	1295	-33753	2896	-37857	3787	-40873

注：研究观测样本期间始于 1993 年，因计算连续三年净利润为正，故表内样本年限显示为 1995 ~ 2019 年。

资料来源：CSMAR 数据库及 WIND 数据库。

表 2 - 5 数据显示，历史亏损公司按经营利润为正进行考量，1995 ~ 2019 年合计样本 915 个，未分配利润均值合计金额 - 29295 万元；而按照连续三年净利润为正进行考量，样本合计 1295 个，未分配利润均值合计金额 - 33753 万元。数据显示，经营利润之外的企业非经常性损益对净利润水平影响极大，要正确识别历史亏损公司还需充分关注非经常性损益程度。

·般而言，非经常性损益包括处置非流动资产损益、各种形式的政府补贴、债务重组损益、资产置换损益等。本书进一步对历史亏损样本按照"净利润扣除政府补助收入""净利润扣除非经常性损益"重新分组研究，如表 2 - 6 所示。

表 2 - 6   分类比较未分配利润为负样本数据统计

年份	当年净利润扣除政府补助收入为负		当年净利润扣除非经常性损益为负		当年净利润为正	
	样本数（个）	未分配利润平均值（万元）	样本数（个）	未分配利润平均值（万元）	样本数（个）	未分配利润平均值（万元）
2007	13	-41782	116	-43201	243	-33539
2008	18	-43641	81	-40297	190	-32012
2009	21	-49883	103	-42010	218	-35647
2010	44	-36237	112	-42458	245	-35699
2011	23	-45990	80	-42253	182	-35316
2012	39	-46034	92	-47693	186	-40805
2013	32	-42553	90	-39407	179	-39509
2014	31	-40469	91	-46760	177	-42079
2015	27	-66691	86	-59192	160	-52093
2016	50	-56995	101	-53618	206	-56194
2017	39	-53953	100	-61338	208	-65370
2018	20	-87314	80	-78421	173	-78521
2019	39	-137174	125	-105655	257	-96009
合计	396	-58815	1257	-54931	2624	-49944

注：政府补助收入和非经常性损益在 2007 年后才有数据披露，因此表内观测样本年限显示为 2007 ~ 2019 年。

资料来源：CSMAR 数据库及 WIND 数据库。

表 2 - 6 数据显示，在 2007 ~ 2019 年未分配利润为负样本中，当年净利润为正的样本数量为 2624 个，扣除非经常性损益后净利润转为负数的样本为 1257 个，扣除政府补助收入后净利润转为负数的样本为 396 个。由此可见，部分历史亏损公司并非具有自身经营造血功能，而可能是依靠政府补助、非流动资产处置、债务重组甚至是盈余管理等方式支撑的。因此，在对历史亏损公司样本进行研究时，要剔除这些"准僵尸"企业。上

述分类也可为企业转型升级、"出清"等战略选择提供经验证据支持。

2.5　研究结论

根据对沪深两市 1993～2019 年未分配利润为负的上市公司样本分析，研究形成以下结论。

（1）国家政策规制导向对企业所有者权益结构影响大，形成高股本、高资本公积与高负向未分配利润并存态势。在补亏政策变迁的三个阶段中，前后两个阶段进行均值和中位数比较发现，未分配利润负向水平显著增大，表明企业历史亏损"包袱"愈加严重；资本公积水平显著增加，表明 2005 年《公司法》规定资本公积不得补亏禁令，以及 2012 年《1 号指引》要求不得缩股补亏等政策规制对所有者权益结构中的资本公积发挥了充分作用。而第三阶段比第二阶段股本显著增加，也从另一方面印证了《1 号指引》缩股补亏禁令，彻底阻断了资本公积作为补亏工具对弥补亏损起到的作用，导致企业高股本、高资本公积与高负向未分配利润并存局面。

（2）企业负向未分配利润水平与政策环境相关，亟待从国家政策层面予以扶持。基于 1993～2019 年样本分析发现，历史亏损公司数量或负向未分配利润均值在每个关键节点均有较大幅度的波动，特别是自 2012 年以来负向未分配利润均值逐年显著上扬。近年来，在国家供给侧结构性改革影响下，历史亏损公司（连续三年净利润为正）的负向未分配利润均值仍在大幅度增加，这也说明历史亏损公司"包袱"巨大，难以在短期内通过经营利润来弥补以前年度亏损，需要借助国家政策予以扶持。

（3）历史亏损公司的行业特色突出，需要留有政策补亏空间。数据显示，交通运输业负向未分配利润为所有行业样本最高值，历史亏损"包袱"尤为严重。分析可知，交通运输业是传统产业的代表，"新兴＋转型"的经济环境施加了外部约束，不利于改善公司亏损现状与历史性负担，转型之路更可能举步维艰。一方面汇率波动、油价上涨、国际贸易不景气等因素均可影响到运输业的利润水平；另一方面行业特征桎梏使运输业上市公司很难在短时间内摆脱大额历史亏损"包袱"。对那些亏损"包袱"严重但具有可持续竞争能力的企业，应探索其历史亏损稀释难问题，借助政策规制适当给予"减负"便利。

（4）历史亏损公司扭亏方式差异巨大，需要区别对待。企业扭亏可通过经营扭亏、盈余调节扭亏、重组扭亏等方式实现。经营扭亏周期越长，扭亏不确定性越强；盈余调节扭亏具有很强的操作风险；重组扭亏曾是大多公司弥补亏损的共性选择。由于历史亏损公司扭亏方式差异较大，需要进一步区别对待并进行比较分析。对历史亏损公司的净利润和经营利润分别考量发现，非经常性损益对企业净利润影响极大。进一步按"净利润扣除政府补助收入""净利润扣除非经常性损益"重新分组发现，有些历史亏损公司并非具有自身经营造血功能，而是依靠政府补助、非流动资产处置、债务重组甚至是盈余管理等方式支撑的。因此，需要关注历史亏损公司的异质性，经营扭亏、重组"出清"等途径并举，彻底解决历史亏损问题。

第3章　历史亏损对股东利益
保护的影响研究

　　股东是公司最为重要的投资者，背负历史亏损"包袱"企业不能分红是不争的事实，将直接损害投资者利益。因此，如何甩掉历史亏损"包袱"、有效保护公司股东利益已经成为扭亏上市公司面临的重大经营难题，理应受到学术界的密切关注。

　　无盈利不分红使历史亏损公司股东财富直接受到影响，分红约束的信号传递作用也影响了股东在资本市场的利得收入。此外，资本公积作为政策效应的财务体现，是公司资本制度设计的重要内容，资本公积大量闲置状态会造成企业资源浪费；地区投资者保护作为一种重要的外部治理机制，从理论上讲应能够促进公司治理水平的提升，改善公司融资环境并提高股东回报。

　　本章基于我国历史亏损公司分红约束视角，采用2007～2019年沪深A股上市公司面板数据①，探讨历史亏损对上市公司股东财富的影响问题。研究发现，具有历史亏损的扭亏企业股东财富实现程度较低；在资本公积补亏禁令的政策限制下，高资本公积会加剧历史亏损对股东财富的损害程度；投资者保护水平对历史亏损公司股东财富的影响不显著。本章理论分析思路如图3-1所示。

---

①　如前所述，我国补亏政策变迁经历三个阶段：第一阶段是1993～2004年，此阶段政策规定，在盈余公积不足以弥补亏损的情况下可以用资本公积弥补亏损；第二阶段是2005～2011年，此阶段禁止利用资本公积弥补亏损，但对采用资本公积转增股本同时缩股来弥补公司亏损的方式留有政策空间；第三阶段是2012年以后，政策严禁企业缩股补亏，累积盈余补亏成为唯一合法途径。沿寻政策变迁过程，因此，本书第2章采用1993～2019年数据研究政府补亏政策对历史亏损公司的影响。由于2007年1月1日起我国企业执行新的会计准则体系，为财务数据口径的一致性且规避繁杂的数据调整工作，本书在探讨历史亏损对股东利益的影响及作用机理、历史亏损对债权人利益影响及作用机理等问题时，统一使用2007～2019年A股上市公司数据进行实证研究。

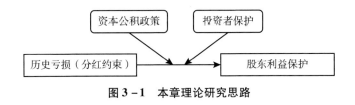

图 3 - 1　本章理论研究思路

3.1　理论分析与研究假设

3.1.1　分红约束下的股东利益保护

一般而言，股东财富包括两部分内容：一是从企业留存收益中分派给股东的股利，二是资本利得收入。自莫迪利亚尼和米勒（Modigliani and Miller，1958）、米勒和莫迪利亚尼（1961）提出股利问题以来，股利之谜引起众多财务学家的关注。在完美市场和没有政府税收环境下，分红越高，留存收益越少，反之亦然，因此，分红政策对股东财富没有影响（La Porta et al.，2000）。在不完全市场条件下，分红对股东财富却有着一定程度的影响。特别是"无盈利不分配"是各国公司法关于股利分配的基本原则，当企业存在历史亏损"包袱"时，即便企业当期经营盈利，也因无法弥补历史亏损而使股东不能通过股利收益分享企业经营成果，这是对股东利益的直接损害。

股东是公司最为重要的投资者，历史亏损公司不能分红是不争的事实，将直接损害投资者利益；而历史亏损问题的形成与我国"资本公积禁止补亏"的特殊制度背景密切相关，在此政策环境下，历史亏损同时具有资本公积资源闲置问题。基于此，本章首先检验在股东直接利益不能得到保障的情况下，历史亏损对公司股东财富的现实影响，并进一步分析我国资本公积政策以及外部投资者保护环境是否对历史亏损公司股东财富实现具有调节作用。

从资本市场上看，股东财富表现为股利收入与资本利得收益的总和（Emery and Finnerty，1998）。在不完全市场条件下，历史亏损公司股东财富实现会受到一定程度的负向影响。一方面，从我国制度背景看，历史亏损公司具有分红约束财务特征。按照我国《公司法》规定，如果公司本年度有净利润，应当按照弥补以前年度亏损、提取法定盈余公积和任意盈余公积、向股东分配利润的顺序进行利润分配。换言之，当公司存在历史亏

损 "包袱" 时，即便公司当期经营盈利，也因无法弥补历史亏损而使股东不能通过股利收益分享公司经营成果，直接损害了扭亏公司股东财富收入。另一方面，分红约束政策容易在资本市场传递不良信号，影响历史亏损公司股东财富实现程度。根据信号传递理论可知，公司分红可以缓解股东与管理层之间的信息不对称，向市场传递公司未来良好的收益前景。如巴恰塔亚（Bhattacharya，1979）认为，公司价值与股利支付正相关，高股利支付预示着管理层对未来现金流的良好预期，高股利政策更容易对股价产生正向影响。米勒与洛克（Miller and Rock，1985）发现，由于管理层拥有充分的公司经营信息，其做出的股利支付决策可透视公司财务现状并传递未来发展前景的相关信息，因此公司现金股利与公司未来业绩变化存在正相关关系。列图和卢德维格松（Lettau and Ludvigson，2005）利用美国数据得出公司预期的股利增长与预期的股票回报存在显著正相关关系，支持了信号传递效应理论。陈晓等（1998）在国内率先研究发现现金股利、股票股利和混合股利均能产生超额收益，具有信息传递效应。孔小文和于笑坤（2003）对样本分组研究发现，与不分派股利的上市公司相比，分派股利的上市公司未来盈利情况要更好，股利政策包含了公司对未来盈利水平的预期。从学者们的研究结论不难发现，股利是股东投资的回报，是上市公司向资本市场传递公司发展利好信息的信号，合理的股利政策可提升股东财富的实现程度。历史亏损公司股东分红约束使股东因此丧失了股价上涨的资本利得收入，降低了股东财富实现程度。

在无盈利不分配的股利分配原则影响下，历史亏损公司股东财富直接受到损害。此外，在公司历史亏损较大时，当期盈余要弥补历史亏损，无股利分红政策容易在资本市场传递不良信号，对股价产生负向影响，从而造成股东财富降低。加之证监会自 2006 年起先后颁布《上市公司证券发行管理办法》《关于修改上市公司现金分红若干规定的决定》等监管政策，将公开发行证券与近三年利润分配情况挂钩，意味着历史亏损公司在制度层面上面临着严峻的融资环境，从而在一定程度上影响了公司经营发展与股东回报。据此，本章提出假设 3 - 1。

H3 - 1：具有历史亏损的上市公司股东财富实现程度较低。

3.1.2　资本公积政策的调节效应

作为一个重要的政策工具，资本公积是公司资本制度设计的重要内容（刘红霞和李卓松，2018）。我国关于资本公积的政策法规有一个演变过程，2001 年证监会印发的《公开发行证券的公司信息披露规范问答第 3 号——弥补累计亏损的来源、程序及信息披露》指出，应按照任意盈余公积、法定盈余公积、资本公积的先后顺序弥补亏损；2005 年《公司法》明确规定资本公积不得用于弥补亏损；2012 年证监会出台的《上市公司监管指引第 1 号——上市公司实施重大资产重组后存在未弥补亏损情形的监管要求》重申资本公积补亏禁令，并进一步严禁采取资本公积转增股本后缩股补亏方式。至此，政策明确了资本公积主要用于转增股本的功能，彻底阻断了资本公积弥补亏损的路径。刘红霞和李卓松（2018）发现，资本公积规模越大，公司历史亏损"包袱"越严重，资本公积作为政策工具对历史亏损"包袱"的冲击作用程度越大。国外主要资本市场的法律体系通常设定资本公积的法定用途为弥补历史亏损和转增注册资本，如德国、日本等（刘燕，2006；赵亚辉，2014）。而我国在资本公积补亏禁令的政策背景下，其用途仅局限于转增股本，资本公积成为历史亏损公司的闲置资源，降低了资本利用效率。

从现实看，高资本公积与高负向未分配利润并存是历史亏损公司股东财富受到损害的重要表现。在公司资产负债表上，股东财富主要体现为股本、资本公积、盈余公积和未分配利润的总和，即公司的净资产。其中，资本公积是股东实际出资超出法定资本部分的金额，它是充实股本的重要来源，其作用是使公司在持续经营过程中始终保持与股本相当的实际资产（蒋大兴，2015）。近年来随着资本市场交易更加活跃、资本运作手段更加丰富，上市公司资本公积占净资产的比重日益增加。对于已经扭亏为盈实现正常经营的历史亏损公司而言，由于未分配利润为负值，资本公积比重更高，尤其是历经债务重组的公司，往往呈现出巨额负向未分配利润和高额资本公积并存的特征。借助 CSMAR 数据库 2007～2019 年间 1721 个历史亏损公司样本数据分析发现，对离群值进行处理后，历史亏损公司所有者权益各项均值占比为股本 63.16%、资本公积 69.93%、盈余公积 8.26%、负向未分配利润 37.93%。数据可见，历史亏损公司资本公积占比高，几乎可以覆盖一半以上负向未分配利润"包袱"。

对于历史亏损公司而言，未分配利润多年为负，相比于同等条件其他公司净资产总额要更低；此外，巨额资本公积是一种强制储蓄，大量闲置状态进一步造成历史亏损公司资源浪费，对股东财富实现有着负向影响作用。据此，本章提出假设 3-2。

H3-2：资本公积占净资产比重越高，历史亏损对股东财富实现的损害程度越大。

3.1.3　地区投资者保护的调节效应

作为一种重要的外部治理机制，地区投资者保护能够降低代理成本，促进公司治理水平的提升，并改善公司融资环境以及提高股东回报（李维安和王倩，2011）。首先，良好的投资者保护可以抑制控制权的私人收益（Nenova，2003；Dyck and Zingales，2004），减少控股股东掏空行为（王鹏，2008）。其次，完善的投资者法律保护能够有效约束内部人行为，提高公司财务信息透明度，降低财务舞弊概率（吴永明和袁春生，2007），促进内部公司治理结构的优化。例如克拉柏和洛夫（Klapper and Love，2004）采用国家层面数据研究发现，投资者法律保护越好，公司整体治理水平越高。此外，投资者保护有助于改善公司投资环境，降低权益资本成本（Rajan and Zingales，1995；Doidge et al.，2004；姜付秀等，2008；沈艺峰等，2009），也有助于改善公司融资环境，增加公司债务融资规模和长期借款比率，降低债权融资成本（魏锋和沈坤荣，2009；Safavian and Sharma，2007；Demirgiiu‐Kunt and Maksimovic，1998）。如吉安内蒂和科斯基宁（Giannetti and Koskinen，2010）利用数学模型研究发现，当一国投资者保护较差时，股票的期望收益较低。可见，投资者保护对于降低代理成本、优化投融资环境以及提高公司股东价值具有非常重要的积极作用。

对历史亏损公司而言，由于股东不能通过股利收益分享公司经营成果，使得控制权和现金流权的差异进一步放大，为了维护自身利益，股东可能会产生掏空公司资源的动机（Shleifer and Vishny，1997）；此外，分红约束也加剧了股东和经理层之间的代理矛盾，因为分红约束使股东更加关注公司业绩和资本利得，引发管理层更愿意选择盈余管理方式来满足股东投资回报，包括因管理层操纵而产生的财务报告虚假盈利（Caskey and Hanlon，2013）。较高的投资者法律保护能够促进公平、有序的市场竞争环境的形成，优化历史亏损公司的外部投融资环境，提高历史亏损公司的经营业绩；能够在一定程度上抑制内部人侵占和股东掏空行为，弥补公司内部治理机制缺陷（李维安和王倩，2011），降低历史亏损公司股东财富的损害程度。据此，本章提出研究假设3–3。

H3–3：地区投资者保护水平越高，历史亏损对股东财富实现的损害程度越小。

3.2　研究设计及描述性统计

3.2.1　研究设计

3.2.1.1　研究变量

（1）被解释变量：股东财富实现程度（*RI*）。借鉴汪平等（2008）的方法，按照国外研究常见的目标实现程度衡量方法，以"实际报酬—预期报酬"比较方式来定义股东财富最大化实现指数（Realization Index，RI）。当实际报酬大于或等于预期报酬，表明股东财富最大化要求得到了满足，*RI* 值取 1；当实际报酬小于预期报酬，意味着股票投资者在承担相应风险的情况下未能获得预期回报，没有实现股东财富最大化目标，*RI* 值取0。考虑到实际报酬和预期报酬均会有出现负值的情况，因此本章在汪平等（2008）对股东财富实现程度定义的基础上进行细化，计算公式如式（3－1）所示。

$$RI = \begin{cases} 1, & RA \geqslant 0 \ \& \ RE \geqslant 0 \ \& \ RA \geqslant RE \\ 0, & RA \geqslant 0 \ \& \ RE \geqslant 0 \ \& \ RA < RE \\ 0, & RA < 0 \ \& \ RE < 0 \ \& \ RA < RE \\ 1, & RA < 0 \ \& \ RE < 0 \ \& \ RA \geqslant RE \\ 0, & RA < 0 \ \& \ RE \geqslant 0 \\ 1, & RA \geqslant 0 \ \& \ RE < 0 \end{cases} \qquad (3-1)$$

其中，*RA* 表示股东实际报酬率。*RA* = 当年现金股利 + 流通股股数（期末股价 – 期初股价)/本年初总市值。期初股价和期末股价分别选取 1 月份第一个交易日和 12 月份最后一个交易日的收盘价。*RE* 表示股东要求的必要报酬率。采用资本资产定价模型 *CAPM* 来估算得出，*RE* = *RF* + β（*RM* – *RF*）。市场无风险利率 *RF* 选用当年发行的第一期（10 年期）国债利率表示；市场平均收益率 *RM* 选用综合 A 股市场的年回报率；风险系数 β 按照公式 $R_{ij} = \alpha + \beta RM_j + \varepsilon_j$，采用上市公司股票每日报酬率对市场指数每日回报率回归计算得出。

（2）解释变量：历史亏损特征（*Hisloss*）。本书将其设定为虚拟变量，如果公司当年未分配利润为负，且连续三年净利润为正，则定义为是历史亏损公司；若当年未分配利润为正，且净利润为正，则定义为非历史亏损公可。历史亏损公司样本均不分红,但是非历史亏损样本包含分红和不分红两个部分,鉴于本书研究的逻辑起点是分红约束,为了保证研究从理论到实证的一致性,因此,本书具体的度量标准为:当企业为历史亏损公司(不分红)时,$Hisloss = 1$;当企业为非历史亏损公司(分红)时,$Hisloss = 0$。

(3)调节变量:资本公积占净资产比重($CRev$)。采用资本公积年末余额占净资产年末余额的比值衡量。比值越大,表示公司资本公积闲置程度越高。地区投资者保护($Prot$)。参考已有研究(王化成等,2014;王鹏,2008),本章采用王小鲁、樊纲、余文静(2018)发布的《中国分省份市场化指数报告》中的"市场中介组织的发育和法律制度环境"指数来衡量地区的投资者保护水平。由于目前报告只更新到 2016 年及以前的市场化指数数据,此后缺失年份采用直接替代法。该指数越大,代表投资者保护水平较高;反之则代表投资者保护水平较差。

(4)控制变量。参考汪平等(2008)、郑杲娉和徐永新(2011)的研究,控制了企业的资产规模($Size$)、股权性质($State$)、第一大股东持股比例($Top1$)、董事会规模($Board$)、高管持股比例($Ehold$)、上市年限($Listage$)等公司基本特征和公司治理特征,以及控制企业盈利性(ROA)、流动性($Current$)、负债水平(Lev)、研发投入水平($R\&D$)、成长性($Growth$)、自由现金流水平(FCF)等财务特征。此外,对所有回归方程控制年度、行业和地区固定效应。变量定义如表 3-1 所示。

表 3-1　　　　　　　　　　　主要变量定义说明

变量类型	变量名称	变量符号	变量定义
被解释变量	股东财富实现程度	RI	0-1 变量;按式(3-1)计算
解释变量	历史亏损公司	$Hisloss$	如果是历史亏损公司为 1,非历史亏损公司为 0
主要调节变量	资本公积比例	$CRev$	年末资本公积与年末净资产的比值
主要调节变量	地区投资者保护	$Prot$	王小鲁、樊纲、余文静(2018)发布的《中国分省份市场化指数》报告中的"市场中介组织的发育和法律制度环境"指数
控制变量	公司规模	$Size$	总资产的自然对数
控制变量	产权性质	$State$	0-1 变量;控股股东为国有性质时,取值为 1;否则取值为 0

续表

变量类型	变量名称	变量符号	变量定义
控制变量	第一大股东持股比例	Top1	第一大股东持股数与总股数的比值
	董事会人数	Board	董事会人数的自然对数
	高管持股比例	Ehold	高管持股数与总股数的比值
	上市年限	Listage	上市日期至当年 12 月 31 日的间隔总天数，按照一年 365 天换算成年
	净资产收益率	ROA	净利润和总资产的比值
	流动比率	Current	流动资产与总资产的比值
	资产负债率	Lev	总负债与总资产的比值
	研发投入水平	R&D	研发投入与营业收入的比例
	收入增长率	Growth	（当期收入 – 上期收入）/上期收入
	自由现金流	FCF	（现金流量表中的经营活动净现金流 – 折旧摊销 – 预期投资）/企业总资产

表 3 – 1 中的自由现金流（FCF）计算主要参考理查森（Richardson，2006）、辛清泉等（2007）的思路，将经营活动现金流净值减去正常投资水平后除以总资产。其中预期投资是下面模型的拟合值。

$$INV_t = \alpha_0 + \alpha_1 \times TQ_{t-1} + \alpha_2 \times Cash_{t-1} + \alpha_3 \times ListY_{t-1} + \alpha_4 \times Size_{t-1}$$
$$+ \alpha_5 \times Lev_{t-1} + \alpha_6 \times RET_{t-1} + \alpha_7 \times INV_{t-1} + \varepsilon \qquad (3-2)$$

其中，INV_t 为（购建固定资产、无形资产和其他长期资产支付的现金 + 取得子公司及其他营业单位支付的现金净额 – 处置固定资产、无形资产和其他长期资产收回的现金净额 – 处置子公司及其他营业单位收到的现金净额）/总资产。TQ_{t-1} 为第 $t-1$ 年末公司成长机会，等于（每股价格 × 流通股份数 + 每股净资产 × 非流通股份数 + 负债账面价值）/年末总资产；$Cash_{t-1}$ 是公司现金持有量，为第 $t-1$ 年末货币资金/总资产；$ListY_{t-1}$ 为第 $t-1$ 年末公司上市年龄；$Size_{t-1}$ 和 Lev_{t-1} 分别为第 $t-1$ 年末的总资产自然对数和资产负债率；RET_{t-1} 为 $t-1$ 年度股票收益；INV_{t-1} 为第 $t-1$ 年公司资本投资量。为了消除行业不同投资水平和年度宏观因素的变化，本章对模型进行分年度和分行业回归。

3.2.1.2　研究模型

为了考察历史亏损对公司股东财富实现程度的影响，本章构建了基本模型（3-1），若历史亏损特征变量 *Hisloss* 的回归系数显著为负，则证明假设 3-1 成立。

$$P(RI=1)=\alpha_0+\alpha_1\times Hisloss+Controls+\varepsilon \tag{3-3}$$

进一步，为检验资本公积和地区投资者保护水平的调节作用，本章构建了模型（3-4）、模型（3-5）。其中对于模型（3-5），由于投资者保护水平是一个分省份分年度的数据，并不是严格意义的连续变量，为了使交乘项的回归结果科学合理，因此在回归检验中，本章以年度中位数为标准将投资者保护水平变为虚拟变量，大于等于年度中位数取 1，小于年度中位数取 0。若模型（3-4）中交乘项 *Hisloss* × *CRev* 的系数显著为负，则证明假设 3-2 成立；若模型（3-5）中交乘项 *Hisloss* × *Prot* 的系数显著为正，则支持假设 3-3。

$$P(RI=1)=\alpha_0+\alpha_1\times Hisloss+\alpha_2\times CRev+\alpha_3\times Hisloss\times CRev+Controls+\varepsilon$$
$$\tag{3-4}$$

$$P(RI=1)=\alpha_0+\alpha_1\times Hisloss+\alpha_2\times Prot+\alpha_3\times Hisloss\times Prot+Controls+\varepsilon$$
$$\tag{3-5}$$

3.2.1.3　研究样本

本章以 2007~2019 年沪深 A 股上市公司为研究样本。研究样本筛选原则如下：第一，剔除所有金融类上市公司；第二，剔除当期净利润为负的公司观测值；第三，剔除已经资不抵债的观测值；第四，剔除靠政府补助扭亏为盈的企业样本；第五，剔除缺失值，并进行缩尾处理，获取观测值 18801 个，其中背负亏损"包袱"的 682 个。研究所用财务数据、公司治理数据均取自 CSMAR 数据库，样本分布表如表 3-2 所示。

表 3-2		样本分布表		
年度	历史亏损（不分红）	非历史亏损（分红）	非历史亏损（不分红）	合计
2009	71	677	277	1025
2010	68	727	297	1092
2011	72	874	311	1257
2012	71	1253	230	1554

年度	历史亏损（不分红）	非历史亏损（分红）	非历史亏损（不分红）	合计
2013	61	1492	199	1752
2014	58	1535	251	1844
2015	54	1437	278	1769
2016	48	1592	222	1862
2017	56	1775	219	2050
2018	64	1818	281	2163
2019	59	2074	300	2433
合计	682	15254	2865	18801

注：研究观测样本期间始于 2007 年，因计算连续三年净利润为正，故表内样本年限推延为 2009～2019 年（以下同）。

资料来源：CSMAR 数据库。

3.2.2 描述性统计

基于上述样本，在剔除全部变量缺失值后，最终获取观测值 15936 个，如表 3 - 3 所示，分样本描述性统计如表 3 - 4 所示。

表 3 - 3   全样本描述性统计

变量	观测值	平均值	标准差	最小值	中位数	最大值
RI	15936	0.612	0.487	0.000	1.000	1.000
Hisloss	15936	0.043	0.202	0.000	0.000	1.000
CRev	15936	0.361	0.315	- 1.238	0.340	7.844
Prot	15936	9.532	4.559	- 0.700	9.770	16.940
Size	15936	22.347	1.296	19.302	22.165	26.497
State	15936	0.418	0.493	0.000	0.000	1.000
*Top*1	15936	0.356	0.149	0.083	0.337	0.770
Board	15936	2.149	0.197	1.609	2.197	2.708
Ehold	15936	0.060	0.127	0.000	0.000	0.615

续表

变量	观测值	平均值	标准差	最小值	中位数	最大值
Listage	15936	10.863	6.668	2.025	9.447	27.129
ROA	15936	0.052	0.039	0.001	0.043	0.231
Current	15936	2.330	2.212	0.191	1.657	18.172
Lev	15936	0.424	0.197	0.046	0.418	0.876
R&D	15936	0.032	0.039	0.000	0.026	0.240
Growth	15936	0.199	0.405	−0.645	0.126	6.422
FCF	15936	0.037	0.080	−0.328	0.034	0.407

资料来源：CSMAR 数据库。

表 3 – 4　　　　　　　　　　　分样本描述性统计

变量	历史亏损公司（682 个）			非历史亏损公司（15254 个）			均值差异检验	秩和检验
	平均值	中位数	标准差	平均值	中位数	标准差		
RI	0.688	1.000	0.464	0.609	1.000	0.488	4.124 ***	4.122 ***
CRev	0.987	0.734	1.038	0.333	0.332	0.193	58.426 ***	28.463 ***
Prot	6.915	5.890	3.877	9.649	9.770	4.553	−15.433 ***	−15.687 ***
Size	21.426	21.251	1.235	22.388	22.208	1.283	−19.197 ***	−19.851 **
State	0.535	1.000	0.499	0.413	0.000	0.492	6.358 ***	−6.350 ***
*Top*1	0.302	0.269	0.142	0.358	0.341	0.149	−9.688 ***	−10.464 ***
Board	2.111	2.197	0.199	2.150	2.197	0.197	−5.081 ***	−4.191 ***
Ehold	0.004	0.000	0.027	0.063	0.001	0.130	−11.929 ***	−22.745 ***
Listage	16.613	16.779	4.512	10.606	9.022	6.633	23.410 ***	−23.185 ***
ROA	0.030	0.020	0.033	0.053	0.044	0.039	−15.064 ***	−18.935 ***
Current	1.790	1.240	1.941	2.354	1.673	2.220	−6.526 ***	−12.255 ***
Lev	0.519	0.535	0.219	0.420	0.413	0.195	12.877 ***	11.777 ***

续表

变量	历史亏损公司（682 个）			非历史亏损公司（15254 个）			均值差异检验	秩和检验
	平均值	中位数	标准差	平均值	中位数	标准差		
R&D	0.014	0.001	0.026	0.033	0.027	0.039	-12.726 ***	-17.330 ***
Growth	0.274	0.092	0.741	0.196	0.127	0.383	4.921 ***	-3.422 **
FCF	0.011	0.013	0.092	0.038	0.035	0.080	-8.629 ***	-9.886 ***

注：*** 、** 、* 分别表示在 1%、5% 和 10% 的统计水平上显著。
资料来源：CSMAR 数据库。

　　表 3 - 3、表 3 - 4 报告了主要变量描述性统计结果：全样本公司 *RI* 均值为 0.612，历史亏损公司 *RI* 均值为 0.688，显著高于非历史亏损公司，没有验证假设 3 - 1 的分析结论。全样本公司 *CRev* 均值为 0.361，历史亏损公司 *Prot* 均值为 0.987，显著大于非历史亏损公司，但是历史亏损公司 *Prot* 均值为 6.915，显著低于非历史亏损公司，该结果也初步揭示历史亏损公司可能存在资本公积的政策影响效应以及投资者保护的外部机制影响效应。从控制变量描述性统计结果看，*Current*、*FCF*、*ROA* 都在 1% 水平上显著低于非历史亏损公司，*Lev* 在 1% 水平上显著高于非历史亏损公司，说明由于亏损"包袱"的影响，历史亏损公司偿债能力、盈利能力、现金流能力均有一定程度降低。*Growth* 均值在 1% 水平上显著高于非历史亏损公司，说明历史亏损公司具有一定的发展潜力。历史亏损公司的 *Top*1、*Board*、*Ehold* 都在 1% 水平上显著低于非历史亏损公司，说明历史亏损公司治理水平弱于非历史亏损公司。

　　表 3 - 5 报告了变量的相关系数检验，结果可见，历史亏损（*Hisloss*）与股东财富（*RI*）在 1% 水平上显著正相关，相关系数为 0.033，同样没有支持假设 3 - 1 的分析结论。为什么描述性统计呈现历史亏损公司与股东财富正相关的关系呢？考虑到历史亏损公司观测值过少（仅占全样本的 4.28%），可能会对表 3 - 4、表 3 - 5 的结果产生影响，在本章后续研究中，将进一步采用倾向评分匹配（PSM）最近邻 1∶1 配对方法为所有历史亏损公司寻找相应的配对样本，提高描述性统计样本质量来观测历史亏损与股东财富的关系。

表 3 – 5

Pearson 相关系数检验

变量	RI	Hisloss	CRev	Prot	Size	State	Top1	Board	Ehold	Listage	ROA	Current	Lev	R&D	Growth	FCF
RI	1.000															
Hisloss	0.033***	1.000														
CRev	-0.032***	0.420***	1.000													
Prot	-0.073***	-0.121***	-0.068***	1.000												
Size	0.033***	1.000	0.420***	-0.121***	1.000											
State	0.104***	-0.150***	-0.158***	0.004	-0.150***	1.000										
Top1	0.177***	0.050***	-0.047***	-0.207***	0.050***	0.353***	1.000									
Board	0.022	-0.077***	-0.101***	-0.003	-0.077***	0.216***	0.241***	1.000								
Ehold	0.079***	-0.040***	-0.051***	-0.119***	-0.040***	0.246***	0.288***	0.031***	1.000							
Listage	-0.157***	-0.094***	0.044***	0.173***	-0.094***	-0.273***	-0.380***	-0.080***	-0.177***	1.000						
ROA	0.217***	0.182***	-0.067***	-0.124***	0.182***	0.373***	0.445***	-0.014*	0.124***	-0.411***	1.000					
Current	-0.057***	-0.118***	-0.195***	0.035***	-0.118***	-0.105***	-0.139***	0.057***	-0.010	0.103***	-0.139***	1.000				
Lev	-0.122***	-0.052***	0.051***	0.067***	-0.052***	-0.354***	-0.226***	-0.051***	-0.140***	0.227***	-0.243***	0.238***	1.000			
R&D	0.145***	0.101***	-0.036***	-0.106***	0.101***	0.538***	0.288***	0.091***	0.150***	-0.251***	0.312***	-0.399***	-0.636***	1.000		
Growth	-0.135***	-0.100***	0.047***	0.197***	-0.100***	-0.265***	-0.288***	-0.181***	-0.151***	0.297***	-0.318***	0.100***	0.336***	-0.367***	1.000	
FCF	-0.019***	0.039***	0.076***	-0.010	0.039***	0.033***	-0.077***	-0.019***	-0.019***	0.052***	-0.071***	0.108***	-0.053***	0.075***	-0.006	1.000

注：***、**、*分别表示在 1%、5% 和 10% 的统计水平上显著。
资料来源：CSMAR 数据库。

3.3　实证结果分析

3.3.1　基本结果

表 3 - 6 报告了历史亏损对股东财富实现的影响结果，以及资本公积和投资者保护水平的调节作用。第（1）列是模型（3 - 3）的回归结果，历史亏损特征变量 *Hisloss* 回归系数为 - 0.240，且在 5% 的水平上显著，说明有历史亏损的公司股东财富实现程度更低，证明了假设 3 - 1，即历史亏损公司由于分红约束影响了股东股利收入以及资本利得收入，从而损害了股东利益。第（2）、（3）列是模型（3 - 4）、模型（3 - 5）的回归结果，分别验证了资本公积以及投资者保护的调节作用。交乘项 *Hisloss* × *CRev* 的估计系数为 - 0.321，且具有 5% 的显著性水平，证实了假设 3 - 2，即资本公积占净资产的比重越高，历史亏损对股东财富的损害程度越大。交乘项 *Hisloss* × *Prot* 的估计系数为 0.039，但不显著，虽然验证了投资者保护水平对历史亏损与股东财富关系的正向调节作用，同时也揭示了我国投资者保护的有效性问题。这主要是因为虽然我国已经建立了形式上较为完整的投资者法律体系，但其实际运行状况却不尽如人意（陈炜等，2008）。正如皮斯特和徐（Pistor and Xu，2005）、计小青和曹啸（2008）所指出，投资者保护效应的传导受到外部环境的影响很大，对于中国这样正处于转轨时期的国家，支撑投资者保护运转的市场和制度资源还有待完善，各地区投资者保护整体水平仍不容乐观，因而很难有效发挥其作为一种外部治理机制的作用。

表 3 - 6　　　　　历史亏损与股东财富实现程度的回归结果

变量	(1)	(2)	(3)
	RI	*RI*	*RI*
Hisloss	- 0.240 ** (- 2.42)	- 0.022 (- 0.15)	- 0.253 ** (- 2.08)
CRev		0.141 (1.25)	
Hisloss × *CRev*		- 0.321 ** (- 2.17)	

续表

变量	(1)	(2)	(3)
	RI	RI	RI
Prot			0.024 (0.45)
Hisloss × Prot			0.039 (0.20)
Size	−0.090 *** (−4.25)	−0.098 *** (−4.55)	−0.090 *** (−4.26)
State	0.419 *** (8.65)	0.416 *** (8.59)	0.419 *** (8.66)
Top1	0.159 (1.18)	0.167 (1.23)	0.156 (1.15)
Board	0.294 *** (2.93)	0.294 *** (2.93)	0.294 *** (2.93)
Ehold	−0.595 *** (−3.70)	−0.604 *** (−3.76)	−0.599 *** (−3.72)
Listage	0.059 *** (15.97)	0.060 *** (15.95)	0.059 *** (15.96)
ROA	0.186 (0.31)	0.506 (0.79)	0.185 (0.31)
Current	−0.040 *** (−3.48)	−0.039 *** (−3.39)	−0.040 *** (−3.47)
Lev	0.466 *** (2.85)	0.547 *** (3.24)	0.469 *** (2.87)
R&D	−2.620 *** (−4.11)	−2.651 *** (−4.15)	−2.629 *** (−4.12)
Growth	−0.137 *** (−3.05)	−0.149 *** (−3.27)	−0.136 *** (−3.04)
FCF	0.892 *** (3.38)	0.905 *** (3.42)	0.892 *** (3.38)
截距项	−0.113 (−0.24)	−0.070 (−0.15)	−0.122 (−0.26)
是否控制年度固定效应	Y	Y	Y
是否控制行业固定效应	Y	Y	Y
是否控制地区固定效应	Y	Y	Y
观测值	15936	15936	15936
Wald chi2	2255	2260	2255
Pseudo R^2	0.136	0.137	0.136

注：***、**、* 分别表示在 1%、5%、10%的水平上显著，括号内为异方差稳健的 t 值。
资料来源：CSMAR 数据库。

3.3.2　内生性检验

（1）PSM 方法。考虑到本章的研究可能存在自选择偏误（self-selection bias），亦即历史亏损特征的出现并不是随机的，而是选择的结果，这一选择的过程会对研究的主效应估计产生偏差。因而采用倾向评分匹配（PSM）配对方法为所有历史亏损公司寻找相应的配对样本。参考连玉君等（2011）的做法，采用逐步回归法在所有控制变量中筛选符合匹配条件的变量，保留显著性为 1% 的变量作为匹配变量用于 PSM 配对。PSM 最近邻 1∶1 配对样本合计 682 对，总样本 1364 个。配对后两组样本倾向得分值（Ps 值）相差不大，样本密度函数图上重叠区域较多，满足共同支撑假设；配对后两组样本在总体特征上没有太大差别，也满足平衡假设。PSM 之后的分样本描述性统计结果如表 3-7 所示。

表 3-7　　　　　　　　　PSM 分样本描述性统计

变量	历史亏损公司（682 个）			非历史亏损公司（682 个）			均值差异检验	秩和检验
	平均值	中位数	标准差	平均值	中位数	标准差		
RI	0.688	1.000	0.464	0.748	1.000	0.435	-2.470 **	-2.466 **
CRev	0.987	0.734	1.038	0.264	0.245	0.286	17.554 ***	23.400 ***
Prot	6.915	5.890	3.877	7.833	6.780	4.318	-4.131 ***	-3.588 ***
Size	21.426	21.251	1.235	21.690	21.615	0.888	-4.526 ***	-6.554 ***
State	0.535	1.000	0.499	0.600	1.000	0.490	-2.408 **	-2.404 **
*Top*1	0.302	0.269	0.142	0.310	0.300	0.128	-1.036	-2.230 **
Board	2.111	2.197	0.199	2.120	2.197	0.218	-0.776	-0.715
Ehold	0.004	0.000	0.027	0.006	0.000	0.040	-1.081	-5.116 ***
Listage	16.613	16.779	4.512	16.572	17.214	5.594	0.148	-1.136
ROA	0.030	0.020	0.033	0.039	0.032	0.034	-5.000 ***	-7.029 ***
Current	1.790	1.240	1.941	1.754	1.379	1.701	0.369	-2.794 ***
Lev	0.519	0.535	0.219	0.506	0.513	0.175	1.200	1.706 *
R&D	0.014	0.001	0.026	0.015	0.002	0.023	-1.095	-2.003 *
Growth	0.274	0.092	0.741	0.257	0.112	0.674	0.451	-1.637
FCF	0.011	0.013	0.092	0.014	0.017	0.093	-0.501	-1.994 *

注：*** 、** 、* 分别表示在 1% 、5% 和 10% 的统计水平上显著。
资料来源：CSMAR 数据库。

　　表 3 - 7 报告了 PSM 最近邻 1∶1 配对样本主要变量的描述性统计结果，与表 3 - 4 全部样本的分样本描述性统计结果相比，配对后历史亏损样本 *RI* 均值为 0.688，显著低于非历史亏损公司，验证了假设 3 - 1 的分析结论，相比非历史亏损公司，历史亏损公司股东财富实现程度更低；历史亏损公司 *CRev* 均值为 0.987，依然显著大于非历史亏损公司；*Prot* 均值为 6.915，同样显著低于非历史亏损公司。上述结果均符合本章研究预期。

　　表 3 - 8 报告了 PSM1∶1 配对的回归结果：第（1）列历史亏损特征变量 *Hisloss* 回归系数在 5% 统计水平上显著为负，第（2）列交乘项 *Hisloss × CRev* 的估计系数在 10% 统计水平上显著为负，第（3）列交乘项 *Hisloss × Prot* 的估计系数为正但不显著，与主回归结果一致。

表 3 - 8　　　　　PSM1∶1 配对：假设 3 - 1 ~ 假设 3 - 3 检验结果

变量	（1）	（2）	（3）
	RI	*RI*	*RI*
Hisloss	- 0.324 ** (- 2.27)	0.016 (0.07)	- 0.330 * (- 1.74)
CRev		1.157 * (1.89)	
Hisloss × CRev		- 1.204 * (- 1.92)	
Prot			0.297 (1.10)
Hisloss × Prot			0.084 (0.28)
Size	0.148 * (1.70)	0.130 (1.44)	0.143 * (1.73)
State	0.430 *** (2.61)	0.432 *** (2.63)	0.433 *** (2.59)
Top1	- 0.334 (- 0.59)	- 0.306 (- 0.54)	- 0.408 (- 0.73)
Board	0.285 (0.75)	0.280 (0.74)	0.246 (0.64)
Ehold	- 5.690 ** (- 2.20)	- 5.709 ** (- 2.28)	- 5.809 * (- 1.72)
Listage	0.044 ** (2.39)	0.047 ** (2.55)	0.043 ** (2.49)
ROA	- 3.661 (- 1.48)	- 2.929 (- 1.17)	- 3.650 (- 1.61)

续表

变量	(1)	(2)	(3)
	RI	*RI*	*RI*
Current	-0.082* (-1.68)	-0.081* (-1.65)	-0.077 (-1.60)
Lev	-0.747 (-1.37)	-0.632 (-1.10)	-0.664 (-1.27)
R&D	0.411 (0.12)	0.359 (0.10)	0.452 (0.13)
Growth	-0.171 (-1.60)	-0.179* (-1.67)	-0.173* (-1.68)
FCF	1.828** (2.08)	1.905** (2.14)	1.843** (2.26)
截距项	-3.464* (-1.82)	-3.490* (-1.78)	-3.550* (-1.94)
是否控制年度固定效应	Y	Y	Y
是否控制行业固定效应	Y	Y	Y
是否控制地区固定效应	Y	Y	Y
观测值	1364	1364	1364
Wald chi2	241.2	246.4	241.2
Pseudo R²	0.204	0.206	0.204

注：***、**、*分别表示在1%、5%、10%的水平上显著，括号内为异方差稳健的 *t* 值。
资料来源：CSMAR 数据库。

为了防止样本损失过多对结果的损害，本章还做了最近邻1:2无放回配对，样本总计682 + 1364 = 2046，回归结果如表3-9所示，检验结果与最近邻1:1配对一致，不再赘述。

表3-9   **PSM1:2配对：假设3-1~假设3-3检验结果**

变量	(1)	(2)	(3)
	RI	*RI*	*RI*
Hisloss	-0.281** (-2.33)	0.016 (0.07)	-0.167 (-1.09)
CRev		1.157* (1.82)	
Hisloss × CRev		-1.204* (-1.86)	

续表

变量	（1）	（2）	（3）
	RI	RI	RI
Prot			0.449 **
			（2.37）
Hisloss × Prot			0.216
			（0.88）
Size	0.088	0.077	0.095
	（1.25）	（1.07）	（1.35）
State	0.499 ***	0.501 ***	0.482 ***
	（3.91）	（3.92）	（3.75）
Top1	0.070	0.044	0.032
	（0.15）	（0.09）	（0.07）
Board	0.210	0.203	0.226
	（0.71）	（0.69）	（0.77）
Ehold	− 4.678 **	− 4.672 **	− 4.933 **
	（− 2.23）	（− 2.23）	（− 2.36）
Listage	0.042 ***	0.042 ***	0.041 ***
	（3.08）	（3.09）	（2.92）
ROA	− 1.613	− 1.510	− 1.665
	（− 0.82）	（− 0.76）	（− 0.85）
Current	− 0.073 **	− 0.070 *	− 0.072 *
	（− 1.97）	（− 1.90）	（− 1.95）
Lev	− 0.496	− 0.424	− 0.449
	（− 1.13）	（− 0.94）	（− 1.02）
R&D	3.260	3.220	3.168
	（1.18）	（1.17）	（1.15）
Growth	− 0.108	− 0.108	− 0.114
	（− 1.18）	（− 1.19）	（− 1.28）
FCF	0.940	0.948	0.997
	（1.41）	（1.41）	（1.49）
截距项	− 2.514 *	− 2.321	− 2.981 *
	（− 1.66）	（− 1.52）	（− 1.94）
是否控制年度固定效应	Y	Y	Y
是否控制行业固定效应	Y	Y	Y
是否控制地区固定效应	Y	Y	Y
观测值	2046	2046	2046
Wald chi2	287.4	287.8	291.2
Pseudo R^2	0.165	0.165	0.167

注：***、**、*分别表示在1%、5%、10%的水平上显著，括号内为异方差稳健的 t 值。
资料来源：CSMAR 数据库。

（2）Heckman 两阶段。考虑到历史亏损企业可能存在的样本自选择问题，本章采用 Heckman 两阶段回归模型解决样本选择性偏差（sample selection bias）导致的内生性问题。第一阶段的回归分析中，构建一个包含全样本的 Probit 模型，用来估计企业出现历史亏损的概率，自变量是历史亏损的工具变量（Ⅳ）以及主回归模型中的全部控制变量。根据 Probit 模型，计算出逆米尔斯比率（Inverse Mills Ratio，IMR）。第二阶段的回归分析中，在原来的回归方程中额外加入 IMR，然后估计出回归参数。最后，观察第二阶段方程中 IMR 的显著性。如果该变量不显著，则说明原回归方程并不存在样本选择偏差问题，可根据原来的回归系数进行统计推断，如果该变量显著，则说明样本选择偏差存在，应根据第二阶段回归方程的系数进行统计推断。

具体而言，使用企业所在行业历史亏损公司比例（Hisloss_ind）作为该企业是否为历史亏损公司（Hisloss）的工具变量。相关结果如表 3 - 10 所示。第（1）列显示了第一阶段工具变量对解释变量的回归结果，结果显示 Hisloss_ind 系数显著为正，这说明行业历史亏损公司比例确实会影响本企业变成历史亏损公司的可能性，符合本章的预期，证明不存在“弱工具变量”问题。第（2）、（3）、（4）列显示了 Heckman 估计第二阶段的结果，发现第一阶段回归计算出的逆米尔斯比率系数均在 1% 水平上显著，说明之前的分析确实存在内生性问题，而在控制了 IMR 之后，第（2）列历史亏损特征变量 Hisloss 回归系数在 5% 统计水平上显著为负，第（3）列变乘项 Hisloss × CRev 的估计系数在 10% 统计水平上显著为负，第（4）列交乘项 Hisloss × Prot 的估计系数为正但不显著，说明在考虑了样本自选择问题之后，假设 3 - 1 ~ 假设 3 - 3 依旧成立。

表 3 - 10   Heckman 两阶段：假设 3 - 1 ~ 假设 3 - 3 检验结果

变量	(1)	(2)	(3)	(4)
	Hisloss	RI	RI	RI
Hisloss		- 0.204 ** (- 2.01)	- 0.015 (- 0.10)	- 0.212 * (- 1.70)
Hisloss_ind	0.179 *** (4.77)			
CRev			0.125 (1.10)	
Hisloss × CRev			- 0.289 * (- 1.94)	

续表

变量	(1)	(2)	(3)	(4)
	Hisloss	RI	RI	RI
Prot				0.023 (0.43)
Hisloss × Prot				0.025 (0.13)
Size	−0.716 *** (−11.39)	0.101 (0.71)	0.051 (0.35)	0.100 (0.70)
State	−0.080 (−0.80)	0.430 *** (8.44)	0.423 *** (8.26)	0.430 *** (8.45)
Top1	−0.930 *** (−2.96)	0.363 (1.57)	0.311 (1.35)	0.359 (1.55)
Board	−0.442 ** (−2.08)	0.441 *** (3.35)	0.414 *** (3.13)	0.441 *** (3.33)
Ehold	−3.445 *** (−2.80)	0.292 (0.40)	0.067 (0.09)	0.284 (0.39)
Listage	0.095 *** (10.50)	0.033 * (1.74)	0.040 ** (2.07)	0.033 * (1.74)
ROA	−8.017 *** (−5.64)	2.349 (1.37)	2.136 (1.23)	2.338 (1.35)
Current	0.039 (1.60)	−0.055 *** (−3.90)	−0.051 *** (−3.64)	−0.055 *** (−3.88)
Lev	2.462 *** (7.04)	−0.233 (−0.46)	−0.014 (−0.03)	−0.227 (−0.45)
R&D	−1.975 (−0.91)	−2.056 *** (−2.77)	−2.198 *** (−2.95)	−2.065 *** (−2.78)
Growth	0.339 *** (6.37)	−0.219 *** (−2.78)	−0.210 *** (−2.64)	−0.218 *** (−2.77)
FCF	−0.602 * (−1.85)	1.090 *** (3.73)	1.065 *** (3.64)	1.089 *** (3.73)
IMR		0.492 *** (3.33)	0.531 *** (3.34)	0.492 *** (3.10)
截距项	13.511 *** (10.43)	−3.577 (−1.38)	−2.753 (−1.05)	−3.574 (−1.37)
是否控制年度固定效应	Y	Y	Y	Y
是否控制行业固定效应	Y	Y	Y	Y
是否控制地区固定效应	Y	Y	Y	Y
观测值	15610	15610	15610	15610
Wald chi2	544.2	2198	2202	2197
Pseudo R^2	0.417	0.135	0.136	0.135

注：*** 、** 、* 分别表示在 1%、5%、10% 的水平上显著，括号内为异方差稳健的 t 值。
资料来源：CSMAR 数据库。

3.3.3　稳健性检验

为确保研究结论的稳健性，本章还进行了如下稳健性检验。

（1）调整股东财富实现程度衡量方法。参考李善民和郑南磊（2007）的方法使用公司股票市值来衡量股东财富，检验结果如表 3 – 11 所示。历史亏损特征变量 $Hisloss$ 回归系数为负，且在 1% 的水平上显著，验证了假设 3 – 1；交乘项 $Hisloss \times CRev$ 的估计系数为负，且在 1% 的水平上显著，验证了假设 3 – 2；交乘项 $Hisloss \times Prot$ 的回归结果不显著，也再次验证了我国的市场环境以及市场机制还有待进一步完善，地区投资者保护作用发挥受到限制。

表 3 – 11　稳健性检验：改变股东财富度量方式（使用每股市值衡量股东财富）

变量	(1)	(2)	(3)
	RI	RI	RI
$Hisloss$	– 1. 327 *** （ – 4. 19）	3. 213 *** （5. 53）	– 0. 927 （ – 1. 58）
$CRev$		14. 195 *** （11. 71）	
$Hisloss \times CRev$		– 14. 506 *** （ – 11. 25）	
$Prot$			– 0. 189 （ – 0. 47）
$Hisloss \times Prot$			– 1. 138 （ – 1. 18）
$Size$	– 0. 275 *** （ – 3. 07）	– 0. 626 *** （ – 6. 52）	– 0. 271 * （ – 1. 67）
$State$	1. 243 *** （6. 58）	1. 065 *** （5. 79）	1. 237 *** （3. 35）
$Top1$	3. 204 *** （5. 91）	4. 154 *** （7. 84）	3. 245 *** （3. 45）
$Board$	– 0. 936 ** （ – 2. 21）	– 0. 872 ** （ – 2. 12）	– 0. 917 （ – 1. 31）
$Ehold$	5. 195 *** （6. 45）	4. 458 *** （5. 84）	5. 227 *** （4. 37）
$Listage$	– 0. 198 *** （ – 13. 04）	– 0. 101 *** （ – 5. 69）	– 0. 197 *** （ – 7. 16）
ROA	105. 017 *** （33. 00）	132. 874 *** （33. 46）	104. 992 *** （21. 99）

续表

变量	(1)	(2)	(3)
	RI	*RI*	*RI*
Current	0.223 *** (4.99)	0.225 *** (5.19)	0.221 *** (3.45)
Lev	9.180 *** (14.04)	13.955 *** (18.07)	9.138 *** (8.85)
R&D	44.212 *** (12.36)	43.367 *** (12.67)	44.326 *** (8.23)
Growth	2.476 *** (11.14)	1.448 *** (6.69)	2.476 *** (10.45)
FCF	4.947 *** (4.14)	5.692 *** (4.85)	4.953 *** (3.60)
截距项	14.402 *** (7.78)	12.743 *** (6.98)	14.434 *** (4.42)
是否控制年度固定效应	Y	Y	Y
是否控制行业固定效应	Y	Y	Y
是否控制地区固定效应	Y	Y	Y
观测值	15934	15934	15934
F	96.45	100.4	58.16
R^2	0.363	0.403	0.363
$A-R^2$	0.360	0.400	0.360

注：***、**、* 分别表示在 1%、5%、10% 的水平上显著，括号内为异方差稳健的 *t* 值。
资料来源：CSMAR 数据库。

（2）改变样本。由于本章的研究逻辑是基于分红约束，因此基本模型分析将 *Hisloss* 定义为，当企业为历史亏损公司（不分红）时，*Hisloss* = 1；当企业为非历史亏损公司（分红）时，*Hisloss* = 0。稳健性检验将重新定义 *Hisloss* 0 - 1 取值，设历史亏损公司（不分红）为 1，非历史亏损公司（分红 + 不分红）为 0。通过对非历史亏损样本的修改，进一步扩大研究样本量。检验结果如表 3 - 12 所示。历史亏损特征变量 *Hisloss* 回归系数为负，且在 5% 的统计水平上显著，验证了假设 3 - 1；交乘项 *Hisloss* × *CRev* 的估计系数为负，且在 5% 的统计水平上显著，验证了假设 3 - 2；交乘项 *Hisloss* × *Prot* 的回归系数为正但不显著，与前述主回归结果一致。

表 3 - 12 稳健性检验：改变样本

变量	(1) RI	(2) RI	(3) RI
Hisloss	-0. 229 ** (-2. 38)	-0. 025 (-0. 18)	-0. 240 ** (-2. 04)
CRev		0. 130 (1. 28)	
Hisloss × CRev		-0. 299 ** (-2. 16)	
Prot			0. 030 (0. 61)
Hisloss × Prot			0. 034 (0. 18)
Size	-0. 086 *** (-4. 44)	-0. 093 *** (-4. 72)	-0. 086 *** (-4. 45)
State	0. 407 *** (9. 26)	0. 404 *** (9. 19)	0. 407 *** (9. 27)
Top1	0. 276 ** (2. 21)	0. 283 ** (2. 26)	0. 272 ** (2. 18)
Board	0. 185 ** (2. 03)	0. 184 ** (2. 02)	0. 185 ** (2. 03)
Ehold	-0. 706 *** (-4. 63)	-0. 715 *** (-4. 69)	-0. 711 *** (-4. 66)
Listage	0. 059 *** (17. 37)	0. 060 *** (17. 32)	0. 059 *** (17. 37)
ROA	-0. 160 (-0. 30)	0. 120 (0. 21)	-0. 166 (-0. 31)
Current	-0. 041 *** (-3. 86)	-0. 040 *** (-3. 77)	-0. 041 *** (-3. 84)
Lev	0. 354 ** (2. 39)	0. 423 *** (2. 77)	0. 357 ** (2. 41)
R&D	-2. 407 *** (-4. 10)	-2. 436 *** (-4. 15)	-2. 418 *** (-4. 12)
Growth	-0. 122 *** (-3. 11)	-0. 132 *** (-3. 33)	-0. 122 *** (-3. 10)
FCF	0. 746 *** (3. 12)	0. 754 *** (3. 15)	0. 745 *** (3. 12)
截距项	0. 150 (0. 35)	0. 197 (0. 46)	0. 138 (0. 32)

续表

变量	(1)	(2)	(3)
	RI	*RI*	*RI*
是否控制年度固定效应	Y	Y	Y
是否控制行业固定效应	Y	Y	Y
是否控制地区固定效应	Y	Y	Y
观测值	18801	18801	18801
Wald chi2	2672	2679	2671
Pseudo R^2	0.135	0.136	0.135

注：***、**、*分别表示在1%、5%、10%的水平上显著，括号内为异方差稳健的 *t* 值。
资料来源：CSMAR 数据库。

综上，稳健性检验结果证明，除了个别变量显著性稍有变化外，两种稳健性检验方法结论基本保持不变。

3.4　研 究 结 论

本章研究针对资本市场上存在的扭亏上市公司具有历史亏损特征，基于分红约束视角，利用 2007～2019 年面板数据实证检验了历史亏损对股东财富实现的影响，以及资本公积、投资者保护影响下历史亏损对股东财富的影响。研究表明结论如下。

（1）受制于分红约束，具有历史亏损的扭亏公司股东财富实现程度更低。在不完全市场条件下，历史亏损公司股东财富受到两方面影响：一是无盈利不分红使股东财富直接受到影响；二是无股利分红政策容易在资本市场传递不良信号，对股价产生负向影响，使股东因此丧失了股价上涨的资本利得收入，从而造成股东财富降低。因此，弥补历史亏损"包袱"，解除分红约束"魔咒"，是提升股东财富实现程度的关键。

（2）高资本公积对历史亏损公司股东财富具有负向影响作用。在资本公积补亏禁令政策环境下，资本公积占净资产的比重越高，历史亏损对股东财富的损害程度越大，亦即高资本公积会加剧历史亏损对股东财富的损害程度，因此，要关注资本公积的占比，提高资本公积的利用效率。

（3）加强地区投资者保护是股东财富实现的外部保障。经过多年实践，我国已经基本形成了由国家法律法规和行政保护、投资者自我保护、市场自律保护与社会监督保护相结合的多层次投资者保护体系。实证研究发现，地区投资者保护对历史亏损公司股东财富实现程度影响作用不显著，也揭示了我国投资者保护的有效性有待于进一步提高。

第4章　历史亏损公司股东利益保护的
　　　　内在作用机理研究

　　从理论层面看，历史亏损公司股东分红约束将会引致管理层薪酬约束，这是双层委托代理关系冲突的必然结果，正如廖理和方芳（2005）等学者的研究结论，在公司激励机制相对完善、薪酬激励水平市场化的情况下，未弥补亏损更容易成为股东降低管理层薪酬讨价还价的条件。但我国现实情况并非如此，据 CSMAR 数据库统计显示，2007～2019 年间，历史亏损公司高管超额薪酬①均值、中值分别为 0.005、-0.006，而非历史亏损公司（分红）分别为 -0.008、-0.012。可见，在股东分红约束条件下，比较非历史亏损公司，历史亏损公司管理层超额薪酬支付程度更高。

　　股东分红约束与管理层超额薪酬支付并存，是否说明历史亏损公司大股东和管理层之间存在一定程度的默契关系呢？换言之，管理层薪酬水平的提升是否与大股东谋取控制权私利有密切联系？学术研究表明，在双层委托代理关系中，委托人和代理人的合谋可以表现为多种形式，比如，由于代理人激励不足、委托人和代理人之间的信息不对称等原因而引致的监督人与代理人之间的合谋；高效率代理人和低效率代理人在委托人面临着效率和效益权衡时结成的联盟；股东之间私下就特定事件达成默契或协作意向的一种典型的非公开合作行为等（董志强和蒲勇健，2006）。作为激励理论的一个分支，大股东与代理人之间的合谋，近年来也已成为主流经济学的研究前沿问题。依据历史亏损公司股东分红约束特征以及管理层薪酬超额支付现象，本章推断，历史亏损公司具备大股东与管理层合谋的基础。从大股东角度看，历史亏损公司存在巨额负向未分配利润"包袱"，导致股东不能分配股利，利益驱动会引发大股东掏空动机。为营造有利于

---

　　①　超额薪酬指标计算方法：CEO 薪酬/总资产×100，再减去年度行业均值，该指标用来反映高管超额薪酬支付水平。

掏空的便利环境，大股东更愿意以激励的方式对管理层进行赎买，其中对管理层超额薪酬支付便是大股东谋取控制权私利的重要路径（刘红霞和孙雅男，2019）。从管理层角度看，由于分红约束使股东更加关注企业业绩及其资本利得，导致管理层更愿意选择盈余管理方式来满足股东投资回报要求。正如齐祥芹和沈永建（2015）的实证研究结果，那些连续亏损两年及以上的上市公司避亏、扭亏的意愿更为强烈，盈余管理动机更强。因此，盈余管理是大股东与管理层合谋的重要方式，一方面盈余管理掩盖了股东掏空对企业价值的减损程度；另一方面盈余管理改变了企业绩效水平，迎合了大股东为管理层设计的特殊薪酬契约。

为证明历史亏损公司股东和管理层之间存在的合谋关系，本章以我国A股上市公司 2007～2019 年的数据为研究样本进行了实证检验，研究发现，如果历史亏损公司第一大股东持股比例相对较低，在公司股权制衡程度大的条件下很容易引发第一大股东与管理层之间的合谋关系；由于分红约束，历史亏损公司大股东控制权与现金流权分离具有客观存在性，该现实必将引致大股东产生与管理层合谋的动机；盈余管理对历史亏损公司大股东掏空以及管理层超额薪酬支付具有促进作用。本章理论分析思路如图 4 - 1 所示。

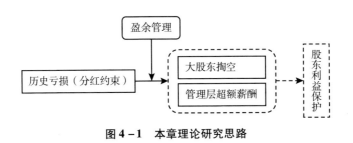

图 4 - 1　本章理论研究思路

4.1　理论分析与研究假设

4.1.1　历史亏损与大股东掏空

分红约束使得历史亏损公司股东财富受到两方面影响：一是无股利分配使股东财富直接受到影响。按照我国《公司法》规定，如果公司年初有未弥补亏损，且本年利润及盈余公积累计额不足以弥补以前年度亏损，公司是不具备股东分红条件的。历史亏损公司存在巨额未弥补亏损不能向股东分配股利，导致股东长期不能分享公司经营成果，直接损害了股东财富收入。二是负面的信号传递效应引致股东财富降低。根据信号传递理论，在市场不完全时，公司分红可缓解股东与管理层之间的信息不对称，向市场传递公司未来的收益前景。这是因为投资者与公司之间的信息不对称，使得股利成为管理层向投资者传递信号的一个重要途径，公司发放股利表明公司经营绩效良好，具有盈余持续性，由此可以吸引更多的投资者进行投资，并且伴随着公司较好的市场反应。只有当公司的财务状况恶化并且管理者没有其他选择时，公司才会考虑削减股利。因此，合理的股利政策是上市公司对股东投资的回报，也是向投资者传递公司持久盈利等相关利好信息的信号。在公司负向未分配利润额较大时，当期经营利润首先要弥补历史亏损，无股利分红政策容易在资本市场传递不良信号，对股价产生负向影响，使股东因此丧失了股价上涨的资本利得收入，从而造成股东财富减少。

鉴于历史亏损公司股东财富增长水平受到分红约束的制约，出于维护自身利益，大股东可能会以掏空方式来换取私人财富，特别是当掏空利益大于掏空成本时会激励大股东实施掏空行为。据此，本章提出假设 4 - 1。

H4 - 1：比较非历史亏损公司，历史亏损公司股东掏空程度更高。

4.1.2　历史亏损与管理层超额薪酬

如前所述，历史亏损公司大股东可能会选择掏空方式来弥补分红约束带来的损失。在掏空方式上，约翰逊等（Johnson et al.，2000）研究发现，一般企业大股东掏空往往借助两种路径实施：一是经营性掏空包括直接的偷窃与欺诈、非市场化资产交易、价格转移、管理层薪酬超额支付等自利性交易；二是财务性掏空包括通过定向增发进行股权稀释以及并购等方式侵占公司利益的行为。从我国现实状况看，近年来监管部门针对大股东资金占用、非公允的关联交易、定向增发等行径，相继出台了多种监管文件，使得大股东掏空上市公司资源的边际成本越来越高。因此，我国大股东掏空更有可能借助管理层薪酬超额支付手段"合法"侵占上市公司资源。

管理层薪酬契约设计的初衷是为了协调股东与管理层之间的利益不一致问题，实现企业价值最大化目标。而当大股东为了自身利益希冀掏空上市公司时，大股东行为便与管理层薪酬契约签订的初衷产生了背离，因此，管理层薪酬契约的制定和执行是大股东与管理层动态博弈的均衡结果。为实现掏空目的，大股东可能对管理层薪酬契约进行特殊设计，一方面通过管理层超额薪酬支付、降低薪酬业绩敏感性的方式，弥补大股东掏空损害业绩而可能给管理层带来的薪酬损失；另一方面用隐性契约替代显性契约，给予管理层更多在职消费，以隐性收入方式分享合谋收益。伯德祖克和弗里德（Bebchuk and Fried，2003）指出，大股东基于自身利益最大化目标来推动激励机制的最优设计，力求使薪酬激励合同能够促进管理层选择与大股东利益相一致的行动方案。

国内外大量证据表明，良好的激励机制体现为管理层薪酬与公司绩效的有效联结（Tse，2011）。通过将管理层薪酬与公司绩效挂钩，可调动管理层经营积极性，促进股东和管理层利益趋于一致（杜兴强和王丽华，2007）。但是，激励机制也是一把"双刃剑"，当公司的业绩变成了一个有噪声的产出时，管理层激励很难再客观地反映管理层的努力程度与决策水平（Wang and Xiao，2011）。历史亏损公司分红约束，直接影响股东的投资收益，大股东会借助激励手段来影响管理层的行为从而助力其掏空行为，扭曲上市公司的信息披露。对管理层薪酬超额支付既是大股东掏空的路径，也是其谋取控制权私利的重要手段。据此，本章提出假设4－2。

H4－2：比较非历史亏损公司，历史亏损公司管理层超额薪酬支付程度更高。

4.1.3　盈余管理的调节效应

股东与经理人的委托代理问题一直是理论研究和实务关注的核心问题。罗瑟夫（1982）研究了股利政策对解决股东与管理层代理问题的作用，认为现金股利政策会给管理层带来现金流压力，迫使管理层将资金集中用于预期盈利的投资项目，从而降低资金浪费于非盈利项目的可能性。卡斯基和汉伦（Caskey and Hanlon，2013）以被美国证券交易委员会（SEC）指控财务报告欺诈公司为样本，研究发现，发放现金股利可以避免因管理层操纵而产生的财务报告虚假盈利。由此可见，企业分红可以有效抑制管理层的盈余操控，解决公司股东与管理层之间的代理冲突。

历史亏损公司分红约束，容易引发管理层盈余管理动机。一方面由于企业经营利润不能用于现金股利发放，较为充裕的现金流为管理层进行盈余管理活动提供了可能性。克里斯蒂和齐默曼（Christie and Zimmerman，1994）的研究发现，当公司存在较多自由现金流量时，管理层有可能基于自身利益考虑而滥用其掌握的现金资源进行过度投资，从而降低公司业绩。李彬和张俊瑞（2013）实证研究发现，充足的现金流量是管理者实施过度投资行为的前提条件，真实活动盈余管理可以提供现金流量支持，而应计项目盈余管理可以调整会计盈余，"抹平"企业账面利润。另一方面由于盈余管理的原动力是大股东期望获取稳定的分红收益，若公司经营利润不足以支付大股东期望的目标股利时，管理层就有盈余操控动机来满足股东要求。蔡春等（2012）利用 2004～2010 年 A 股被特别处理公司的经验数据证明，有财务问题的企业管理层通常会实施应计盈余管理和真实盈余管理来改善其现状。

盈余管理是历史亏损公司股东与管理层实现利益趋同的重要手段。首先，大股东掏空的理性选择便是通过盈余管理来粉饰业绩。姜国华等（Jiang et al.，2010）认为，大股东掏空导致公司业绩下降，而业绩的下降不利于公司进行股票和债权融资，有损于公司的持续发展。因此，大股东有较强的动机要求管理层通过盈余管理隐瞒其控制权私利和公司真实业绩。刘巧和陆州（Liu and Lu，2007）研究表明，大股东借助管理层进行盈余管理的方式来操纵公司业绩并对公司进行掏空。其次，盈余管理是历史亏损公司管理层的占优策略。学术研究已经证明了管理层货币薪酬与盈余管理的正相关关系，如希利（Healy，1985）从管理层迎合视角讨论得出结论，管理层会通过操控性应计手段来改变企业收益水平，从而迎合大股东设计的薪酬契约。延续希利（1985）的思路，袁知柱等（2014）研究发现，当管理层薪酬与公司绩效挂钩时，可能会诱发管理层通过盈余操纵来改变企业绩效水平，借此增加自身的报酬水平。李文洲等（2014）认为，由于存在信息不对称，管理层实施盈余管理既可以迎合大股东掩盖掏空痕迹的需求，还能够规避因自身经营业绩不佳而引发的声誉受损或被迫离职的风险。此外，谢德仁等（2012）从薪酬辩护视角证明，当管理层获取过高薪酬时需要证明其社会公平性，而辩护的方式就是提高公司业绩。

综上所述，历史亏损公司股东分红约束，使得大股东产生掏空动机，为掩盖掏空对公司价值的减损程度，大股东希望管理层通过盈余管理方式提高业绩来隐瞒其掏空行为，故而也愿意以提高管理层薪酬水平为代价来建立与管理层的合谋关系。正如张敏等（Zhang et al.，2014）实证研究推断，在掏空过程中大股东和管理层发生了合谋行为，管理层参与分享合谋掏空收益的实现方式是由大股东提供更高的补偿与津贴。此外，分红约束也使得管理层愿意选择盈余管理方式来改变公司绩效水平，进而迎合大股东的超额薪酬契约设计。据此，本章提出假设 4 - 3 和假设 4 - 4。

H4 - 3：历史亏损公司盈余管理程度越高，股东掏空程度越高。

H4 - 4：历史亏损公司盈余管理程度越高，管理层薪酬超额支付程度越高。

4.2 研究设计与描述统计

4.2.1 研究设计

4.2.1.1 研究变量

（1）被解释变量：股东掏空（*Tun*）和管理层超额薪酬（*Overpay*）。根据姜国华等（2010）研究，本章使用其他应收款余额与总资产之比衡量大股东掏空。关于管理层超额薪酬的计算，目前主要有两种方式：一是建立一个正常管理层货币薪酬的模型，然后用残差衡量超额部分；二是参照同行业的标准来计算超额部分。本章借鉴罗宏等（2016）、方军雄（2012）的相关研究，以 CEO 薪酬和总资产的比例为基础，采用行业调整法对超额薪酬进行度量。

（2）解释变量：历史亏损（*Hisloss*）是关键解释变量。本章设定为虚拟变量，如果公司当年的未分配利润为负，且连续三年的净利润为正，则定义为是历史亏损公司；若当年未分配利润为正则为非历史亏损公司。鉴于历史亏损公司分红约束，本章度量标准为，当公司为历史亏损公司（不分红）时，*Hisloss* = 1；当公司为非历史亏损公司（分红）时[①]，*Hisloss* = 0。

（3）调节变量：盈余管理是重要的调节变量。*DA* 是操控性应计利润，绝对值越大，盈余管理的水平越高。本书参考德肖（Dechow，1995），使用修正的 Jones 模型计算操控性应计。主要使用到模型（4 - 1）~模型（4 - 3）三个模型。

$$\frac{TA_{i,t}}{A_{i,t-1}} = \beta_0 \frac{1}{A_{i,t-1}} + \beta_1 \frac{\Delta REV_{i,t}}{A_{i,t-1}} + \beta_2 \left(\frac{PPE_{i,t}}{A_{i,t-1}} \right) + \varepsilon \qquad (4-1)$$

---

① 本章将在稳健性检验中扩大样本，定义 *Hisloss* = 0 为非历史亏损公司（包括分红和不分红企业样本）。

$$NDA_{i,t} = \hat{\beta}_0 \frac{1}{A_{i,t-1}} + \hat{\beta}_1 \frac{\Delta REV_{i,t} - \Delta REC_{i,t}}{A_{i,t-1}} + \hat{\beta}_2 \left(\frac{PPE_{i,t}}{A_{i,t-1}} \right) \quad (4-2)$$

$$DA_{i,t} = \frac{TA_{i,t}}{A_{i,t-1}} - NDA_{i,t} \quad (4-3)$$

其中，TA 是总应计利润，等于营业利润减去经营活动现金流净额，ΔREV 是营业收入的变动额，ΔREC 是应收账款的变动额，PPE 是固定资产净额，A_{t-1} 是 $t-1$ 年期末总资产，用来消除规模效应。

式（4-1）进行分年度分行业回归，得到回归系数代入式（4-2）得到非操控性应计利润 NDA，然后再代入式（4-3），得到修正的可操控性应计利润 DA。其中制造业代码取 2 位，其他行业取 1 位，进行行业分类，在计算中剔除行业分类后样本数少于 10 个。

为了避免 DA 正负结果之间的相互抵消，本章对 DA 取绝对值得到 $|DA|$。如果 DA 为负，则取值为 0，生成正向绝对值 $PosDA$。考虑到盈余管理潜在内生性的影响，本章回归中使用 $|DA|$ 和 $PosDA$ 的滞后一期进行回归检验。

（4）控制变量：本章借鉴李文洲等（2014）、赵国宇（2017）等学者的研究成果，对模型的控制变量（$Controls$）加入公司治理有关指标，包括第一大股东持股比例（$Top1$）、董事会规模（$Board$）、CEO 持股比例（$CEOhold$）；加入公司财务指标，包括流动比率（$Current$）、速动比率（$Quick$）、资产负债率（Lev）、无形资产比例（IA）、收入增长率（$Growth$）和每股自由现金（FCF），涵盖了企业的偿债能力、增长能力、盈利能力等方面。另外，本章加入了上市年限（$Listage$）作为控制变量。需要特别指出的是，本章针对模型（4-5）和模型（4-7）另外加入高管在职消费（$Peak$）控制变量。因为企业大股东在进行掏空的过程中，可能会以提高在职消费方式对管理层进行赎买，如陈冬华等（2005）研究结果，薪酬管制可能导致管理层更倾向于在职消费，造成公司账面上体现的薪酬仅是高管实际薪酬的一部分。本章综合借鉴廖歆欣和刘运国（2016）的设计思路，用"支付的其他与经营活动有关的现金总额"除以总资产来衡量在职消费。此外，本章在模型（4-6）和模型（4-7）中加入非操控性应计（NDA_{t-1}）作为控制变量，源于操控性应计和非操控性应计可能存在的替代效应问题（Cohen et al.，2008）。本章同时设置行业、年度和地区虚拟变量，用来控制对股东掏空和管理层超额薪酬的影响。主要变量的定义如表 4-1 所示。

表 4 – 1

主要变量定义说明

变量类型	变量名称	变量符号	变量定义
被解释变量	掏空	Tun	企业的其他应收款和总资产的比例
	超额薪酬	$Overpay$	CEO 薪酬/总资产 $\times 100$，再减去年度行业均值
主要解释变量	历史亏损公司	$Hisloss$	如果是历史亏损公司为 1，非历史亏损公司为 0
主要调节变量	操控性应计	$\|DA\|_{t-1}$	Jones 模型计算的滞后一期操控性应计绝对值
	正向操控性应计	$PosDA_{t-1}$	Jones 模型计算的滞后一期正向操控性应计
控制变量	规模	$Size$	企业总资产的自然对数
	股权性质	$State$	国有企业为 1，非国有企业为 0
	两职合一	$Duality$	企业董事长和总经理是同一人为 1，不是同一人为 0
	第一大股东持股比例	$Top1$	企业第一大股东所持有的股数和企业所有股数的比例
	董事规模	$Board$	企业董事会人数的自然对数
	CEO 持股比例	$CEOhold$	企业总经理所持的股数和企业所有股数的比例
	上市年限	$Listage$	企业上市日至当年年末的天数除以 365
	总资产报酬率	ROA	企业净利润和总资产的比例
	流动比率	$Current$	企业流动资产和流动负债的比例
	速动比率	$Quick$	企业速动资产和流动负债的比例
	资产负债率	Lev	企业总负债和总资产的比例
	无形资产比例	IA	企业无形资产和总资产的比例
	收入增长率	$Growth$	（当期收入 – 上期收入）/上期收入
	自由现金	FCF	现金流量表中的经营活动净现金流 – 折旧摊销 – 预期投资/总资产

4.2.1.2 研究模型

为了检验本章提出的理论假设，本章构建了如下回归模型：模型（4 – 4）、模型（4 – 5），加入调节变量的模型（4 – 6）、模型（4 – 7）。

$$Tun_t = \alpha_0 + \alpha_1 \times Hisloss_t + \alpha_i \times Controls_{it} + \varepsilon \quad (4-4)$$

$$Overpay_t = \beta_0 + \beta_1 \times Hisloss_t + \beta_i \times Controls_{it} + \varepsilon \quad (4-5)$$

$$Tun_t = \gamma_0 + \gamma_1 \times Hisloss_t + \gamma_2 \times Hisloss_t \times \|DA\|_{t-1} + \gamma_i \times Controls_{it} + \varepsilon$$

$$(4-6)$$

$$Overpay_t = \delta_0 + \delta_1 \times Hisloss_t + \delta_2 \times Hislos_t \times \left| DA \right|_{t-1} + \delta_i \times Controls_{it} + \varepsilon$$

$$(4-7)$$

模型（4-4）如果 α_1 系数为正数，则假设 4-1 成立；模型（4-5）如果 β_1 系数为正数，则假设 4-2 成立；模型（4-6）如果 γ_2 系数为正数，则假设 4-3 成立；模型（4-7）如果 δ_2 系数为正数，则假设 4-4 成立。

4.2.1.3　研究样本

本章研究样本源自 2007～2019 年我国沪深 A 股上市公司，样本筛选标准如下：（1）由于金融行业的商业模式以及报表结构、监管制度等与其他行业存在显著区别，根据 2012 年证监会的行业分类方法，剔除金融业企业样本。（2）依据历史亏损公司定义，剔除经营利润为负的公司样本。在对连续变量进行了 1% 和 99% 的 Winsorize 缩尾之后，得到 18180 个观测值。样本数量分布情况如表 4-2 所示。其中历史亏损公司（不分红）样本总计 630 个；非历史亏损公司分为两类企业，分红企业总样本数量为 14784 个，不分红企业 2766 个。

表 4-2　　　　　　　　　　　　　样本分布表

年度	历史亏损（不分红）	非历史亏损（分红）	非历史亏损（不分红）	合计
2009	58	648	260	966
2010	63	700	280	1043
2011	67	855	302	1224
2012	70	1222	224	1516
2013	57	1460	193	1710
2014	52	1486	243	1781
2015	49	1393	268	1710
2016	45	1523	215	1783
2017	54	1721	215	1990
2018	60	1769	270	2099
2019	55	2007	296	2358
合计	630	14784	2766	18180

注：研究观测样本期间始于 2007 年，因计算连续三年净利润为正，故表内样本年限推延为 2009～2019 年（以下同）。

资料来源：CSMAR 数据库。

4.2.2   描述性统计

基于上述样本，在剔除全部变量缺失值后，最终获取观测值 15414 个，全样本描述性统计和分样本描述性统计如表 4 - 3、表 4 - 4 所示。

表 4 - 3   全样本描述性统计

变量	观测值	平均值	标准差	最小值	中位数	最大值
Tun	15414	0.015	0.021	0.000	0.008	0.186
Overpay	15414	- 0.007	0.028	- 0.222	- 0.012	0.142
Hisloss	15414	0.041	0.198	0.000	0.000	1.000
Size	15414	22.320	1.274	19.302	22.145	26.497
State	15414	0.409	0.492	0.000	0.000	1.000
Duality	15414	0.244	0.429	0.000	0.000	1.000
Top1	15414	0.354	0.148	0.083	0.336	0.770
Board	15414	2.148	0.196	1.609	2.197	2.708
CEOhold	15414	0.043	0.104	0.000	0.000	0.528
Listage	15414	10.762	6.655	2.025	9.304	27.129
ROA	15414	0.053	0.040	0.001	0.044	0.231
Current	15414	2.350	2.229	0.191	1.667	18.172
Quick	15414	1.543	1.749	0.087	1.021	16.060
Lev	15414	0.422	0.197	0.046	0.415	0.876
IA	15414	0.047	0.053	0.000	0.034	0.382
Growth	15414	0.199	0.398	- 0.645	0.127	6.422
FCF	15414	0.037	0.080	- 0.328	0.034	0.407

资料来源：CSMAR 数据库。

表 4 - 4   分样本描述性统计

变量	历史亏损公司（630 个）			非历史亏损公司（14784 个）			均值差异检验	秩和检验
	平均值	中位数	标准差	平均值	中位数	标准差		
Tun	0.024	0.012	0.032	0.014	0.008	0.021	10.981 ***	9.465 ***
Overpay	0.005	- 0.006	0.037	- 0.008	- 0.012	0.028	10.982 ***	8.336 ***
Size	21.414	21.242	1.215	22.359	22.183	1.262	- 18.449 ***	- 18.919 ***
State	0.535	1.000	0.499	0.404	0.000	0.491	6.578 ***	6.569 ***
Duality	0.194	0.000	0.395	0.246	0.000	0.431	- 2.994 ***	- 2.994 **
Top1	0.302	0.264	0.143	0.356	0.339	0.148	- 9.115 ***	- 9.943 ***

续表

变量	历史亏损公司（630 个）			非历史亏损公司（14784 个）			均值差异检验	秩和检验
	平均值	中位数	标准差	平均值	中位数	标准差		
Board	2.115	2.197	0.200	2.149	2.197	0.196	-4.306 ***	-3.403 ***
CEOhold	0.003	0.000	0.025	0.045	0.000	0.105	-10.003 ***	-19.279 ***
Listage	16.692	16.926	4.536	10.509	8.870	6.614	23.232 ***	22.874 ***
ROA	0.031	0.021	0.033	0.054	0.045	0.040	-14.000 ***	-17.629 ***
Current	1.829	1.258	2.006	2.372	1.679	2.236	-5.994 ***	-11.586 ***
Quick	1.135	0.723	1.423	1.561	1.034	1.760	-5.981 ***	-10.510 ***
Lev	0.515	0.531	0.220	0.418	0.412	0.195	12.176 ***	11.106 ***
IA	0.056	0.037	0.066	0.046	0.034	0.052	4.337 ***	1.414
Growth	0.273	0.097	0.727	0.196	0.128	0.377	4.733 ***	-3.211 **
FCF	0.012	0.014	0.091	0.038	0.035	0.080	-7.990 ***	-9.202 ***

注：*** 、** 、* 分别表示在 1%、5%、10% 的水平上显著。
资料来源：CSMAR 数据库。

观测历史亏损公司和非历史亏损公司两组样本，表 4-4 报告了分样本描述性统计和差异检验。检验数据显示，历史亏损公司 *Tun* 和 *Overpay* 的均值和中位数均在 1% 水平上显著高于非历史亏损公司。这初步支持了本章的假设 4-1 和假设 4-2，即比较非历史亏损公司，历史亏损公司股东掏空程度以及超额薪酬支付程度更高。

从控制变量描述性统计结果看，*Current*、*Quick* 都在 1% 水平上显著低于非历史亏损公司，*Lev* 在 1% 水平上显著高于非历史亏损公司。数据可见，由于亏损"包袱"的影响，历史亏损公司不具有分配股利条件且公开发行证券受限，因而加大了企业对债务融资的依赖程度，形成较弱的短期偿债能力以及较高资产负债率水平。*IA*、*Growth* 都在 1% 水平上显著高于非历史亏损公司，这些指标均可说明历史亏损公司具有一定的发展潜力。历史亏损公司的 *Top*1、*Board*、*CEOhold*、*Duality* 都在 1% 水平上显著低于非历史亏损公司，数据显示，历史亏损公司治理指标弱于非历史亏损公司，较差的公司治理环境也将成为历史亏损公司大股东掏空的重要影响因素。

表 4-5 报告了变量的相关系数检验，结果可见，历史亏损（*Hisloss*）与股东掏空（*Tun*）以及超额薪酬（*Overpay*）在 1% 水平上显著正相关，相关系数均为 0.088，初步验证了历史亏损公司存在着大股东掏空与管理层超额薪酬现象。此外，各变量的相关系数基本上低于临界值 0.7，说明不存在多重共线性问题。

表 4 - 5

Pearson 相关系数检验

变量	Tun	Overpay	Hisloss	Size	State	Duality	Top1	Board	CEOhold	Listage	ROA	Current	Quick	Lev	IA	Growth	FCF
Tun	1.000																
Overpay	-0.058***	1.000															
Hisloss	0.088***	0.088***	1.000														
Size	0.117***	-0.431***	-0.147***	1.000													
State	0.028***	-0.174***	0.053***	0.345***	1.000												
Duality	-0.038***	0.107***	-0.024***	-0.169***	-0.290***	1.000											
Top1	-0.042***	-0.091***	-0.073***	0.203***	0.234***	-0.056***	1.000										
Board	0.003	-0.125***	-0.035***	0.245***	0.293***	-0.193***	0.029***	1.000									
CEOhold	-0.070***	0.097***	-0.080***	-0.236***	-0.334***	0.518***	-0.027***	-0.176***	1.000								
Listage	0.111***	-0.144***	0.184***	0.379***	0.447***	-0.217***	-0.016***	0.129***	-0.355***	1.000							
ROA	-0.119***	0.119***	-0.112***	-0.105***	-0.137***	0.045***	0.057***	-0.010	0.091***	-0.138***	1.000						
Current	-0.104***	0.211***	-0.048***	-0.352***	-0.221***	0.116***	-0.047***	-0.140***	0.193***	-0.242***	0.239***	1.000					
Quick	-0.100***	0.198***	-0.048***	-0.353***	-0.207***	0.110***	-0.052***	-0.117***	0.189***	-0.256***	0.253***	0.933***	1.000				
Lev	0.242***	-0.248***	0.098***	0.540***	0.287***	-0.132***	0.089***	0.148***	-0.213***	0.314***	-0.399***	-0.636***	-0.625***	1.000			
IA	-0.024***	-0.026***	0.035***	0.012	0.064***	-0.028***	0.041***	0.052***	-0.040***	0.004	-0.001	-0.098***	-0.064***	-0.035***	1.000		
Growth	0.031***	-0.039***	0.038***	0.033***	-0.076***	0.031***	-0.017***	-0.022***	0.050***	-0.075***	0.108***	-0.056***	-0.053***	0.077***	0.011	1.000	
FCF	-0.117***	0.041***	-0.064***	0.001	-0.030***	0.009	0.065***	0.016**	0.022***	-0.033***	0.478***	0.063***	0.100***	-0.174***	0.062***	0.051***	1.000

注: ***、**、* 分别表示在 1%、5%、10% 的统计水平上显著。
资料来源: CSMAR 数据。

4.3 实证结果分析

4.3.1 基本结果

（1）历史亏损公司与股东掏空、高管超额薪酬。表4-6报告了历史亏损与股东掏空、高管超额薪酬的回归结果。第（1）、（2）、（3）列报告了模型（4-4）的回归结果，其中第（1）列 *Hisloss* 的估计系数为0.010，且在1%水平上显著；第（2）列报告了增加控制变量后历史亏损与股东掏空的关系，*Hisloss* 的估计系数为0.006，且在1%水平上显著；第（3）列报告了进一步控制年度、行业、地区控制效应后的历史亏损与股东掏空的关系，*Hisloss* 的估计系数为0.007，且在1%水平上显著。检验结果验证了历史亏损与股东掏空程度的正相关关系，即历史亏损公司股东掏空程度高。第（4）、（5）、（6）列报告了模型（4-5）的回归结果：与模型（4-4）相比，模型（4-5）增加了新的控制变量在职消费（*Peak*），*Hisloss* 的估计系数分别为0.012、0.004、0.005，且均在1%水平上显著，表明历史亏损公司管理层超额薪酬支付程度高。上述结果符合本章的预期。

表4-6　　历史亏损公司与股东掏空、高管超额薪酬之间的关系

变量	（1） *Tun*	（2） *Tun*	（3） *Tun*	（4） *Overpay*	（5） *Overpay*	（6） *Overpay*
Hisloss	0.010 *** (7.47)	0.006 *** (4.32)	0.007 *** (5.14)	0.012 *** (8.36)	0.004 *** (3.18)	0.005 *** (4.33)
Peak					− 0.000 (− 0.12)	0.010 *** (2.76)
Size		0.000 (1.17)	0.000 ** (1.97)		− 0.009 *** (− 40.14)	− 0.011 *** (− 50.04)
State		− 0.002 *** (− 5.25)	− 0.002 *** (− 5.09)		− 0.002 *** (− 3.38)	0.000 (0.89)
Duality		− 0.000 (− 0.87)	− 0.000 (− 0.88)		0.003 *** (4.87)	0.003 *** (5.27)
*Top*1		− 0.006 *** (− 5.52)	− 0.007 *** (− 6.37)		− 0.001 (− 0.37)	− 0.004 *** (− 3.29)
Board		− 0.002 *** (− 2.62)	− 0.001 (− 1.36)		− 0.001 (− 1.19)	0.001 (1.17)

续表

变量	(1) Tun	(2) Tun	(3) Tun	(4) Overpay	(5) Overpay	(6) Overpay
CEOhold		-0.005 *** (-2.97)	-0.002 (-1.48)		-0.009 *** (-3.18)	-0.012 *** (-4.77)
Listage		0.000 *** (4.41)	0.000 *** (2.60)		0.000 *** (3.30)	-0.000 *** (-3.14)
ROA		0.010 * (1.70)	0.002 (0.28)		0.060 *** (7.75)	0.079 *** (10.54)
Current		0.000 (0.16)	-0.001 *** (-6.12)		0.002 *** (5.96)	0.000 (1.00)
Quick		0.001 *** (5.24)	0.002 *** (8.70)		-0.001 *** (-2.66)	0.001 ** (2.36)
Lev		0.030 *** (20.64)	0.020 *** (13.49)		0.010 *** (5.70)	0.004 ** (2.33)
IA		-0.000 (-0.03)	0.004 (1.08)		-0.004 (-1.11)	-0.003 (-0.77)
Growth		0.001 (1.32)	0.000 (0.01)		-0.003 *** (-5.00)	-0.002 *** (-3.50)
FCF		-0.021 *** (-7.06)	-0.019 *** (-6.22)		0.005 * (1.71)	0.003 (1.15)
截距项	0.014 *** (84.43)	0.002 (0.37)	0.011 ** (2.06)	-0.008 *** (-34.83)	0.194 *** (37.07)	0.234 *** (44.36)
是否控制年度固定效应	N	N	Y	N	N	Y
是否控制行业固定效应	N	N	Y	N	N	Y
是否控制地区固定效应	N	N	Y	N	N	Y
观测值	15414	15414	15414	15414	15414	15414
F	55.810	66.270	26.090	69.820	182.400	87.160
R^2	0.008	0.080	0.151	0.008	0.202	0.350
$A-R^2$	0.008	0.079	0.148	0.008	0.202	0.347

注: *** 、 ** 、 * 分别表示在1% 、5% 、10% 的水平上显著, 括号内为异方差稳健的 t 值。
资料来源: CSMAR 数据库。

　　(2) 盈余管理的调节作用。表 4 - 7 报告了历史亏损公司盈余管理与股东掏空、高管超额薪酬之间的回归结果。第 (1) 、 (2) 列报告了模型 (4 - 6) 的回归结果: 在增加了滞后一期非操控应计 (NDA_{t-1}) 作为控制变量后, 交乘项 $Hisloss \times |DA|_{t-1}$ 的估计系数为 0.012, 且在 10% 水平上显

著，表明上一期操控性应计对历史亏损公司股东掏空行为具有正向调节作用；交乘项 $Hisloss \times Pos|DA|_{t-1}$ 的估计系数为 0.029，且在 1% 水平上显著，表明上一期正向操控性应计对历史亏损公司股东掏空行为具有正向调节作用。第 (3)、(4) 列报告了模型 (4-7) 的回归结果：进一步控制了在职消费后，交乘项 $Hisloss \times |DA|_{t-1}$ 的估计系数为 0.048，且在 1% 水平上显著，表明上一期操控性应计对历史亏损公司管理层超额薪酬支付程度具有正向调节作用；交乘项 $Hisloss \times Pos|DA|_{t-1}$ 的估计系数为 0.044，且在 1% 水平上显著，表明上一期正向操控性应计对历史亏损公司管理层超额薪酬支付程度具有正向调节作用。上述结果符合预期。

表 4-7 历史亏损公司盈余管理与股东掏空、高管超额薪酬之间的关系

变量	(1)	(2)	(3)	(4)
	Tun	*Tun*	*Overpay*	*Overpay*
Hisloss	0.006 *** (5.60)	0.005 *** (5.21)	0.000 (0.15)	0.002 (1.45)
$\|DA\|_{t-1}$	−0.000 (−0.03)		−0.009 *** (−4.19)	
$Hisloss \times \|DA\|_{t-1}$	0.012 * (1.72)		0.048 *** (3.39)	
$PosDA_{t-1}$		0.002 (0.73)		−0.015 *** (−4.96)
$Hisloss \times PosDA_{t-1}$		0.029 *** (3.02)		0.044 *** (3.34)
NDA_{t-1}	0.001 (0.32)	0.001 (0.84)	0.008 *** (3.71)	0.002 (1.09)
Peak			0.010 *** (2.69)	0.010 *** (2.70)
Size	0.001 *** (2.92)	0.001 *** (2.90)	−0.011 *** (−49.54)	−0.011 *** (−49.53)
State	−0.003 *** (−6.19)	−0.003 *** (−6.10)	0.001 (1.24)	0.001 (1.10)
Duality	−0.000 (−0.58)	−0.000 (−0.55)	0.003 *** (5.13)	0.003 *** (5.07)

续表

变量	（1）Tun	（2）Tun	（3）Overpay	（4）Overpay
Top1	-0.007 *** (-5.71)	-0.007 *** (-5.72)	-0.004 *** (-3.06)	-0.004 *** (-3.08)
Board	-0.001 (-1.33)	-0.001 (-1.30)	0.001 (1.26)	0.001 (1.22)
CEOhold	-0.002 (-1.29)	-0.003 (-1.30)	-0.012 *** (-4.57)	-0.011 *** (-4.49)
Listage	0.000 *** (3.11)	0.000 *** (3.11)	-0.000 *** (-3.34)	-0.000 *** (-3.44)
ROA	0.001 (0.16)	0.001 (0.10)	0.077 *** (10.36)	0.080 *** (10.56)
Current	-0.001 *** (-4.84)	-0.001 *** (-4.92)	0.000 (1.06)	0.000 (1.15)
Quick	0.002 *** (6.78)	0.002 *** (6.86)	0.001 ** (2.39)	0.001 ** (2.34)
Lev	0.020 *** (14.08)	0.020 *** (14.11)	0.005 *** (2.78)	0.005 *** (2.86)
IA	0.006 * (1.73)	0.006 * (1.82)	-0.003 (-0.71)	-0.003 (-0.92)
Growth	-0.000 (-0.40)	-0.000 (-0.51)	-0.002 *** (-3.62)	-0.002 *** (-3.63)
FCF	-0.020 *** (-8.48)	-0.019 *** (-8.22)	0.003 (1.15)	0.002 (0.59)
截距项	0.009 ** (2.07)	0.009 ** (2.05)	0.234 *** (44.04)	0.233 *** (44.03)
是否控制年度固定效应	Y	Y	Y	Y
是否控制行业固定效应	Y	Y	Y	Y
是否控制地区固定效应	Y	Y	Y	Y
观测值	15071	15071	15071	15071
F	37.34	37.47	83.70	83.86
R^2	0.156	0.156	0.350	0.349
$A-R^2$	0.151	0.152	0.346	0.346

注：***、**、*分别表示在1%、5%、10%的水平上显著，括号内为异方差稳健的 t 值。
资料来源：CSMAR 数据库。

表 4 - 7 初步验证了历史亏损公司存在着大股东掏空与管理层超额薪酬并存现象，以及操控性应计对该现象形成的推动作用，从而证明了股东和管理层之间的合谋关系。正如前文所述，股东掏空要借助管理层的支持行为来实现，管理层利用盈余管理协助大股东掏空的同时获得了超额薪酬作为相应的回报。

4.3.2　进一步分析

从理论上讲，大股东拥有控制权并非必然导致合谋掏空行为。一方面，随着大股东拥有的控制权比例增加，在企业中的利益比重也在提升，承担的公司价值损失的占比也增大，其掏空行为将会减少（吴红军和吴世农，2009）。另一方面，当企业股权制衡程度较高时，具有影响力的第二大股东会抑制第一大股东将企业利益转为私人利益行为，企业大股东的掏空行为因而削弱（陈信元和汪辉，2004）。可见，大股东与管理层合谋掏空是在特定环境下实施的。赵国宇（2017）研究认为，当大股东控股程度较低且对高管控制力度不够时，才有动机与管理层合谋。吴红军和吴世农（2009）认为只有大股东持股比例处于中间水平时，合谋掏空才是第一大股东的最佳行为选择。姜国华等（2010）认为，当企业股权较为分散时，大股东为创造有利于其掏空的环境才有可能对管理层进行赎买，包括向管理层提供非绩效性的薪酬等。综上所述，若第一大股东持股比例高且大股东与其他股东股权制衡程度较小时，大股东可能会利用其控制权直接掏空企业，抑或在掏空获取的私人收益与掏空成本之间进行权衡而减少掏空。因此，本章预期，在第一大股东持股比例较低且股权制衡程度较大的情况下，大股东更倾向于寻求和管理层的合作，通过合谋侵占企业资源。

另有一些学者从大股东控制权与现金流权分离程度角度考量大股东掏空行为，研究发现，当大股东的控制权大于现金流权时，利益驱动引发其掏空企业资源的动机。其中拉波塔等（2002）基于 539 家企业样本分析了法律保护、大股东现金流权与掏空、公司价值的关系，并验证了股东现金流权越大股东掏空越少这一研究假设；莱蒙和林斯（Lemmon and Lins，2003）对亚洲金融危机时期的企业进行分析发现，在控制权和现金流权分离情况下，较低的现金流权使得大股东掏空行为更加严重；吴红军和吴世农（2009）实证研究同样证明，在大股东掏空受到其他大股东制衡、掏空成本和法律保护三个因素影响的前提下，控制权和现金流权差异越大，大股东对企业的掏空程度越强。由于历史亏损公司股东分红约束造成控制权和现金流权分离是不争的事实，在此特定条件下，本章预期，历史亏损公司存在股东与管理层合谋掏空的必然性，但在控制权和现金流权分离程度过大的前提下，大股东也可能会因监管关注而选择放弃合谋。

下文将从股权制衡、控制权与现金流权分离程度两个方面对历史亏损公司大股东和管理层合谋关系存在条件进行深入剖析。

表4-8报告了股权制衡对股东掏空、盈余管理和高管超额薪酬之间关系的影响。根据陈信元和汪辉（2004）研究结论，第二大股东能起到对第一大股东的制衡与抑制作用。本章将第一大股东和第二大股东持股比例的比值（$Shrz$）作为股权制衡程度的替代变量，以年度行业 $Shrz$ 的均值为标准，大于均值为1，表示股权制衡程度较低；小于均值为0，表示股权制衡程度较高。将样本分为两组，股权制衡程度相对较高（$Shrz=0$）和股权制衡程度相对较低（$Shrz=1$），分组回归报告如表4-8所示。

表4-8第（1）、（2）列报告了模型（4-4）的分类回归结果：$Shrz=0$ 的样本组，$Hisloss$ 的估计系数为 0.008，且在1%水平上显著；$Shrz=1$ 的样本组 $Hisloss$ 的回归结果不显著。数据表明，历史亏损公司股权制衡程度越高，股东掏空程度越高。第（3）、（4）列报告了模型（4-5）的分类回归结果：$Shrz=0$ 的样本组，$Hisloss$ 的估计系数为 0.006，且在1%水平上显著；$Shrz=1$ 的样本组，$Hisloss$ 的回归结果不显著。数据同样表明，历史亏损公司股权制衡程度越高，管理层超额薪酬支付程度越高。第（5）、（6）列报告了模型（4-6）的分类回归结果：$Shrz=0$ 的样本组，交乘项 $Hisloss \times PosDA_{t-1}$ 的估计系数为 0.033，且在1%水平上显著；$Shrz=1$ 的样本组，交乘项 $Hisloss \times PosDA_{t-1}$ 的回归结果不显著。数据表明，股权制衡程度越高，上一期操控性应计对历史亏损公司股东掏空程度具有正向调节作用。第（7）、（8）列报告了模型（4-7）的分类回归结果：$Shrz=0$ 的样本组，交乘项 $Hisloss \times PosDA_{t-1}$ 的估计系数为 0.042，且在1%水平上显著；$Shrz=1$ 的样本组，交乘项 $Hisloss \times PosDA_{t-1}$ 的估计系数 0.037，在10%水平上显著。数据表明，股权制衡程度越高，上一期操控性应计对历史亏损公司管理层超额薪酬支付具有更显著的正向调节作用。

表4-8 股权制衡对股东掏空、盈余管理和高管超额薪酬之间关系的影响

变量	(1) Shrz=1 Tun	(2) Shrz=0 Tun	(3) Shrz=1 Overpay	(4) Shrz=0 Overpay	(5) Shrz=1 Tun	(6) Shrz=0 Tun	(7) Shrz=1 Overpay	(8) Shrz=0 Overpay
$Hisloss$	0.003 (1.33)	0.008*** (4.91)	0.003 (1.50)	0.006*** (4.15)	0.002 (1.02)	0.007*** (5.25)	0.001 (0.36)	0.003* (1.93)
	Chi2=4.06**		Chi2=2.87*					
$PosDA_{t-1}$					0.004 (0.86)	0.002 (0.52)	-0.009* (-1.91)	-0.016*** (-4.49)
$Hisloss \times PosDA_{t-1}$					0.017 (0.81)	0.033*** (3.01)	0.037* (1.70)	0.042*** (3.21)
NDA_{t-1}					-0.002 (-0.58)	0.002 (1.17)	0.002 (0.51)	0.002 (0.84)
					Chi2=×		Chi2=×	
$Peak$			0.015** (2.20)	0.009* (1.89)			0.015** (2.37)	0.008* (1.95)
$Size$	-0.000 (-0.16)	0.001*** (2.62)	-0.010*** (-25.82)	-0.012*** (-42.96)	0.000 (0.11)	0.001*** (3.59)	-0.010*** (-28.00)	-0.012*** (-46.37)
$State$	-0.004*** (-4.36)	-0.002*** (-4.15)	-0.001 (-1.42)	0.001** (2.13)	-0.004*** (-4.87)	-0.003*** (-5.17)	-0.001 (-1.20)	0.001** (2.20)
$Duality$	-0.001 (-0.57)	-0.001 (-1.01)	-0.000 (-0.41)	0.004*** (5.93)	-0.000 (-0.36)	-0.000 (-0.73)	-0.000 (-0.32)	0.004*** (6.37)

续表

变量	(1) Shrz=1 Tun	(2) Shrz=0 Tun	(3) Shrz=1 Overpay	(4) Shrz=0 Overpay	(5) Shrz=1 Tun	(6) Shrz=0 Tun	(7) Shrz=1 Overpay	(8) Shrz=0 Overpay
Top1	-0.015*** (-5.43)	-0.005*** (-3.20)	0.001 (0.35)	-0.003 (-1.34)	-0.016*** (-6.14)	-0.004** (-2.34)	0.001 (0.41)	-0.002 (-1.14)
Board	-0.003* (-1.67)	-0.000 (-0.25)	0.001 (0.35)	0.001 (0.55)	-0.003* (-1.96)	0.000 (0.04)	0.001 (0.44)	0.001 (0.62)
CEOhold	-0.002 (-0.96)	-0.002 (-1.19)	0.000 (0.03)	-0.017*** (-5.63)	-0.004 (-1.06)	-0.002 (-0.95)	0.000 (0.04)	-0.017*** (-5.99)
Listage	0.000*** (3.15)	0.000 (0.75)	-0.000*** (-2.71)	-0.000 (-1.22)	0.000*** (3.49)	0.000 (1.11)	-0.000*** (-2.99)	-0.000 (-1.41)
ROA	-0.006 (-0.64)	0.005 (0.73)	0.060*** (4.79)	0.084*** (9.26)	-0.006 (-0.59)	0.004 (0.58)	0.060*** (5.70)	0.086*** (11.39)
Current	-0.001*** (-2.84)	-0.001*** (-5.94)	-0.000 (-0.23)	0.001 (1.35)	-0.001** (-2.25)	-0.001*** (-4.81)	-0.000 (-0.10)	0.001* (1.79)
Quick	0.002*** (5.03)	0.002*** (7.66)	0.002** (2.23)	0.001 (1.36)	0.002*** (4.18)	0.002*** (6.02)	0.002** (2.50)	0.001* (1.87)
Lev	0.026*** (9.69)	0.018*** (9.92)	0.004 (1.46)	0.004* (1.92)	0.026*** (9.63)	0.018*** (10.56)	0.005 (1.61)	0.005** (2.47)

续表

变量	(1)	(2)	(3)	(4)	(5)	(6)	(7)	(8)
	Shrz=1	Shrz=0	Shrz=1	Shrz=0	Shrz=1	Shrz=0	Shrz=1	Shrz=0
	Tun	Tun	Overpay	Overpay	Tun	Tun	Overpay	Overpay
IA	0.018** (2.31)	-0.001 (-0.26)	0.001 (0.19)	-0.004 (-0.86)	0.021*** (3.27)	0.001 (0.34)	0.004 (0.60)	-0.005 (-1.11)
Growth	0.001 (1.25)	-0.001 (-0.97)	-0.000 (-0.16)	-0.002*** (-3.73)	0.001* (1.73)	-0.001* (-1.68)	-0.000 (-0.51)	-0.002*** (-3.84)
FCF	-0.020*** (-3.90)	-0.019*** (-5.11)	-0.003 (-0.70)	0.005 (1.47)	-0.020*** (-4.39)	-0.020*** (-7.05)	-0.002 (-0.44)	0.003 (0.82)
截距项	0.026*** (2.86)	0.005 (0.71)	0.215*** (21.79)	0.245*** (39.06)	0.026*** (3.23)	0.002 (0.37)	0.212*** (25.12)	0.245*** (40.67)
是否控制年度固定效应	Y	Y	Y	Y	Y	Y	Y	Y
是否控制行业固定效应	Y	Y	Y	Y	Y	Y	Y	Y
是否控制地区固定效应	Y	Y	Y	Y	Y	Y	Y	Y
观测值	4413	11000	4413	11000	4315	10755	4315	10755
F	10.68	19.66	33.32	63.27	12.98	27.53	33.45	76.35
R^2	0.181	0.156	0.376	0.349	0.185	0.160	0.372	0.349
$A-R^2$	0.167	0.151	0.366	0.345	0.170	0.154	0.361	0.344

注：***、**、* 分别表示在1%、5%、10%的水平上显著，括号内为异方差稳健的 t 值。
资料来源：CSMAR 数据库。

表 4-9 报告了控制权与现金流权的分离对股东掏空、盈余管理和高管超额薪酬之间关系的影响。本章根据大股东控制权与现金流权分离程度（Sep）将样本分为两组，即以 Sep 年度行业的均值为标准，大于均值为 1，表示控制权与现金流权分离程度较高；小于均值为 0，表示控制权与现金流权分离程度较低。由于股权制衡（Shrz）对股东掏空、管理层超额薪酬具有显著影响关系，在表 4-9 回归分析模型中本章补充了 Shrz 控制变量，由于 $|DA|_{t-1}$ 为滞后一期操控性应计绝对值，为避免正负结果的相互抵消作用，调节变量选择 $PosDA_{t-1}$，只考虑正向操控性应计在理论上更为严谨。分组回归报告如表 4-9 所示。

表 4-9 第（1）、（2）列报告了模型（4-4）的分类回归结果：在控制权和现金流权分离程度较大（Sep = 1）的样本组，Hisloss 的估计系数为 0.009，且在 1% 水平上显著；Sep = 0 的样本组 Hisloss 的估计系数为 0.005，也在 1% 水平上显著，卡方检验证明两组样本不具显著性差异。数据表明，无论控制权与现金流权分离程度情况如何，历史亏损大股东掏空程度都很显著。第（3）、（4）列报告了模型（4-5）的分类回归结果：在两组样本中，Hisloss 的估计系数均在 1% 水平上显著；卡方检验证明两组样本不具显著性差异。数据同样表明，无论控制权与现金流权分离程度情况如何，历史亏损公司管理层超额薪酬水平更高。第（5）、（6）列报告了模型（4-6）的分类回归结果：Sep = 0 的样本组，交乘项 Hisloss × $PosDA_{t-1}$ 的估计系数为 0.045，且在 1% 水平上显著；Sep = 1 的样本组，交乘项 Hisloss × $PosDA_{t-1}$ 的回归结果不显著。数据表明，控制权与现金流权的分离程度越低，上一期操控性应计对历史亏损公司股东掏空程度具有正向调节作用；反之，则上一期操控性应计对历史亏损公司股东掏空程度影响不显著。原因在于，历史亏损公司背负着未分配利润为负的"包袱"，分红约束使得股东财富直接受到影响，造成控制权和现金流权的分离。若控制权和现金流权分离程度较低，大股东极有可能选择通过操控性应计提高公司业绩，并以掏空方式获得私人利益；若控制权和现金流权分离程度很高，历史亏损公司的股东借助操控性应计方式掏空企业更容易被审计师与监管部门发现，因而回归结果显示应计盈余管理调节作用不明显。第（7）、（8）列报告了模型（4-7）的分类回归结果：Sep = 1 的样本组，交乘项 Hisloss × $PosDA_{t-1}$ 的估计系数为 0.034，在 10% 水平上显著；Sep = 0 的样本组，交乘项 Hisloss × $PosDA_{t-1}$ 的估计系数为 0.044，且在 5% 水平上显著；卡方检验证明两组数据不具有区别。数据表明，无论控制权与现金

表 4 - 9　控制权和现金流权分离对股东掏空、盈余管理和高管超额薪酬之间关系的影响

变量	(1) Sep=1 Tun	(2) Sep=0 Tun	(3) Sep=1 Overpay	(4) Sep=0 Overpay	(5) Sep=1 Tun	(6) Sep=0 Tun	(7) Sep=1 Overpay	(8) Sep=0 Overpay
$Hisloss$	0.009*** (3.80)	0.005*** (3.20)	0.005** (2.31)	0.006*** (3.74)	0.009*** (4.80)	0.003** (2.17)	0.002 (0.72)	0.003 (1.53)
$PosDA_{t-1}$					-0.005 (-1.04)	0.004 (1.20)	-0.003 (-0.50)	-0.018*** (-4.96)
$Hisloss \times PosDA_{t-1}$					0.017 (1.09)	0.045*** (3.51)	0.034* (1.74)	0.044** (2.29)
NDA_{t-1}					-0.001 (-0.50)	0.003 (1.41)	0.002 (0.98)	0.001 (0.29)
$Peak$			0.013* (1.91)	0.014*** (2.68)			0.014** (2.01)	0.013** (2.45)
$Shrz$	0.000 (0.55)	0.000 (1.45)	-0.000 (-1.12)	-0.000*** (-4.92)	0.000 (0.44)	0.000 (1.48)	-0.000 (-0.89)	-0.000*** (-4.71)
$Size$	0.001 (1.33)	-0.000 (-0.16)	-0.012*** (-27.00)	-0.011*** (-38.58)	0.001** (1.98)	-0.000 (-0.03)	-0.012*** (-26.40)	-0.011*** (-38.36)
$State$	-0.004*** (-4.56)	-0.001** (-2.13)	0.002* (1.95)	-0.001 (-0.83)	-0.004*** (-5.15)	-0.001** (-2.43)	0.002** (2.13)	-0.001 (-0.76)
	$Chi2 = 1.70$		$Chi2 = 0.08$		$Chi2 = 0.67$		$Chi2 = \times$	

续表

变量	(1) Sep=1 Tun	(2) Sep=0 Tun	(3) Sep=1 Overpay	(4) Sep=0 Overpay	(5) Sep=1 Tun	(6) Sep=0 Tun	(7) Sep=1 Overpay	(8) Sep=0 Overpay
Duality	-0.001* (-1.81)	-0.000 (-0.41)	0.002** (2.16)	0.003*** (3.72)	-0.001 (-1.50)	-0.000 (-0.16)	0.002** (2.13)	0.003*** (3.58)
Top1	-0.012*** (-4.48)	-0.006*** (-3.64)	-0.001 (-0.34)	0.000 (0.05)	-0.012*** (-4.58)	-0.005*** (-3.15)	-0.000 (-0.10)	0.000 (0.03)
Board	-0.003 (-1.64)	-0.000 (-0.22)	0.003 (1.50)	0.000 (0.32)	-0.002 (-1.34)	-0.000 (-0.33)	0.002 (1.24)	0.000 (0.31)
CEOhold	-0.006 (-1.44)	-0.000 (-0.06)	0.016** (2.00)	-0.015*** (-5.13)	-0.007 (-0.99)	-0.001 (-0.33)	0.017* (1.94)	-0.015*** (-4.84)
Listage	-0.000* (-1.74)	0.000*** (3.77)	-0.000 (-0.23)	-0.000* (-1.88)	-0.000* (-1.94)	0.000*** (4.60)	-0.000 (-0.36)	-0.000** (-2.05)
ROA	-0.003 (-0.29)	0.013* (1.65)	0.067*** (4.98)	0.075*** (7.81)	0.000 (0.01)	0.010 (1.44)	0.064*** (4.73)	0.077*** (7.93)
Current	-0.002*** (-5.15)	-0.001*** (-3.61)	-0.000 (-0.09)	0.001 (1.50)	-0.002*** (-3.75)	-0.001*** (-3.24)	0.000 (0.08)	0.001 (1.48)
Quick	0.002*** (5.28)	0.002*** (6.31)	0.002** (2.25)	0.000 (0.49)	0.002*** (4.14)	0.002*** (5.24)	0.002** (2.08)	0.000 (0.64)
Lev	0.019*** (6.90)	0.022*** (11.28)	0.006* (1.76)	0.004* (1.70)	0.018*** (6.75)	0.022*** (12.56)	0.006* (1.86)	0.005** (2.21)

续表

变量	(1)	(2)	(3)	(4)	(5)	(6)	(7)	(8)
	Sep = 1	Sep = 0	Sep = 1	Sep = 0	Sep = 1	Sep = 0	Sep = 1	Sep = 0
	Tun	Tun	Overpay	Overpay	Tun	Tun	Overpay	Overpay
IA	-0.008 (-1.14)	0.006 (1.46)	-0.001 (-0.08)	-0.006 (-1.41)	-0.006 (-0.90)	0.008** (2.10)	0.002 (0.27)	-0.007 (-1.59)
Growth	0.001 (0.82)	-0.000 (-0.28)	-0.002** (-2.50)	-0.002** (-2.54)	0.001 (0.92)	-0.000 (-0.71)	-0.002*** (-2.92)	-0.002** (-2.50)
FCF	-0.022*** (-3.85)	-0.018*** (-4.82)	0.000 (0.03)	0.004 (1.07)	-0.025*** (-5.80)	-0.017*** (-5.83)	0.000 (0.06)	0.002 (0.46)
截距项	0.009 (0.99)	0.018*** (2.64)	0.235*** (22.94)	0.234*** (35.37)	0.005 (0.65)	0.018*** (3.38)	0.000 (0.06)	0.002 (0.46)
是否控制年度固定效应	Y	Y	Y	Y	Y	Y	Y	Y
是否控制行业固定效应	Y	Y	Y	Y	Y	Y	Y	Y
是否控制地区固定效应	Y	Y	Y	Y	Y	Y	Y	Y
观测值	4690	9141	4690	9141	4546	8963	4315	10755
F	10.01	16.99	31.66	53.66	13.85	22.36	33.45	76.35
R^2	0.182	0.153	0.378	0.354	0.189	0.159	0.372	0.349
$A - R^2$	0.169	0.147	0.368	0.349	0.175	0.152	0.361	0.344

注：***、**、* 分别表示在1%、5%、10%的水平上显著，括号内为异方差稳健的 t 值。
资料来源：CSMAR 数据库。

流权的分离程度如何，上一期操控性应计对历史亏损公司管理层超额薪酬都具有正向调节作用。

综上所述，股权制衡程度越高，历史亏损公司大股东掏空及管理层超额薪酬程度越高，且操控性应计对历史亏损与大股东掏空、管理层超额薪酬支付关系均有显著正向调节作用。对股权制衡程度分组研究发现，当股权制衡程度较大时，大股东更可能与管理层合谋实施掏空行为。对企业控制权与现金流权分离程度分组研究发现，由于分红约束造成历史亏损公司大股东控制权与现金流权产生分离，因而无论控制权和现金流权分离程度大或小，大股东掏空以及管理层超额薪酬都具有显著性。当控制权和现金流权分离程度较低时，大股东有可能与管理层合谋，借助操控性应计手段提高业绩实施掏空行为。上述检验结果与本章的预期基本一致。

4.3.3 内生性检验

（1）PSM 检验。为了规避可能存在的内生性问题对研究结论的影响，本章采用倾向性匹配方法（PSM）对样本进行处理。本章用所有控制变量作为配对变量，采用最近邻 1∶1 配对方法为历史亏损公司 610 个样本在非历史亏损样本中进行配对，配对之后总样本为 1220 个。经验证，配对结果满足共同支撑假设和平衡假设。表 4 – 10 检验结果显示：模型（4 – 4）、模型（4 – 5）历史亏损虚拟变量（$Hisloss$）的估计系数均在 5% 水平上显著为正，模型（4 – 6）的历史亏损与正向操控性应计的交乘项（$Hisloss \times PosDA_{t-1}$）的估计系数为 0.031，在 10% 水平上显著为正，模型（4 – 7）的历史亏损与操控性应计的交乘项（$Hisloss \times |DA|_{t-1}$）的估计系数为 0.037，在 1% 水平上显著为正，实证研究基本验证了研究假设。

表 4 – 10　　　PSM1∶1 配对：假设 4 – 1 ~ 假设 4 – 4 检验结果

变量	(1)	(2)	(3)	(4)	(5)	(6)
	Tun	$Overpay$	Tun	$Overpay$	Tun	$Overpay$
$Hisloss$	0.004 ** (2.47)	0.003 ** (2.18)	0.002 (1.00)	0.000 (0.07)	0.002 (1.16)	0.002 (0.95)
$|DA|_{t-1}$			– 0.009 (– 0.66)	– 0.013 (– 1.36)		
$Hisloss \times |DA|_{t-1}$			0.021 (1.29)	0.037 *** (2.70)		
$PosDA_{t-1}$					– 0.016 (– 1.23)	– 0.007 (– 0.70)

续表

变量	(1) Tun	(2) Overpay	(3) Tun	(4) Overpay	(5) Tun	(6) Overpay
$Hisloss \times PosDA_{t-1}$					0.031 * (1.66)	0.030 * (1.92)
NDA_{t-1}			-0.020 ** (-1.97)	0.003 (0.35)	-0.014 (-1.50)	0.015 ** (2.23)
$Peak$		0.013 (1.29)		0.012 (1.21)		0.013 (1.27)
$Size$	-0.000 (-0.12)	-0.018 *** (-17.68)	0.000 (0.01)	-0.018 *** (-17.32)	0.000 (0.01)	-0.018 *** (-17.50)
$State$	-0.008 *** (-4.28)	-0.003 (-1.28)	-0.008 *** (-4.17)	-0.002 (-1.09)	-0.008 *** (-4.21)	-0.002 (-1.18)
$Duality$	-0.000 (-0.11)	0.003 (1.36)	-0.000 (-0.10)	0.003 (1.36)	-0.000 (-0.11)	0.003 (1.40)
$Top1$	-0.018 *** (-2.85)	0.005 (0.82)	-0.018 *** (-2.74)	0.005 (0.84)	-0.018 *** (-2.72)	0.005 (0.81)
$Board$	-0.000 (-0.11)	0.005 (1.32)	-0.001 (-0.14)	0.005 (1.33)	-0.000 (-0.11)	0.005 (1.39)
$CEOhold$	-0.021 (-1.30)	-0.006 (-0.17)	-0.020 (-0.72)	-0.005 (-0.14)	-0.020 (-0.69)	-0.006 (-0.16)
$Listage$	0.000 ** (2.36)	0.000 (1.00)	0.000 ** (2.30)	0.000 (0.90)	0.000 ** (2.30)	0.000 (0.89)
ROA	-0.021 (-0.59)	0.214 *** (6.55)	-0.020 (-0.72)	0.212 *** (6.56)	-0.019 (-0.68)	0.213 *** (6.53)
$Current$	-0.002 (-1.53)	-0.001 (-0.52)	-0.002 (-1.34)	-0.001 (-0.59)	-0.002 (-1.37)	-0.001 (-0.67)
$Quick$	0.003 * (1.95)	0.001 (0.65)	0.003 * (1.76)	0.001 (0.62)	0.003 * (1.79)	0.001 (0.71)
Lev	0.017 ** (2.56)	0.003 (0.48)	0.016 *** (2.72)	0.002 (0.31)	0.017 *** (2.78)	0.003 (0.43)
IA	-0.001 (-0.10)	-0.019 * (-1.86)	-0.002 (-0.13)	-0.019 * (-1.80)	-0.002 (-0.15)	-0.018 * (-1.76)
$Growth$	0.001 (0.83)	-0.000 (-0.09)	0.001 (1.05)	0.000 (0.00)	0.001 (1.08)	-0.000 (-0.04)
FCF	-0.025 ** (-2.07)	-0.009 (-1.07)	-0.026 *** (-2.70)	-0.010 (-1.18)	-0.027 *** (-2.74)	-0.009 (-1.03)
截距项	0.031 (1.38)	0.351 *** (15.74)	0.029 (1.31)	0.349 *** (15.46)	0.029 (1.32)	0.350 *** (15.57)

续表

变量	(1) Tun	(2) Overpay	(3) Tun	(4) Overpay	(5) Tun	(6) Overpay
是否控制年度固定效应	Y	Y	Y	Y	Y	Y
是否控制行业固定效应	Y	Y	Y	Y	Y	Y
是否控制地区固定效应	Y	Y	Y	Y	Y	Y
观测值	1220	1220	1220	1220	1220	1220
F	5.900	71.80	3.765	25.98	3.780	57.90
R^2	0.181	0.467	0.184	0.471	0.185	0.469
$A-R^2$	0.134	0.436	0.135	0.439	0.136	0.437

注：*** 、** 、* 分别表示在 1%、5%、10% 的水平上显著，括号内为异方差稳健的 t 值。
资料来源：CSMAR 数据库。

　　为了防止样本损失过多对结果的损害，本章还做了最近邻 1∶2 无放回配对，样本总计 610 + 1220 = 1830，回归结果如表 4 – 11 所示，检验结果与最近邻 1∶1 配对一致，不再赘述。

表 4 – 11　　　　PSM1∶2 配对：假设 4 – 1 ~ 假设 4 – 4 检验结果

变量	(1) Tun	(2) Overpay	(3) Tun	(4) Overpay	(7) Tun	(8) Overpay
Hisloss	0.004 ** (2.50)	0.003 ** (2.11)	0.002 (1.23)	0.002 (1.26)	0.001 (0.33)	0.001 (0.96)
$\mid DA \mid_{t-1}$			-0.001 (-0.12)		0.004 (0.50)	
$Hisloss \times \mid DA \mid_{t-1}$			0.017 (1.28)		0.025 * (1.96)	
$PosDA_{t-1}$				-0.013 (-1.29)		0.005 (0.59)
$Hisloss \times PosDA_{t-1}$				0.030 * (1.91)		0.023 * (1.72)
NDA_{t-1}			-0.021 ** (-2.54)	-0.017 ** (-2.06)	0.003 (0.43)	0.016 ** (2.54)
Peak		0.001 (0.18)			0.001 (0.13)	0.002 (0.25)
Size	-0.001 (-1.21)	-0.016 *** (-18.69)	-0.001 (-0.97)	-0.001 (-0.97)	-0.016 *** (-18.31)	-0.016 *** (-18.50)

续表

变量	（1）	（2）	（3）	（4）	（7）	（8）
	Tun	*Overpay*	*Tun*	*Overpay*	*Tun*	*Overpay*
State	- 0. 009 *** (- 5. 54)	- 0. 002 (- 1. 09)	- 0. 008 *** (- 5. 82)	- 0. 008 *** (- 5. 85)	- 0. 001 (- 0. 93)	- 0. 001 (- 0. 96)
Duality	- 0. 000 (- 0. 25)	0. 005 *** (2. 93)	- 0. 000 (- 0. 22)	- 0. 000 (- 0. 26)	0. 006 *** (3. 02)	0. 006 *** (3. 03)
*Top*1	- 0. 008 (- 1. 59)	0. 001 (0. 22)	- 0. 008 (- 1. 61)	- 0. 008 (- 1. 57)	0. 001 (0. 16)	0. 001 (0. 18)
Board	- 0. 001 (- 0. 31)	0. 012 *** (4. 09)	- 0. 001 (- 0. 35)	- 0. 001 (- 0. 35)	0. 012 *** (4. 17)	0. 012 *** (4. 19)
CEOhold	- 0. 018 (- 1. 54)	- 0. 032 (- 1. 14)	- 0. 018 (- 0. 83)	- 0. 017 (- 0. 79)	- 0. 032 (- 1. 14)	- 0. 033 (- 1. 16)
Listage	0. 000 *** (3. 36)	0. 000 (1. 00)	0. 000 *** (3. 27)	0. 000 *** (3. 29)	0. 000 (0. 85)	0. 000 (0. 89)
ROA	- 0. 011 (- 0. 40)	0. 206 *** (8. 07)	- 0. 012 (- 0. 55)	- 0. 008 (- 0. 38)	0. 202 *** (7. 93)	0. 204 *** (7. 92)
Current	- 0. 002 * (- 1. 82)	0. 000 (0. 22)	- 0. 002 * (- 1. 79)	- 0. 002 * (- 1. 79)	0. 000 (0. 09)	0. 000 (0. 01)
Quick	0. 003 ** (2. 26)	0. 001 (0. 65)	0. 003 ** (2. 13)	0. 003 ** (2. 16)	0. 001 (0. 72)	0. 001 (0. 80)
Lev	0. 013 ** (2. 44)	0. 004 (0. 82)	0. 013 *** (2. 58)	0. 013 *** (2. 67)	0. 003 (0. 59)	0. 004 (0. 73)
IA	- 0. 001 (- 0. 09)	- 0. 018 ** (- 2. 11)	- 0. 000 (- 0. 03)	- 0. 001 (- 0. 15)	- 0. 016 * (- 1. 94)	- 0. 017 * (- 1. 95)
Growth	0. 001 (0. 68)	- 0. 001 (- 0. 90)	0. 001 (0. 90)	0. 001 (0. 93)	- 0. 001 (- 0. 93)	- 0. 001 (- 0. 95)
FCF	- 0. 023 ** (- 2. 50)	- 0. 004 (- 0. 57)	- 0. 024 *** (- 3. 14)	- 0. 025 *** (- 3. 29)	0. 003 (- 0. 44)	- 0. 003 (- 0. 35)
截距项	0. 048 *** (2. 75)	0. 295 *** (16. 32)	0. 045 *** (2. 69)	0. 045 *** (2. 70)	0. 291 *** (15. 99)	0. 293 *** (16. 12)
是否控制年度固定效应	Y	Y	Y	Y	Y	Y
是否控制行业固定效应	Y	Y	Y	Y	Y	Y
是否控制地区固定效应	Y	Y	Y	Y	Y	Y
观测值	1830	1830	1830	1830	1830	1830
F	4. 699	18. 28	5. 518	5. 538	17. 86	17. 92
R^2	0. 121	0. 387	0. 125	0. 125	0. 391	0. 389
$A - R^2$	0. 0999	0. 371	0. 102	0. 102	0. 375	0. 373

注： ***、 **、 *分别表示在 1%、5%、10% 的水平上显著，括号内为异方差稳健的 *t* 值。
资料来源： CSMAR 数据库。

（2）Heckman 两阶段。考虑到历史亏损公司可能存在的样本自选择问题，本章使用 Heckman 两阶段估计法进行处理。使用企业所在行业历史亏损公司比例（$Hisloss\_ind$）作为该企业是否为历史亏损公司（$Hisloss$）的工具变量。相关结果如表 4 – 12 所示。第（1）列显示了第一阶段工具变量对解释变量的回归结果，结果显示 $Hisloss\_ind$ 系数显著为正，这说明行业历史亏损公司的比例确实会影响本企业变成历史亏损公司的可能性。第（2）～（7）列显示了 Heckman 估计第二阶段的结果，第一阶段回归计算出的 IMR 系数为均在 1% 水平上显著，说明之前的分析确实存在内生性问题；在控制了 IMR 之后，第（2）、（3）列历史亏损虚拟变量（$Hisloss$）的估计系数均显著为正，第（6）、（7）列的历史亏损与正向操控性应计的交乘项（$Hisloss \times PosDA_{t-1}$）的估计系数显著为正，第（5）列的历史亏损与操控性应计的交乘项（$Hisloss \times |DA|_{t-1}$）的估计系数显著为正，基本和主回归一致，说明在考虑了样本自选择问题之后，历史亏损与大股东掏空、高管超额薪酬、盈余管理之间的正向关系依旧成立。

表 4 – 12　　　　Heckman 两阶段：假设 4 – 1 ～ 假设 4 – 4 检验结果

变量	(1)	(2)	(3)	(4)	(5)	(6)	(7)
	$Hisloss$	Tun	$Overpay$	Tun	$Overpay$	Tun	$Overpay$
$Hisloss$		0.005 *** (3.76)	0.003 *** (2.60)	0.004 *** (4.05)	− 0.002 (− 1.23)	0.004 *** (3.61)	− 0.000 (− 0.06)
$Hisloss\_ind$	0.127 *** (3.44)						
$\|DA\|_{t-1}$				0.000 (0.01)	− 0.009 *** (− 4.15)		
$Hisloss \times \|DA\|_{t-1}$				0.010 (1.53)	0.046 *** (3.46)		
$PosDA_{t-1}$						0.002 (0.82)	− 0.014 *** (− 4.74)
$Hisloss \times PosDA_{t-1}$						0.027 *** (2.83)	0.041 *** (3.21)
NDA_{t-1}				0.000 (0.24)	0.008 *** (3.74)	0.001 (0.78)	0.002 (1.16)
$Peak$			0.010 ** (2.53)		0.009 ** (2.48)		0.009 ** (2.49)

续表

变量	(1)	(2)	(3)	(4)	(5)	(6)	(7)
	Hisloss	Tun	Overpay	Tun	Overpay	Tun	Overpay
Size	-0.737 *** (-11.60)	-0.007 *** (-3.38)	-0.023 *** (-12.26)	-0.006 *** (-4.46)	-0.022 *** (-11.84)	-0.006 *** (-4.44)	-0.022 *** (-11.81)
State	-0.055 (-0.55)	-0.003 *** (-6.03)	-0.000 (-0.95)	-0.003 *** (-7.15)	-0.000 (-0.66)	-0.003 *** (-7.06)	-0.000 (-0.81)
Duality	0.057 (0.68)	0.000 (0.48)	0.004 *** (6.74)	0.000 (0.64)	0.004 *** (6.50)	0.000 (0.67)	0.004 *** (6.45)
Top1	-0.857 *** (-2.74)	-0.016 *** (-5.82)	-0.017 *** (-6.95)	-0.015 *** (-7.27)	-0.017 *** (-6.59)	-0.015 *** (-7.26)	-0.017 *** (-6.62)
Board	-0.340 (-1.57)	-0.005 *** (-3.41)	-0.004 *** (-2.84)	-0.004 *** (-3.96)	-0.004 *** (-2.61)	-0.004 *** (-3.92)	-0.004 *** (-2.67)
CEOhold	-3.376 *** (-2.60)	-0.037 *** (-3.87)	-0.065 *** (-7.18)	-0.037 *** (-5.15)	-0.063 *** (-6.85)	-0.036 *** (-5.13)	-0.063 *** (-6.84)
Listage	0.103 *** (11.55)	0.001 *** (3.92)	0.001 *** (5.63)	0.001 *** (5.29)	0.001 *** (5.35)	0.001 *** (5.26)	0.001 *** (5.36)
ROA	-7.427 *** (-5.24)	-0.076 *** (-3.52)	-0.037 * (-1.84)	-0.072 *** (-4.58)	-0.036 * (-1.76)	-0.072 *** (-4.58)	-0.035 * (-1.68)
Current	0.015 (0.26)	-0.001 *** (-5.02)	0.000 (1.33)	-0.001 *** (-4.23)	0.000 (1.33)	-0.001 *** (-4.31)	0.000 (1.42)
Quick	0.057 (0.84)	0.002 *** (8.93)	0.002 *** (4.39)	0.002 *** (7.99)	0.002 *** (4.41)	0.002 *** (8.05)	0.002 *** (4.39)
Lev	2.641 *** (7.39)	0.046 *** (6.29)	0.044 *** (6.55)	0.045 *** (8.49)	0.044 *** (6.38)	0.045 *** (8.47)	0.044 *** (6.41)
IA	1.576 ** (2.38)	0.020 *** (3.59)	0.021 *** (4.10)	0.021 *** (4.60)	0.021 *** (3.97)	0.021 *** (4.65)	0.020 *** (3.88)
Growth	0.338 *** (6.08)	0.003 *** (2.85)	0.003 *** (3.42)	0.003 *** (3.86)	0.003 *** (3.19)	0.003 *** (3.78)	0.003 *** (3.22)
FCF	-0.706 ** (-2.04)	-0.027 *** (-7.28)	-0.008 ** (-2.39)	-0.027 *** (-9.76)	-0.008 ** (-2.35)	-0.026 *** (-9.52)	-0.010 *** (-2.74)
IMR		0.011 *** (3.65)	0.017 *** (6.21)	0.011 *** (4.88)	0.017 *** (5.94)	0.011 *** (4.85)	0.017 *** (5.96)
截距项	13.456 *** (10.21)	0.136 *** (3.86)	0.427 *** (13.20)	0.132 *** (5.15)	0.422 *** (12.73)	0.131 *** (5.12)	0.424 *** (12.68)
是否控制 年度固定效应	Y	Y	Y	Y	Y	Y	Y
是否控制 行业固定效应	Y	Y	Y	Y	Y	Y	Y

续表

变量	（1）	（2）	（3）	（4）	（5）	（6）	（7）
	Hisloss	*Tun*	*Overpay*	*Tun*	*Overpay*	*Tun*	*Overpay*
是否控制 地区固定效应	Y	Y	Y	Y	Y	Y	Y
观测值	15092	15092	15092	15092	15092	15092	15092
F	528.0	27.50	91.30	39.40	87.76	39.53	87.87
$R^2/Pseudo\ R^2$	0.414	0.154	0.353	0.157	0.352	0.158	0.351
$A-R^2$		0.151	0.350	0.153	0.349	0.154	0.348

注：***、**、*分别表示在1%、5%、10%的水平上显著，括号内为异方差稳健的 t 值。
资料来源：CSMAR 数据库。

4.3.4 稳健性检验

为验证研究结论的稳健性，本章做了如下检验。

（1）改变样本。由于本章的研究逻辑是基于分红约束，因此基本模型分析将主要的解释变量 *Hisloss* 定义为，历史亏损公司（不分红）为1，非历史亏损公司（分红）为0，非历史亏损公司（不分红）的样本没有纳入模型研究样本范围内。为了保证非历史亏损公司样本的完整性，本章重新定义 *Hisloss* 变量，设历史亏损公司（不分红）为 $Hisloss=1$，非历史亏损公司（分红和不分红）为 $Hisloss=0$。检验结果如表 4–13 所示。

（2）改变被解释变量的衡量方式。一是改变 *Tun* 的度量方法。本章借鉴郑国坚等（2013）的方法，采用上市公司的母公司以及与上市公司受同一母公司控制的其他企业占用上市公司的其他应收款来衡量大股东掏空。二是改变 *Overpay* 的度量方法。借鉴科尔等（Core et al.，1999）、吴联生等（2010）的思路，对高管薪酬决定模型进行分年度分行业回归，得到的残差即为高管超额薪酬。经过检验发现，该模型的可决系数 R^2 为 0.31，拟合效果比较好。其中，*PAY* 的定义沿袭主分析的定义，为前三高管薪酬/总资产×100，其余变量的定义均和前述研究一致。

$$PAY_t = \beta_0 + \beta_1 \times Size_t + \beta_2 \times Lev_t + \beta_3 \times ROA_t + \beta_4 \times ROA_{t-1} + \beta_5 \times State_t$$
$$+ \beta_6 \times CEOhold_t + \beta_7 \times Duality_t + \beta_8 \times Board_t + \varepsilon \qquad (4-8)$$

依旧使用模型（4–4）~模型（4–7）进行回归，上述方法的回归结果如表 4–13 所示。

表 4－13　　稳健性检验：假设 4－1～假设 4－4 检验结果

变量	改变样本（加入非历史亏损公司不分红）				改变被解释变量的度量方法			
	(1)	(2)	(3)	(4)	(5)	(6)	(7)	(8)
	Tun	$Overpay$	Tun	$Overpay$	Tun	$Overpay$	Tun	$Overpay$
$Hisloss$	0.005*** (4.13)	0.006*** (4.87)	0.004*** (3.76)	0.003** (2.00)	0.001** (2.00)	0.003*** (3.16)	0.000 (1.48)	0.002** (2.02)
$PosDA_{t-1}$			0.001 (0.40)	-0.011*** (-4.31)			-0.001 (-0.82)	-0.006** (-2.54)
$Hisloss \times PosDA_{t-1}$			0.029*** (2.89)	0.041*** (3.18)			0.005* (1.85)	0.024** (2.42)
NDA_{t-1}			0.003* (1.87)	0.003* (1.71)			-0.000 (-0.24)	0.002 (1.20)
$Peak$		0.011*** (3.14)		0.010*** (2.79)		0.007* (1.96)		0.007** (2.25)
$Size$	0.000 (0.80)	-0.011*** (-53.12)	0.000 (1.54)	-0.011*** (-52.49)	0.000 (0.10)	-0.008*** (-37.53)	0.000 (0.19)	-0.008*** (-41.24)
$State$	-0.003*** (-7.07)	0.000 (0.50)	-0.003*** (-8.34)	0.000 (0.62)	-0.000 (-0.99)	0.008*** (18.61)	-0.000 (-1.07)	0.008*** (17.95)
$Duality$	-0.001 (-1.26)	0.003*** (5.03)	-0.000 (-0.96)	0.003*** (4.77)	0.000 (0.44)	-0.002*** (-4.41)	0.000 (0.66)	-0.002*** (-4.80)
$Top1$	-0.008*** (-6.96)	-0.005*** (-3.83)	-0.007*** (-6.46)	-0.004*** (-3.44)	0.000 (0.41)	-0.003*** (-3.03)	0.000 (0.65)	-0.003** (-2.91)

续表

变量	改变样本（加入非历史亏损公司不分红）				改变被解释变量的度量方法			
	（1）	（2）	（3）	（4）	（5）	（6）	（7）	（8）
	Tun	Overpay	Tun	Overpay	Tun	Overpay	Tun	Overpay
Board	-0.002 * (-1.72)	-0.000 (-0.13)	-0.002 * (-1.75)	-0.000 (-0.03)	-0.000 (-0.98)	-0.023 *** (-25.75)	-0.000 (-0.97)	-0.023 *** (-25.94)
CEOhold	-0.003 ** (-2.20)	-0.010 *** (-4.34)	-0.004 * (-1.84)	-0.010 *** (-4.04)	-0.001 (-1.15)	-0.007 *** (-3.04)	-0.001 (-0.87)	-0.007 *** (-3.47)
Listage	0.000 *** (5.40)	-0.000 *** (-3.52)	0.000 *** (6.45)	-0.000 *** (-3.77)	0.000 *** (3.41)	-0.000 *** (-5.65)	0.000 *** (3.46)	-0.000 *** (-5.66)
ROA	-0.007 (-1.26)	0.081 *** (11.99)	-0.008 (-1.57)	0.081 *** (11.72)	-0.000 (-0.28)	0.083 *** (12.94)	0.000 (0.08)	0.084 *** (15.49)
Current	-0.001 *** (-7.27)	0.000 (0.02)	-0.001 *** (-5.92)	0.000 (0.34)	-0.000 (-1.58)	0.000 (0.68)	-0.000 (-1.60)	0.000 (1.08)
Quick	0.002 *** (10.37)	0.001 *** (3.60)	0.002 *** (8.36)	0.001 *** (3.45)	0.000 ** (2.47)	0.001 ** (2.49)	0.000 ** (2.24)	0.001 *** (3.23)
Lev	0.020 *** (14.15)	0.003 ** (2.06)	0.020 *** (14.79)	0.004 *** (2.58)	0.001 (1.25)	0.023 *** (14.94)	0.001 (1.24)	0.023 *** (15.78)
IA	-0.002 (-0.49)	-0.003 (-0.85)	0.000 (0.11)	-0.003 (-0.83)	-0.001 (-1.49)	-0.006 ** (-2.19)	-0.001 (-1.42)	-0.006 * (-1.74)

续表

变量	(1)	(2)	(3)	(4)	(5)	(6)	(7)	(8)
	改变样本（加入非历史亏损公司不分红）				改变被解释变量的度量方法			
	Tun	Overpay	Tun	Overpay	Tun	Overpay	Tun	Overpay
Growth	0.000 (0.25)	-0.002*** (-4.03)	0.000 (0.01)	-0.002*** (-4.09)	-0.000 (-1.02)	-0.002*** (-3.41)	-0.000 (-1.52)	-0.002*** (-3.98)
FCF	-0.017*** (-6.11)	0.002 (0.92)	-0.018*** (-8.13)	0.001 (0.38)	-0.001 (-1.64)	0.003 (1.23)	-0.001** (-2.19)	0.003 (1.33)
截距项	0.018*** (3.70)	0.233*** (48.42)	0.016*** (4.09)	0.232*** (47.93)	0.001 (0.73)	0.199*** (42.17)	0.001 (0.72)	0.200*** (46.43)
是否控制年度固定效应	Y	Y	Y	Y	Y	Y	Y	Y
是否控制行业固定效应	Y	Y	Y	Y	Y	Y	Y	Y
是否控制地区固定效应	Y	Y	Y	Y	Y	Y	Y	Y
观测值	18180	18180	17772	17772	9060	15413	8864	15071
F	29.98	100.4	40.95	96.30	4.767	43.07	2.905	50.93
R^2	0.141	0.342	0.146	0.340	0.0233	0.201	0.0239	0.203
$A-R^2$	0.138	0.339	0.143	0.338	0.0156	0.197	0.0157	0.199

注：***、**、* 分别表示在 1%、5%、10% 的水平上显著，括号内为异方差稳健的 t 值。
资料来源：CSMAR 数据库。

表 4-13 报告了改变样本和改变被解释变量后对假设 4-1~假设 4-4 的稳健性检验结果：历史亏损虚拟变量（$Hisloss$）的估计系数均显著为正，与模型（4-4）和模型（4-5）的主回归结果一致，验证了研究假设；历史亏损与正向操控性应计的交乘项（$Hisloss \times PosDA_{t-1}$）的估计系数均显著为正，与模型（4-6）和模型（4-7）的主回归结果基本一致，稳健性检验结果同样验证了研究假设。

4.4　研　究　结　论

本章以我国 A 股上市公司 2007~2019 年的数据为研究样本，对历史亏损公司大股东与管理层的关系进行了实证检验，研究结论如下。

（1）历史亏损公司存在着大股东掏空与管理层超额薪酬并存现象。一方面历史亏损公司分红约束导致股东不能获取股利收入，出于维护自身利益，当掏空利益大于掏空成本时，会激励大股东实施掏空行为；另一方面管理层支持是大股东选择掏空行为的必要条件，对管理层薪酬超额支付也是大股东谋取控制权私利的路径。

（2）盈余管理对历史亏损公司大股东掏空以及管理层超额薪酬支付具有促进作用。一方面大股东希望管理层通过应计盈余管理方式提高业绩来隐瞒其掏空行为，也愿意以提高管理层薪酬水平为代价来建立与管理层的合谋关系；另一方面分红约束使得管理层愿意选择应计盈余管理方式来改变企业绩效水平，进而也迎合了大股东的超额薪酬契约设计。

（3）股权制衡程度、控制权与现金流权分离程度均可透视历史亏损公司股东与管理层合谋关系成立的条件。对股权制衡程度分组研究显示，如果历史亏损公司第一大股东持股比例相对较低，当股权制衡程度较高时，第一大股东更可能与管理层合谋实施掏空行为；对企业控制权与现金流权分离程度分组研究发现，分红约束造成历史亏损公司控制权与现金流权分离，当分离程度较低时，第一大股东与管理层合谋掏空现象可能存在。

第 5 章 历史亏损对债权人利益保护的影响研究

中国的历史亏损除了会给企业带来分红约束外，还会带来融资约束问题。这是因为我国资本市场采取了与西方注册制不同的再融资核准制，股利分配政策会影响到企业的再融资政策。具体而言，证监会自2000 年起规定，只有发放股利的公司才有资格利用公开资本市场再融资；2006 年 5 月 6 日，证监会颁布的《上市公司证券发行管理办法》中规定："上市公司公开发行证券应符合最近三年以现金或股票方式累计分配的利润不少于最近三年实现的年均可分配利润的百分之二十"；2008 年 10 月 9 日，证监会颁布的《关于修改上市公司现金分红若干规定的决定》中，将此项规定修改为"上市公司公开发行证券应符合最近三年以现金方式累计分配的利润不少于最近三年实现的年均可分配利润的百分之三十"。中国证监会推出了一系列将上市公司再融资资格与股利分配水平相挂钩的监管政策，使得历史亏损公司不能在公开市场进行股权融资。

此外，历史亏损公司所有者权益结构具有高股本、高资本公积、低盈余公积与高负向未分配利润并存的失衡特征。所有者权益结构失衡是历史亏损公司的重要表现，揭示了我国资本制度的核心问题，也是目前企业实务亟待解决的重要问题。借助 CSMAR 数据库 2007～2019 年间659 个历史亏损公司样本和15043 个非历史亏损公司样本数据分析发现，在股本、资本公积、盈余公积三者之间结构关系中，历史亏损公司与非历史亏损公司具有趋同性，历史亏损公司股本、资本公积、盈余公积均值分别在三者总额中占比为 44.90%、49.95%、5.12%①，非历史亏损公司则分别为 40.90%、48.67%、10.34%，全样本分别为 41.07%、

---

① 对股本、资本公积、盈余公积分别做1% 的缩尾处理后，对每个公司－年度计算各项占比，再求平均值。以下计算类同。

48.73%、10.12%；历史亏损公司的资本公积转增股本金额在三者总额中占比为1.06%，非历史亏损公司则为2.85%，全样本为2.78%。显而易见，两类公司共性特点比较明显，即所有者权益中股本和资本公积比重较高，盈余公积占比较低，资本公积转增股本占比很低。若引入负向的未分配利润，在对离群值进行处理后，历史亏损公司所有者权益各项均值占比为股本63.16%、资本公积69.93%、盈余公积8.26%、负向未分配利润37.93%，非历史亏损公司所有者权益各项均值占比为股本26.06%、资本公积33.33%、盈余公积6.01%、未分配利润33.99%。数据可透视历史亏损公司所有者权益结构的特征为：一是负向未分配利润占比占股本的一半以上，揭示股本所代表的财产基础薄弱这一现实；二是企业资本公积可以覆盖亏损"包袱"；三是盈余公积对弥补亏损的作用微不足道。

对背负负向未分配利润"包袱"的企业而言，股东不能分红、不能进行股权融资是不争的事实。在股东投资没有回报且企业融资渠道受限的前提下，如何科学设计所有者权益结构，协调股东、债权人与企业之间的利益关系，使债权人利益得到有效保障是本章研究的总体目标。本章将具体关注以下问题的讨论：企业如何确保股本的可信赖程度，使其真正发挥保护债权人利益的功能？虽然公司法遵照保护债权人利益和实现股东利益协调的总体原则，明确规定了计提法定准备金以及盈余公积、资本公积转增股本等要求，通过促进资本充实和持续经营，为债权人提供最低水平保护（克拉克，1999），但在制度层面如何有效平衡股本与公积金之间的关系？如何从所有者权益内部结构的角度出发，实证检验历史亏损与债权人利益保护之间的关系？

本章以我国沪深A股上市公司2007～2019年数据为研究样本，从所有者权益结构视角对历史亏损公司债权人利益保护问题进行了实证分析，研究结果表明，历史亏损与债权人利益保护有显著负相关关系；企业股本规模越大，历史亏损对债权人利益保护的负向影响越小；企业资本公积越大，历史亏损对债权人利益保护的负向影响越大，且资本公积转增股本对该负向关系影响的增量效应不显著；盈余公积越大，历史亏损对债权人利益保护的负向影响越大。本章研究成果将为完善所有者权益结构、保护债权人利益提供经验证据。

本章理论分析思路如图5-1所示。

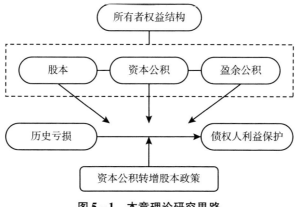

图 5 - 1 本章理论研究思路

5.1 理论分析与研究假设

5.1.1 股权融资约束下的债权人利益保护

如前所述，在我国公司资本制度影响下，企业债权人一般面临着两类契约关系的冲突问题：股东与债权人利益冲突，债权人与管理层的冲突。历史亏损公司也不可避免地存在债权人与股东、管理层契约关系冲突问题。按照我国证监会要求，发放现金股利是企业股票市场再融资的必要条件，但历史亏损公司分红约束可能引发股东掏空动机，激化股东与债权人利益冲突。此外，股权融资受阻也会促使企业更多依赖大规模负债融资，在管理层经营不力情况下可能引发资金链断裂，损害债权人利益（李增泉，2008）。在实务中，一些企业为了减少融资约束，可能会采用激进的融资方式，加大企业融资风险。李焰等（2007）通过上海复星集团的案例研究发现，当股权融资受到限制时，企业可能会通过抵押和互相担保等方式，利用财务杠杆来放大债务融资规模，使企业面临极大的偿债风险，进而损害债权人利益。还有企业为了减少融资约束带来的高融资成本，可能会追求高投资收益，投资风险较大的项目，损害债权人利益。根据资产替代效应（Jensen and Meckling，1976），当企业的一项投资可以获得高于债务面值的回报，如果投资成功，企业股东可以获得全部回报，而债权人只能获得固定收益；而一旦投资失败，由于股东的有限责任，债权人将承担全部失败后果，因此企业有动机利用债权人的资金进行风险较高的投资，而债权人无法获得高风险带来的补偿，产生了管理者和股东以牺牲债权人利益为代价来取得超额回报（陈骏和徐玉德，2012；肖作平和廖理，2007）。

综上所述，历史亏损公司背负着负向未分配利润"包袱"，面临着股东与债权人、债权人与管理层两类代理冲突。由于公司盈利首先要弥补历史亏损，之后方可进行股利分配，这就意味着历史亏损公司不具备向股东发放股利以及在资本市场上公开股权融资条件，只能依托于债务融资和定向增发来解决资金问题。随着公司融资约束程度增加，公司偿债风险加大。特别是在公司亏损"包袱"极大时，股东也可能利用"有限责任"条款，直接申请破产，从而损害债权人利益。据此，本章提出研究假设 5 - 1。

H5 - 1：历史亏损对债权人利益保护有负向影响。

5.1.2　所有者权益结构的调节效应

之所以讨论所有者权益结构的调节效应，原因在于所有者权益结构对历史亏损与债权人利益保护之间关系具有重要影响作用。一方面所有者权益结构可揭示债权人与股东、管理层之间的契约关系（赵德勇，2014）；另一方面所有者权益结构充分体现对债权人利益保护的影响作用。具体而言：（1）股本是由股东认缴的资本总额，构成企业经营的财产基础；在企业存续期间，股东以出资额为限对企业承担有限责任，形成对债权人利益的一种保障（Payne，2009；刘燕，2014）。（2）资本公积是股东实际出资超出法定资本部分的金额，它是充实股本的重要来源，是资本维持制度的体现，其作用是使企业在持续经营过程中始终保持与股本相当的实际资产，避免企业的资产过度地流向股东，进而损害债权人利益（蒋大兴，2015）。特别需要说明的是，我国关于资本公积对债权人利益保护的政策法规有一个演变过程，2005 年《公司法》明确规定资本公积不得用于弥补亏损，2012 年证监会出台的《上市公司监管指引第 1 号——上市公司实施重大资产重组后存在未弥补亏损情形的监管要求》重申资本公积补亏禁令，并进一步严禁采取资本公积转增股本后缩股补亏方式，这些规定均明确了资本公积主要用于转增股本的功能，体现了我国对债权人利益保护的力度。（3）盈余公积是从净利润（减去弥补以前年度亏损）中按比例提取的法定盈余公积和任意盈余公积，体现着企业管理层的经营成效、股东利益以及债权人资金的安全程度。

5.1.2.1　历史亏损公司股本规模对债权人利益保护的影响研究

在法定资本制下，股本是企业法人财产形成的基础，而企业法人财产关联着股东与债权人的权益。要平衡股东与债权人之间的利益冲突，必须强化股东出资义务的履行和资本维持原则（郭富青，2015）。股东出资是企业为债权人而持有的"信托基金"，企业在与债权人交易前，企业的股本可以作为信号工具，向债权人传递其经营状况和偿债情况的信息；在与债权人交易后，企业的股本可以作为担保工具，股东要以股本为限承担有限责任（黄辉，2015）。在授权资本制下，资本维持原则是以发起股东所认缴的出资额为基础，旨在禁止企业资产不当减少和预防企业实有资产非法向股东做出返还，确保用于维持股本金额所必需的企业资产的安全完整。股东通过认缴股本而形成的初始资产，其数额会随着企业的经营发展而变化，但企业资产的变化不能体现为不正常地流向股东个人手中而导致的资产减少。我国 2013 年开始的企业注册资本制度改革，虽然降低了资本的准入门槛，但资本维持原则仍然发挥着保护债权人利益的重要作用（刘燕，2006）。企业存续期间必须遵循有关资本维持的规定，不得将股东已经缴纳的资本以各种形式返还给股东，企业向股东分配收益时绝对不能侵蚀到股本所代表的企业资产。

对历史亏损公司而言，当公司面临破产境地时，股本也是法律强制为债权人安排的补偿，充分体现对股东的约束力，更具强制效应；在公司与债权人发生纠纷时，股本作为股东承担的有限责任可以保障债权人的基本权利，即使在授权资本制下，外部债权人在选择交易对象时也会对公司的资本缴付情况和资产状况有较高的关注（Berry et al.，1993）。总之，公司股本越高，在传递公司经营实力和偿债能力越强的信号同时，也预示着用于偿还债权人的资本保障越雄厚，对债权人利益的保护程度越好。据此，本章提出研究假设 5 - 2。

H5 - 2：公司股本规模越大，历史亏损对债权人利益保护的负向影响越小。

5.1.2.2　历史亏损公司资本公积比例对债权人利益保护的影响研究

资本公积是一种无实际融资成本的资金来源，其形成与实际支出无直接关系，但从组成内容看又与股东权益存在内在联系。从构成内容看，资本公积包含股本溢价、其他资本公积等不同明细项目，它们在企业实际经营中发挥的作用不同，其中股本溢价为资本公积最原始的形式，属于股东"出资"的一部分，虽不计入股本，但与股本具有相同的特征（刘燕，2015）；其他资本公积可能来自尚未实现的收益，如公允价值变动收益以及我国 2006 年之前的债务重组收益，它是因会计处理程序导致的资产账面价值增加，并未发生实际的现金或资产流入（黄亚颖，2015）。因此，我国企业会计准则明确规定资本公积明细项目中只有股本溢价等已实现的股东权益，以及执行新会计准则之前因接受捐赠、债务重组、政府拨款收入等形成的资本公积可以进行转增股本，而准则实施后企业提取的各种准备性项目、公允价值变动等产生的其他资本公积，从性质上并未真正实现股东权益，故不允许转增股本。从政策背景看，资本公积曾被允许用于转增股本、弥补亏损等用途。资本公积补亏禁令出台后，资本公积转增股本是企业唯一的消化途径，导致企业资本公积普遍偏高，所有者权益结构不合理。对于企业来说这些资本公积是一种强制储蓄，在追求资本安全的同时是以牺牲效率为代价的。

资本公积比例过高会造成企业资源的大量闲置，特别是对于已经扭亏为盈实现正常经营的历史亏损公司而言，由于留存收益为负值，资本公积在所有者权益中占比更高，资本公积的利用效率和效果更小。鉴于资本公积各组成部分的不同影响作用，本章推定，历史亏损公司资本公积项目中股本溢价的闲置造成资源的浪费越多，对债权人的利益保护有显著负向影响，而其他资本公积对债权人利益保护没有显著的作用。据此，本章提出研究假设 5 – 3、假设 5 – 3a、假设 5 – 3b。

H5 – 3：资本公积比例越大，历史亏损对债权人利益保护的负向影响越大。

H5 – 3a：股本溢价比例越大，历史亏损对债权人利益保护的负向影响越大。

H5 – 3b：其他资本公积对历史亏损和债权人利益保护的关系没有显著影响。

5.1.2.3　历史亏损公司盈余公积比例对债权人利益保护的影响研究

盈余公积是企业为了应对未来长远发展而留存的盈余，旨在弥补未来可能的亏损，扩大企业生产，转增资本，提高企业信用。首先，盈余公积转增股本可以巩固企业的资产基础，提高对债权人的清偿能力，是企业在面对危机时的一道屏障。一般而言，企业的盈余公积比例越大，就意味着对股本的担保越可靠，债权也越安全。其次，盈余公积补亏充分体现了资本维持原则。企业提取的法定盈余公积、任意盈余公积用于加强对企业资本的保护，防止企业未来经营出现亏损时的资本减损。若企业的资产净值跌至"阈值水平"以下，企业必须采取补救措施来实现资本保全（Armour，2000），比如通过盈余公积补亏来保持资本充实性。最后，盈余公积扩大生产是对整个企业资产的保护。企业资产的积累和壮大不能单纯依靠程序复杂的增加股本的方式来实现，通过提取盈余公积方式所形成的资本积累是企业未来长期发展的保障。

对历史亏损公司而言，盈余公积的影响表现为：（1）从所有者权益结构看，由于历史亏损公司可供分配利润为负则不可以提取盈余公积，因此该类公司提取的盈余公积额在所有者权益结构中占比较小，其转增股本、补亏等功能难以得到有效发挥，对债权人利益保护难以实现。（2）按照我国《公司法》规定，公司在弥补亏损和提取法定盈余公积之后，可对所余税后利润进行分红。换言之，历史亏损公司只有在弥补所有亏损后，股东才能享受企业盈利的成果。股东长期受到分红约束可能会丧失再投资的动力，盈余公积对债权人的保护作用难以实现。（3）按照我国《公司法》规定，若本年度公司有净利润，应按净利润的 10% 计提法定盈余公积；若公司法定盈余公积累计额达到注册资本 50% 以上，可以不再提取；若公司年初有未弥补亏损，且盈余公积累计额不足以弥补以前年度亏损，必须先用当年净利润弥补亏损，之后方可提取法定盈余公积。综上，在所有者权益结构中，盈余公积占比小是历史亏损公司的正常表现，如果历史亏损公司存在大额盈余公积可能意味着该公司未能按规定弥补亏损，有违国家政策规定，必将侵害债权人利益。据此，本章提出研究假设 5 - 4。

H5 - 4：盈余公积比例越大，历史亏损对债权人利益保护的负向影响越大。

5.1.3　资本公积转增股本政策的调节效应

在资本公积转增股本政策方面，我国《公司法》对资本公积金转增股本没有做出比例性限制规定。但《公司法》第一百六十八条规定，法定公积金转为资本时，所留存的该项公积金不得少于转增前公司注册资本的百分之二十五。上述政策实际上阐释了资本公积转增股本的会计特征，即在确保法定盈余公积金不低于注册资本 25% 的前提下，公司的资本公积、盈余公积、未分配利润均可转增注册资本。换言之，公司以资本公积转增股本仅是会计上的一个处理，是所有者权益内部的调整，不会真正导致企业现金流入流出，所有者权益账面价值总额也不会发生变化。

从公司政策特征看，资本公积转增股本对资本市场的影响表现为两方面：一是资本公积转增股本属于一种股本扩张行为，加大了公司资本的信用担保功能，是资本维持制度的体现。特别是 2013 年我国修改了注册资本制度，由实缴登记制变为认缴登记制，并且不限定最低出资额、出资方式、出资期限，资本公积转增股本会对债权人利益保障产生一定程度的作用（蒋大兴，2015）。二是资本公积转增股本具有信号传递作用，向市场传递了企业具有良好发展前景的积极信号，有显著正向公告效应（李心丹等，2014）。

对历史亏损公司而言，资本公积转增股本是否存在增量效应呢？由于历史亏损公司未分配利润多年为负，因此，相比于同等条件其他企业净资产要更低，对债权人的担保也相对降低。通过资本公积转增股本一方面可以改善公司的所有者权益结构，增大股本比率，提高法律上对债权人利益保护的限额；另一方面可能会因公司发行在外的普通股股票数量增加、每股普通股所拥有的所有者权益账面价值摊薄，给历史亏损公司管理层更大的业绩压力。换言之，转增是与公司良好业绩相匹配的，只有伴随着公司股价的提升以及现金流入的增多，才能对债权人的借款有更多的资产或现金流作为支持，才能提升债权人保护程度。鉴于历史亏损公司"包袱"沉重，本章提出假设 5 - 5。

H5 - 5：资本公积转增股本对历史亏损公司债权人利益保护没有显著增量效应。

5.2　研究设计及描述性统计

5.2.1　研究设计

5.2.1.1　研究变量

（1）被解释变量：债权人利益保护（Creditor）。在法定资本制下，股本是公司信用的体现，公司股本越雄厚，其信用越高；在授权资本制下，公司资产与股本脱离是企业经营的常态，股本已经不再是衡量公司信用的唯一标志。因此，债务契约设定的底线不再是公司的资本或注册资本，而应根据债务人的净资产限制其总负债、新增负债或对外担保水平，关注公司一些财务比率的变化，如资产负债率、流动资产与流动负债比率、利息保障倍数等（刘燕，2014）。如果公司偿债能力越好，对负债融资有足够的资产和现金流作为支持，则对债权人利益保护越好，由于公司向债权人借款包括长期借款和短期借款，本章选取"总资产/总负债"（Creditor1）、

"净资产/总负债"（*Creditor*3）作为债权人长期保护的替代变量，选取"流动资产/流动负债"（*Creditor*2）、"速动资产/流动负债"（*Creditor*4）作为债权人短期保护的替代变量。

（2）解释变量：历史亏损虚拟变量（*Hisloss*）。定义当年未分配利润为负，并且连续三年净利润为正的公司为历史亏损公司，设为1，而当年未分配利润为正的公司，设为0。

（3）调节变量：①股本规模（*Capital*）。股本是股东的资本认缴额，企业以股本为限对债权人承担有限责任，故股本规模越大，对债权人利益保护越好，本章用股本的自然对数进行衡量。②资本公积比例（*CRev*）。用资本公积除以所有者权益总额度量，为了减少样本自选择问题，将样本分为历史亏损公司和非历史亏损公司两类，令该指标分别除以组内年度均值进行标准化处理。对其细分指标如资本溢价比重（*CPrem*）和其他资本公积比重（*OCRev*），度量方法同上所述。③盈余公积比例（*SRev*）。用盈余公积除以所有者权益总额度衡量，并分别对历史亏损公司和非历史亏损公司除以组内年度均值进行标准化处理。④资本公积转增资本。设定虚拟变量（*ConversionDum*）及转增比率（*Conversion*），若企业当年发生资本公积转增资本，设定虚拟变量为1，否则为0；转增比率度量方法为转增金额除以股本和资本公积合计额，若没有发生转增设定为0。

（4）控制变量：本章选择企业规模（*Size*）、产权性质（*State*）、自由现金流（*FCF*）、净资产收益率（*ROA*）、销售增长率（*Growth*）、第一大股东持股比例（*Top*1）、董事会人数（*Board*）、独立董事比例（*IDR*）、董事长和总经理是否兼任（*Duality*）、高管薪酬（*Salary*）作为控制变量，本章同时设置行业和年度变量，用来控制对企业债权人利益保护的影响。各变量的定义如表5-1所示。

表 5-1　　　　　　　　　　　　主要变量定义说明

变量类型	变量名称	变量符号	变量定义
被解释变量	债权人利益保护	*Creditor*1	总资产/总负债
		*Creditor*2	流动资产/流动负债
		*Creditor*3	净资产/总负债
		*Creditor*4	速动资产/流动负债

变量类型	变量名称	变量符号	变量定义
解释变量	历史亏损公司	$Hisloss$	如果是历史亏损公司为 1，非历史亏损公司为 0
主要调节变量	股本规模	$Capital$	股本的自然对数
	资本公积比例	$CRev$	资本公积/所有者权益总额
	资本溢价比例	$CPrem$	资本溢价/所有者权益总额
	其他资本公积比例	$OCRev$	其他资本公积/所有者权益总额
	盈余公积比例	$SRev$	盈余公积/所有者权益总额
	资本公积转增资本虚拟变量	$ConversionDum$	如果企业当年发生了资本公积转增资本取 1，否则取 0
	资本公积转增资本率	$Conversion$	资本公积转增金额/（股本 + 资本公积），如果没有发生转增取 0
控制变量	公司规模	$Size$	总资产的自然对数
	产权性质	$State$	如果是国有企业为 1，非国有企业为 0
	董事长和总经理是否兼任	$Duality$	如果董事长和总经理兼任取 1，否则取 0
	第一大股东持股比例	$Top1$	第一大股东持股数/总股数
	董事会人数	$Board$	董事会人数的自然对数
	独立董事比例	IDR	独立董事人数/董事会总人数
	净资产收益率	ROA	净利润/总资产
	收入增长率	$Growth$	（当期收入 – 上期收入）/上期收入
	自由现金流	FCF	用自由现金流/企业总资产
	高管薪酬	$Salary$	前三高级管理人员薪酬总额的对数

5.2.1.2　研究模型

为了检验假设 5 – 1，本章设立模型（5 – 1），为了减少内生性，对解释变量滞后一期，如果 a_1 系数为负，则假设 5 – 1 成立。

$$Creditor_t = a_0 + a_1 \times Hisloss_{t-1} + Controls_t + \varepsilon \qquad (5-1)$$

为了检验假设 5 – 2、假设 5 – 3、假设 5 – 4，本章设立模型（5 – 2），同样对解释变量滞后一期，如果 b_3 系数为正，则假设 5 – 2 成立；如果 b_5 系数为负，则假设 5 – 3 成立；如果 b_7 系数为负，则假设 5 – 4 成立。

$$Creditor_t = b_0 + b_1 \times Hisloss_{t-1} + b_2 \times Capital_{t-1} + b_3 \times Hisloss_{t-1} \times Capital_{t-1}$$
$$+ b_4 \times CRev_{t-1} + b_5 \times Hisloss_{t-1} \times CRev_{t-1} + b_6 \times SRev_{t-1}$$
$$+ b_7 \times Hisloss_{t-1} \times SRev_{t-1} + Controls_t + \varepsilon \qquad (5-2)$$

为了检验假设 5 – 3a、假设 5 – 3b 本章设立模型（5 – 3），同样对解释变量滞后一期以减少内生性，如果 c_5 系数为负数，则假设 5 – 3a 成立；如果 c_7 系数不显著，则假设 5 – 3b 成立。

$$
\begin{aligned}
Creditor_t = {} & c_0 + c_1 \times Hisloss_{t-1} + c_2 \times Capital_{t-1} + c_3 \times Hisloss_{t-1} \times Capital_{t-1} \\
& + c_4 \times CPrem_{t-1} + c_5 \times Hisloss_{t-1} \times CPrem_{t-1} + c_6 \times OCRev_{t-1} \\
& + c_7 \times Hisloss_{t-1} \times OCRev_{t-1} + c_8 \times SRev_{t-1} + c_9 \times Hisloss_{t-1} \times SRev_{t-1} \\
& + Controls_t + \varepsilon
\end{aligned}
\tag{5-3}
$$

为了检验假设 5 – 5，本章设立模型（5 – 4）和模型（5 – 5），参考瞿旭等（2015）的模型，本章对比历史亏损公司与非历史亏损公司在发生资本公积转增股本事件后，债权人保护是否有所增加，考虑到所有者权益比例会对债权人保护有所影响，在本假设检验中增加了股本金额、资本公积比例、盈余公积比例作为控制变量。如果 d_3 系数不显著，假设 5 – 5 成立；模型（5 – 5）是对假设 5 – 5 的进一步检验，检验历史亏损公司进行资本公积转增股本比例越大，是否对债权人利益保护的提升作用越大，如果 h_3 系数不显著，假设 5 – 5 成立。

$$
\begin{aligned}
\Delta Creditor_t = {} & d_0 + d_1 \times Hisloss_{t-1} + d_2 \times ConversionDum_{t-1} \\
& + d_3 \times Hisloss_{t-1} \times ConversionDum_{t-1} + Capital_{t-1} \\
& + CRev_{t-1} + SRev_{t-1} + Controls_t + \varepsilon
\end{aligned}
\tag{5-4}
$$

$$
\begin{aligned}
\Delta Creditor_t = {} & h_0 + h_1 \times Hisloss_{t-1} + h_2 \times Conversion_{t-1} \\
& + h_3 \times Hisloss_{t-1} \times Conversion_{t-1} + Capital_{t-1} \\
& + CRev_{t-1} + SRev_{t-1} + Controls_t + \varepsilon
\end{aligned}
\tag{5-5}
$$

5.2.1.3 研究样本

本章以我国 A 股上市公司 2007 ~ 2019 年数据为样本，数据来自 CSMAR 数据库，参考以往文献的做法，对样本进行如下处理：（1）由于金融行业会计处理方法与其他行业不同，剔除金融行业数据；（2）由于 ST 公司可能会对结果带来一些偏误，剔除了 ST 的公司；（3）剔除靠政府补助扭亏为盈的企业样本；（4）基于对僵尸企业的界定思路，剔除变量有缺失的样本，并对所有变量进行了 1% ~ 99% 的 Winsorize 处理，以减少离群值给研究结果带来的偏误。样本数量分布情况如表 5 – 2 所示。其中历史亏损公司（不分红）样本总计 659 个；非历史亏损公司分为两类企业，分红企业总样本数量为 15043 个，不分红企业 2801 个。

表 5 - 2　　　　　　　　　　样本分布表

年度	历史亏损（不分红）	非历史亏损（分红）	非历史亏损（不分红）	合计
2009	67	667	270	1004
2010	67	712	291	1070
2011	71	864	306	1241
2012	70	1244	227	1541
2013	60	1481	197	1738
2014	57	1513	246	1816
2015	53	1421	275	1749
2016	44	1560	215	1819
2017	53	1747	210	2010
2018	61	1794	271	2126
2019	56	2040	293	2389
合计	659	15043	2801	18503

注：研究观测样本期间始于 2007 年，因计算连续三年净利润为正，故表内样本年限推延为 2009 ~ 2019 年（以下同）。

资料来源：CSMAR 数据库。

5.2.2　描述性统计

基于上述样本，在剔除全部变量缺失值后，最终获取观测值 15702 个，全样本描述性统计和分样本描述性统计如表 5 - 3、表 5 - 4 所示。

表 5 - 3　　　　　　　　　全样本描述性统计

变量	观测值	平均值	标准差	最小值	中位数	最大值
$Creditor1$	15702	3.341	2.771	1.142	2.400	21.802
$Creditor2$	15702	2.339	2.223	0.191	1.660	18.172
$Hisloss$	15702	0.042	0.201	0.000	0.000	1.000
$Capital$	15702	20.222	1.010	18.198	20.103	23.413
$CRev$	15702	0.338	0.275	- 3.021	0.321	6.053
$CPrem$	15702	0.318	0.236	- 0.379	0.304	4.023
$OCRev$	15702	0.023	0.082	- 0.493	0.004	2.575
$SRev$	15702	0.058	0.046	- 0.245	0.047	0.590
$Size$	15702	22.339	1.290	19.302	22.157	26.497

续表

变量	观测值	平均值	标准差	最小值	中位数	最大值
State	15702	0.415	0.493	0.000	0.000	1.000
Duality	15702	0.245	0.430	0.000	0.000	1.000
*Top*1	15702	0.355	0.149	0.083	0.337	0.770
Board	15702	2.149	0.197	1.609	2.197	2.708
IDR	15702	0.373	0.053	0.250	0.333	0.571
ROA	15702	0.053	0.040	0.001	0.043	0.231
Growth	15702	0.199	0.404	− 0.645	0.126	6.422
FCF	15702	0.037	0.080	− 0.328	0.034	0.407
Salary	15702	14.402	0.706	11.922	14.385	16.653

资料来源：CSMAR 数据库。

表 5 – 4　　　　　　　　　　　**分样本描述性统计**

变量	历史亏损公司（659 个）			非历史亏损公司（15043 个）			均值差异检验	秩和检验
	平均值	中位数	标准差	平均值	中位数	标准差		
*Creditor*1	2.682	1.876	2.308	3.370	2.424	2.786	− 6.250 ***	− 11.616 ***
*Creditor*2	1.793	1.238	1.962	2.363	1.675	2.230	− 6.457 ***	− 12.266 ***
Capital	19.976	19.809	0.915	20.233	20.121	1.013	− 6.414 ***	− 6.949 ***
CRev	0.847	0.649	0.877	0.315	0.314	0.183	52.610 ***	26.152 **
CPrem	0.615	0.518	0.586	0.305	0.300	0.198	34.113 ***	16.658 ***
OCRev	0.158	0.046	0.288	0.017	0.004	0.050	46.420 ***	21.259 ***
SRev	0.085	0.054	0.105	0.056	0.046	0.041	15.901 ***	2.917 **
Size	21.438	21.269	1.231	22.378	22.196	1.279	− 18.511 ***	− 19.159 ***
State	0.545	1.000	0.498	0.409	0.000	0.492	6.911 ***	6.901 ***
Duality	0.206	0.000	0.405	0.247	0.000	0.431	− 2.378 **	− 2.378 **
*Top*1	0.303	0.269	0.144	0.358	0.340	0.148	− 9.189 ***	− 9.985 ***
Board	2.113	2.197	0.200	2.150	2.197	0.197	− 4.747 ***	− 3.801 ***
IDR	0.373	0.333	0.054	0.373	0.333	0.053	0.205	0.040
ROA	0.030	0.020	0.033	0.053	0.044	0.039	− 14.841 ***	− 18.707 ***
Growth	0.270	0.094	0.739	0.196	0.127	0.383	4.592 ***	− 3.400 ***
FCF	0.013	0.013	0.091	0.038	0.035	0.080	− 8.011 ***	− 9.468 ***

续表

变量	历史亏损公司（659 个）			非历史亏损公司（15043 个）			均值差异检验	秩和检验
	平均值	中位数	标准差	平均值	中位数	标准差		
Salary	13.869	13.909	0.717	14.425	14.401	0.696	−20.044 ***	−18.221 ***

注：*** 、** 、* 分别表示在 1%、5%、10% 的统计水平上显著。
资料来源：CSMAR 数据库。

表 5 – 3 全样本描述性统计结果显示，资本公积和盈余公积占比差异较大，其中 *CRev* 均值为 0.338，*SRev* 均值为 0.058，说明在所有者权益结构中，资本公积占比远远高于盈余公积；其中 *CPrem* 均值为 0.318，*OCRev* 均值为 0.023，说明在资本公积构成中，资本溢价占比远高于其他资本公积占比。上述数据初步说明，资本公积（主要是股本溢价）在所有者权益结构中占比较大，优化所有者权益结构不可忽视资本公积的有效利用。

表 5 – 4 报告了分样本描述性统计和差异检验的结果。数据显示，历史亏损公司 *Creditor*1 和 *Creditor*2 均在 1% 水平上显著低于非历史亏损公司。这初步支持了本章的假设 5 – 1，即历史亏损对债权人利益保护有负向影响。

从所有者权益结构看，历史亏损公司的股本（*Capital*）在 1% 统计水平上显著低于非历史亏损公司，但 *CRev*、*CPrem*、*OCRev*、*SRev* 均显著高于非历史亏损公司。分样本统计数据进一步提示，比较非历史亏损公司，历史亏损公司资本公积和盈余公积比例更高，应关注公积金的合理利用。

从控制变量描述性统计结果看，历史亏损公司 *ROA*、*FCF* 都在 1% 水平上显著低于非历史亏损公司，*Growth* 均值在 1% 水平上显著高于非历史亏损公司，这些指标均可说明历史亏损公司盈利能力和现金流能力弱于非历史亏损公司，但历史亏损公司具有一定的发展潜力。历史亏损公司的 *Top*1、*Board*、*Duality* 均显著低于非历史亏损公司，数据显示，历史亏损公司的治理指标弱于非历史亏损公司。

表 5 – 5 报告了变量的相关系数检验，结果可见，历史亏损（*Hisloss*）与债权人保护（*Creditor*1 和 *Creditor*2）在 1% 统计水平上显著负相关，相关系数分别为 − 0.050 和 − 0.051，验证了历史亏损对债权人利益保护的负向影响关系。此外，控制变量之间、被解释变量和控制变量之间、解释变量和控制变量之间的相关系数基本满足低于临界值 0.7 的要求，初步验证不存在多重共线性问题。

表 5 - 5

Pearson 相关系数检验

变量	Creditor1	Creditor2	Hisloss	Capital	CRev	CPrem	OCRev	SRev	Size	State	Duality	Top1	Board	IDR	ROA	Growth	FCF	Salary
Creditor1	1.000																	
Creditor2	0.890***	1.000																
Hisloss	-0.050***	-0.051***	1.000															
Capital	-0.253***	-0.252***	-0.051***	1.000														
CRev	0.095***	0.086***	0.387***	-0.222***	1.000													
CPrem	0.129***	0.120***	0.263***	-0.218***	0.846***	1.000												
OCRev	-0.061***	-0.064***	0.347***	-0.045***	0.395***	0.043***	1.000											
SRev	-0.048***	-0.056***	0.126***	0.097***	0.013	-0.139***	0.222***	1.000										
Size	-0.390***	-0.354***	-0.146***	0.858***	-0.191***	-0.159***	-0.075***	0.035***	1.000									
State	-0.224***	-0.225***	0.055***	0.282***	-0.078***	-0.092***	0.081***	0.229***	0.352***	1.000								
Duality	0.114***	0.115***	-0.019	-0.157***	0.071***	0.080***	-0.026***	-0.092***	-0.166***	-0.286***	1.000							
Top1	-0.064***	-0.051***	-0.073***	0.170***	-0.105***	-0.088***	-0.030***	0.090***	0.212***	0.240***	-0.059***	1.000						
Board	-0.132***	-0.141***	-0.038***	0.217***	-0.064***	-0.056***	0.002	0.131***	0.247***	0.294***	-0.190***	0.032***	1.000					
IDR	0.005	0.016**	0.002	0.042***	0.030***	0.028***	0.002	-0.044***	0.036***	-0.060***	0.125***	0.060***	-0.504***	1.000				
ROA	0.272***	0.238***	-0.118***	-0.045***	-0.193***	-0.209***	-0.051***	0.123***	-0.103***	-0.138***	0.044***	0.057***	-0.010	-0.015*	1.000			
Growth	-0.067***	-0.056***	0.037***	-0.014*	0.079***	0.096***	-0.005	-0.123***	0.034***	-0.076***	0.031***	-0.018*	-0.021***	0.012	0.108***	1.000		
FCF	0.109***	0.061***	-0.064***	0.026***	-0.117***	-0.132***	-0.033***	0.105***	0.004	-0.030***	0.009	0.065***	0.015*	-0.008	0.478***	0.057***	1.000	
Salary	-0.123***	-0.089***	-0.158***	0.399***	-0.178***	-0.157***	-0.102***	0.018***	0.470***	0.056***	0.005	-0.003	0.085***	0.020***	0.174***	0.008	0.122***	1.000

注：***、**、* 分别表示在 1%、5%、10% 的统计水平上显著。

资料来源：CSMAR 数据。

5.3 实证结果分析

5.3.1 基本结果

5.3.1.1 历史亏损对债权人利益保护影响的实证结果

本章利用模型（5-1）验证假设5-1，检验结果如表5-6第（1）、（2）、（4）、（5）列所示。可以看出，不管是否增加控制变量，有历史亏损的企业债权人利益保护（Creditor1，Creditor2）更低，证明了假设5-1，即历史亏损公司由于无法分配股利，不能进行股权再融资，会更加依赖杠杆融资，加大企业偿债风险。一旦资金链中断会引致企业破产，损害债权人利益。在控制了行业、年度、地区固定效应后，该结论依旧成立，如表5-6第（3）、（6）列所示。

表5-6　　　　　　　　历史亏损公司与债权人保护

变量	（1）	（2）	（3）	（4）	（5）	（6）
	Creditor1	Creditor1	Creditor1	Creditor2	Creditor2	Creditor2
Hisloss	-0.688 *** (-4.53)	-0.930 *** (-6.06)	-0.781 *** (-5.03)	-0.570 *** (-4.18)	-0.714 *** (-5.39)	-0.580 *** (-4.26)
Size		-0.725 *** (-16.84)	-0.688 *** (-15.79)		-0.544 *** (-16.14)	-0.506 *** (-15.12)
State		-0.344 *** (-4.29)	-0.257 *** (-3.16)		-0.345 *** (-5.36)	-0.221 *** (-3.43)
Duality		0.169 * (1.72)	0.096 (1.04)		0.138 * (1.75)	0.089 (1.20)
Top1		0.088 (0.31)	0.129 (0.46)		0.328 (1.42)	0.377 * (1.68)
Board		-0.369 (-1.55)	-0.334 (-1.35)		-0.430 ** (-2.26)	-0.325 * (-1.66)
IDR		0.060 (0.08)	-0.382 (-0.51)		0.097 (0.16)	-0.431 (-0.74)
ROA		16.075 *** (12.23)	15.467 *** (12.46)		11.730 *** (11.17)	11.869 *** (12.29)
Growth		-0.571 *** (-10.67)	-0.562 *** (-10.32)		-0.383 *** (-9.05)	-0.407 *** (-9.60)

续表

变量	(1)	(2)	(3)	(4)	(5)	(6)
	Creditor1	Creditor1	Creditor1	Creditor2	Creditor2	Creditor2
FCF		0.020 (0.06)	-0.040 (-0.12)		-1.229 *** (-5.26)	-0.841 *** (-3.59)
Salary		-0.033 (-0.51)	-0.177 ** (-2.51)		0.082 (1.56)	-0.070 (-1.26)
截距项	3.370 *** (66.17)	20.172 *** (19.09)	19.930 *** (17.87)	2.363 *** (60.55)	13.723 *** (16.04)	13.895 *** (15.78)
是否控制年度固定效应	N	N	Y	N	N	Y
是否控制行业固定效应	N	N	Y	N	N	Y
是否控制地区固定效应	N	N	Y	N	N	Y
观测值	15702	15702	15702	15702	15702	15702
F	20.48	86.96	20.22	17.47	73.51	18.84
R^2	0.00248	0.224	0.274	0.00265	0.188	0.241
$A-R^2$	0.00242	0.223	0.271	0.00258	0.187	0.237

注：***、**、*分别表示在1%、5%、10%的水平上显著，括号内为异方差稳健的 t 值。
资料来源：CSMAR 数据库。

5.3.1.2　不同所有者权益结构下历史亏损对债权人利益保护影响的实证结果

为了检验假设 5-2、假设 5-3、假设 5-4，本章对模型（5-2）、模型（5-3）进行检验，检验结果如表 5-7 第（1）~（4）列所示。

表 5-7　　　　　　　　历史亏损公司、所有者权益与债权人保护

变量	(1)	(2)	(3)	(4)
	Creditor1	Creditor2	Creditor1	Creditor2
Hisloss	-5.835 * (-1.93)	-5.155 ** (-2.03)	-6.209 ** (-2.04)	-5.117 ** (-2.02)
Capital	1.043 *** (14.22)	0.617 *** (11.12)	0.965 *** (13.41)	0.566 *** (10.39)
Capital × Hisloss	0.340 ** (2.32)	0.280 ** (2.29)	0.337 ** (2.27)	0.260 ** (2.13)
CRev	4.202 *** (16.75)	2.778 *** (13.29)		

续表

变量	（1）	（2）	（3）	（4）
	Creditor1	Creditor2	Creditor1	Creditor2
CRev × Hisloss	−4.188 *** （−13.52）	−2.696 *** （−7.99）		
CPrem			3.490 *** （15.46）	2.335 *** （12.56）
CPrem × Hisloss			−3.069 *** （−9.53）	−1.822 *** （−4.38）
OCRev			0.918 （1.55）	−0.091 （−0.22）
OCRev × Hisloss			−1.606 ** （−2.28）	−0.560 （−0.97）
SRev	3.639 *** （3.93）	1.959 *** （2.94）	2.763 *** （3.00）	1.425 ** （2.16）
SRev × Hisloss	−9.850 *** （−5.24）	−5.070 ** （−2.14）	−9.054 *** （−5.16）	−4.522 ** （−2.07）
Size	−1.372 *** （−18.54）	−0.907 *** （−16.26）	−1.338 *** （−18.33）	−0.885 *** （−16.06）
State	−0.090 （−1.15）	−0.110 * （−1.76）	−0.097 （−1.23）	−0.109 * （−1.73）
Duality	0.086 （0.95）	0.076 （1.04）	0.093 （1.03）	0.080 （1.09）
Top1	0.243 （0.91）	0.457 ** （2.07）	0.182 （0.69）	0.407 * （1.86）
Board	−0.581 ** （−2.46）	−0.478 ** （−2.51）	−0.540 ** （−2.30）	−0.452 ** （−2.39）
IDR	−1.138 （−1.55）	−0.915 （−1.58）	−1.036 （−1.41）	−0.840 （−1.46）
ROA	18.596 *** （15.50）	14.105 *** （14.97）	18.014 *** （15.04）	13.744 *** （14.65）
Growth	−0.625 *** （−10.64）	−0.464 *** （−9.90）	−0.611 *** （−10.49）	−0.457 *** （−9.86）
FCF	0.183 （0.55）	−0.685 *** （−2.85）	0.194 （0.59）	−0.679 *** （−2.83）
Salary	−0.110 （−1.57）	−0.026 （−0.47）	−0.129 * （−1.86）	−0.041 （−0.74）
截距项	12.072 *** （10.80）	9.069 *** （9.81）	13.384 *** （12.14）	9.957 *** （10.97）
是否控制年度固定效应	Y	Y	Y	Y

变量	(1)	(2)	(3)	(4)
	*Creditor*1	*Creditor*2	*Creditor*1	*Creditor*2
是否控制行业固定效应	Y	Y	Y	Y
是否控制地区固定效应	Y	Y	Y	Y
观测值	15702	15702	15702	15702
F	21.51	19.81	20.94	19.36
R^2	0.339	0.282	0.332	0.279
$A-R^2$	0.336	0.279	0.329	0.276

注: *** 、 ** 、 * 分别表示在 1% 、5% 、10% 的水平上显著,括号内为异方差稳健的 *t* 值。
资料来源: CSMAR 数据库。

股本与历史亏损交乘项（*Capital* × *Hisloss*）的估计系数均在 5% 统计水平上显著为正,表明企业股本越多,历史亏损对债权人利益保护的负向影响越小,证明了假设 5 – 2,即股本作为信号工具和担保工具,对债权人利益起到保护作用。

资本公积与历史亏损交乘项（*CRev* × *Hisloss*）的估计系数均在 1% 统计水平上显著为负,表明企业资本公积越大,历史亏损对债权人利益保护的负向影响就越大,实证结果揭示了资本公积闲置的危害,证明了假设 5 – 3。进一步分类发现,资本溢价与历史亏损交乘项（*CPrem* × *Hisloss*）的估计系数均在 1% 统计水平上显著为负,表明资本溢价越大,历史亏损对债权人利益保护的负向影响越大。对债权人短期保护而言,其他资本公积与历史亏损交乘项（*OCRev* × *Hisloss*）的估计系数为 – 0.56 但不显著。实证结果验证了假设 5 – 3a、假设 5 – 3b,挖掘资本公积（特别是资本溢价）的利用途径对历史亏损公司而言具有重要的意义。

盈余公积与历史亏损交乘项（*SRev* × *Hisloss*）的估计系数均显著为负,表明企业盈余公积越大,历史亏损对债权人利益保护的负向影响就越大。该结果同样验证了假设 5 – 4。

5.3.1.3　资本公积转增股本对债权人利益保护影响的实证结果

为了检验假设 5 – 5,本章对模型（5 – 4）、模型（5 – 5）进行回归,其中被解释变量为资本公积转增股本后债权人利益保护的变化,检验结果如表 5 – 8 第（1）~（4）列所示。

表 5 - 8　　　　　　　历史亏损公司资本公积转增股本与债权人保护

变量	(1)	(2)	(3)	(4)
	$\Delta Creditor1$		$\Delta Creditor2$	
Hisloss	0.450 *** (5.82)	0.461 *** (6.00)	0.474 *** (8.06)	0.486 *** (8.19)
ConversionDum	-0.051 (-1.34)		-0.050 (-1.46)	
ConversionDum × Hisloss	0.386 * (1.92)		0.115 (0.57)	
Conversion		-0.243 (-1.29)		-0.185 (-1.07)
Conversion × Hisloss		1.315 (1.47)		-0.028 (-0.02)
Capital	-0.042 * (-1.71)	-0.039 (-1.60)	-0.048 ** (-2.22)	-0.047 ** (-2.20)
CRev	-0.376 *** (-5.88)	-0.384 *** (-5.96)	-0.439 *** (-6.38)	-0.445 *** (-6.43)
SRev	0.573 ** (2.35)	0.584 ** (2.38)	0.622 *** (2.74)	0.637 *** (2.79)
Size	0.085 *** (4.23)	0.083 *** (4.11)	0.084 *** (4.70)	0.084 *** (4.70)
State	0.092 *** (4.20)	0.091 *** (4.17)	0.086 *** (4.14)	0.086 *** (4.16)
Duality	-0.039 (-1.09)	-0.038 (-1.09)	-0.028 (-0.93)	-0.028 (-0.94)
Top1	-0.357 *** (-4.45)	-0.355 *** (-4.43)	-0.284 *** (-4.01)	-0.283 *** (-4.00)
Board	0.042 (0.74)	0.041 (0.73)	0.055 (1.13)	0.054 (1.12)
IDR	-0.394 * (-1.86)	-0.389 * (-1.83)	-0.164 (-0.88)	-0.160 (-0.86)
ROA	2.542 *** (5.26)	2.521 *** (5.23)	2.557 *** (6.37)	2.531 *** (6.32)
Growth	-0.481 *** (-8.84)	-0.479 *** (-8.81)	-0.376 *** (-8.23)	-0.375 *** (-8.21)
FCF	-0.204 (-1.00)	-0.204 (-1.00)	-0.638 *** (-3.62)	-0.637 *** (-3.61)
Salary	-0.048 ** (-2.34)	-0.048 ** (-2.34)	-0.046 *** (-2.68)	-0.046 *** (-2.68)
截距项	-0.099 (-0.29)	-0.107 (-0.31)	-0.076 (-0.26)	-0.081 (-0.28)

续表

变量	（1）	（2）	（3）	（4）
	$\Delta Creditor1$		$\Delta Creditor2$	
是否控制年度固定效应	Y	Y	Y	Y
是否控制行业固定效应	Y	Y	Y	Y
是否控制地区固定效应	Y	Y	Y	Y
观测值	11630	11630	11630	11630
F	5.411	5.338	5.411	6.237
R^2	0.0455	0.0455	0.0455	0.0495
$A-R^2$	0.0397	0.0396	0.0397	0.0436

注：***、**、*分别表示在1%、5%、10%的统计水平上显著，括号内为异方差稳健的 t 值。
资料来源：CSMAR 数据库。

对长期债权人保护（$\Delta Creditor1$）而言，$ConversionDum \times Hisloss$ 的估计系数为 0.386，且在 10% 统计水平上显著，资本公积转增比率与历史亏损交乘项（$Conversion \times Hisloss$）的估计系数为 1.315 但不显著。对短期债权人保护（$\Delta Creditor2$）而言，资本公积转增事件发生与历史亏损交乘项（$ConversionDum \times Hisloss$）和资本公积转增比率与历史亏损交乘项（$Conversion \times Hisloss$）的估计系数均不显著，验证了假设 5-5，即资本公积转增股本对历史亏损公司债权人利益保护没有显著增量效应。该现象说明资本公积转增事件发生在长期内可能会因企业发行在外的普通股股票数量增加而降低股票价格，增加股票交易活跃程度，从而提高了债权人利益保护程度；但从短期看，资本市场上的投资者对资本公积转增股本的具体比例大小并不给予特别关注，这也从另一个角度证明了资本公积转增股本对历史亏损公司债权人保护而言不具有显著增量效应。

5.3.2　内生性检验

（1）PSM 检验。本章采用 PSM1∶1 配对方法为所有历史亏损公司寻找相应的配对样本，为了使配对更有效，本章参考连玉君等（2011）的做法，在所有控制变量中筛选符合匹配条件的变量，筛选方法是将待选变量对历史亏损虚拟变量进行逻辑回归，保留显著性为 10% 的变量作为匹配变量用于 PSM 配对，经过配对后样本 659 对，共计 1318 个。经验证，配对结果满足共同支撑假设和平衡假设。

表 5-9 第（1）~（6）列检验结果显示：$Hisloss$ 估计系数均显著为负，说明有历史亏损的企业债权人利益保护更低，验证了假设 5-1；$Capital \times$

Hisloss 的估计系数均在 1% 统计水平上显著为正,表明企业股本越多,历史亏损对债权人利益保护的负向影响越小,验证了假设 5 - 2;*CRev × Hisloss* 的估计系数均显著为负,说明企业资本公积越大,历史亏损对债权人利益保护的负向影响就越大,验证了假设 5 - 3;*SRev × Hisloss* 的估计系数均显著为负,说明企业盈余公积越大,历史亏损对债权人利益保护的负向影响就越大,验证了假设 5 - 4。

表 5 - 9　　　　　PSM1∶1 配对:假设 5 - 1 ~ 假设 5 - 4 检验结果

变量	(1)	(2)	(3)	(4)	(5)	(6)
	*Creditor*1	*Creditor*2	*Creditor*1	*Creditor*2	*Creditor*1	*Creditor*2
Hisloss	- 0. 978 *** (- 5. 08)	- 0. 704 *** (- 4. 47)	- 9. 707 *** (- 2. 62)	- 7. 555 ** (- 2. 48)	- 10. 354 *** (- 2. 81)	- 7. 727 ** (- 2. 58)
Capital			1. 004 *** (5. 32)	0. 551 *** (3. 49)	0. 965 *** (5. 15)	0. 534 *** (3. 35)
Capital × Hisloss			0. 510 *** (2. 83)	0. 384 *** (2. 59)	0. 529 *** (2. 92)	0. 383 *** (2. 60)
CRev			2. 800 *** (3. 23)	1. 939 *** (2. 61)		
CRev × Hisloss			- 2. 843 *** (- 3. 22)	- 1. 872 ** (- 2. 44)		
CPrem					2. 347 *** (3. 21)	1. 701 *** (2. 73)
CPrem × Hisloss					- 2. 022 *** (- 2. 61)	- 1. 266 * (- 1. 84)
OCRev					2. 850 (1. 59)	2. 219 * (1. 76)
OCRev × Hisloss					- 3. 248 * (- 1. 79)	- 2. 522 * (- 1. 94)
SRev			6. 248 * (1. 75)	3. 339 (1. 40)	5. 567 (1. 60)	2. 966 (1. 27)
SRev × Hisloss			- 12. 441 *** (- 3. 13)	- 6. 471 ** (- 2. 03)	- 12. 296 *** (- 3. 17)	- 6. 441 ** (- 2. 08)
Size	- 0. 603 *** (- 6. 53)	- 0. 465 *** (- 4. 80)	- 1. 467 *** (- 9. 97)	- 0. 964 *** (- 7. 01)	- 1. 454 *** (- 9. 81)	- 0. 960 *** (- 6. 91)
State	- 0. 518 ** (- 2. 51)	- 0. 625 *** (- 3. 59)	- 0. 309 (- 1. 58)	- 0. 502 *** (- 2. 92)	- 0. 319 (- 1. 63)	- 0. 510 *** (- 3. 00)
Duality	- 0. 096 (- 0. 36)	- 0. 110 (- 0. 47)	- 0. 036 (- 0. 14)	- 0. 084 (- 0. 36)	- 0. 030 (- 0. 12)	- 0. 083 (- 0. 36)
*Top*1	- 0. 070 (- 0. 10)	0. 675 (1. 18)	- 0. 064 (- 0. 09)	0. 748 (1. 29)	0. 017 (0. 02)	0. 813 (1. 39)

续表

变量	（1）	（2）	（3）	（4）	（5）	（6）
	Creditor1	Creditor2	Creditor1	Creditor2	Creditor1	Creditor2
Board	−1.106 * （−1.81）	−1.017 ** （−2.16）	−1.148 ** （−1.98）	−1.032 ** （−2.32）	−1.174 ** （−2.06）	−1.049 ** （−2.42）
IDR	−1.159 （−0.63）	−2.007 （−1.46）	−1.027 （−0.58）	−2.003 （−1.50）	−1.117 （−0.64）	−2.054 （−1.53）
ROA	6.439 ** （2.10）	4.278 * （1.76）	6.128 * （1.96）	4.159 （1.64）	6.244 ** （1.99）	4.386 * （1.71）
Growth	−0.165 * （−1.93）	−0.095 （−1.51）	−0.108 （−1.30）	−0.068 （−0.95）	−0.118 （−1.41）	−0.080 （−1.10）
FCF	−0.314 （−0.44）	−1.692 ** （−2.16）	0.047 （0.07）	−1.452 * （−1.76）	0.195 （0.27）	−1.281 （−1.55）
Salary	−0.201 （−1.17）	−0.085 （−0.64）	−0.317 * （−1.92）	−0.148 （−1.09）	−0.361 ** （−2.17）	−0.188 （−1.36）
截距项	21.488 *** （7.28）	16.235 *** （6.78）	20.115 *** （6.02）	15.878 *** （5.94）	21.457 *** （6.53）	16.774 *** （6.38）
是否控制 年度固定效应	Y	Y	Y	Y	Y	Y
是否控制 行业固定效应	Y	Y	Y	Y	Y	Y
是否控制 地区固定效应	Y	Y	Y	Y	Y	Y
观测值	1318	1318	1318	1318	1318	1318
F	8.416	5.045	21.23	5.594	45.01	5.420
R^2	0.222	0.227	0.291	0.262	0.294	0.268
$A-R^2$	0.183	0.189	0.253	0.222	0.254	0.227

注：***、**、*分别表示在1%、5%、10%的水平上显著，括号内为异方差稳健的 t 值。
资料来源：CSMAR 数据库。

　　表5-10 检验结果显示：$ConversionDum \times Hisloss$ 和 $Conversion \times Hisloss$ 的估计系数均不显著，验证了假设5-5，即资本公积转增股本对历史亏损公司债权人利益保护没有显著增量效应。

表5-10　　　　　　　　PSM1:1 配对：假设5-5 检验结果

变量	（1）	（2）	（3）	（4）
	$\Delta Creditor1$		$\Delta Creditor2$	
Hisloss	0.301 （1.62）	0.314 * （1.67）	0.362 * （1.96）	0.379 ** （2.05）
ConversionDum	−0.377 （−1.01）		−0.144 （−0.48）	

变量	(1)	(2)	(3)	(4)
	$\Delta Creditor1$		$\Delta Creditor2$	
$ConversionDum \times Hisloss$	0.517 (1.28)		0.212 (0.57)	
$Conversion$		-1.675 (-1.10)		-0.035 (-0.02)
$Conversion \times Hisloss$		2.675 (1.52)		0.136 (0.06)
$Capital$	0.032 (0.22)	0.029 (0.20)	-0.200 (-1.22)	-0.200 (-1.22)
$CRev$	-0.101 (-1.35)	-0.102 (-1.36)	-0.169 (-1.34)	-0.171 (-1.35)
$SRev$	0.737 (0.91)	0.755 (0.93)	0.696 (0.84)	0.700 (0.84)
$Size$	0.036 (0.37)	0.040 (0.41)	0.217 (1.48)	0.216 (1.49)
$State$	-0.072 (-0.54)	-0.071 (-0.53)	-0.060 (-0.48)	-0.060 (-0.47)
$Duality$	-0.171 (-0.89)	-0.165 (-0.86)	0.018 (0.11)	0.016 (0.09)
$Top1$	0.421 (1.10)	0.432 (1.12)	0.430 (0.88)	0.425 (0.86)
$Board$	0.466 (1.20)	0.462 (1.20)	0.263 (0.90)	0.251 (0.86)
IDR	1.273 (0.95)	1.294 (0.97)	1.273 (1.04)	1.243 (1.01)
ROA	7.083** (2.11)	7.085** (2.11)	9.093** (1.99)	9.078** (1.99)
$Growth$	-0.298* (-1.86)	-0.305* (-1.91)	-0.300* (-1.87)	-0.298* (-1.85)
FCF	0.215 (0.30)	0.241 (0.33)	-0.876 (-0.98)	-0.870 (-0.97)
$Salary$	-0.051 (-0.45)	-0.052 (-0.46)	-0.125 (-0.92)	-0.123 (-0.90)
截距项	-2.351 (-1.45)	-2.362 (-1.46)	-0.353 (-0.22)	0.348 (-0.22)
是否控制年度固定效应	Y	Y	Y	Y
是否控制行业固定效应	Y	Y	Y	Y

续表

变量	(1)	(2)	(3)	(4)
	$\Delta Creditor1$		$\Delta Creditor2$	
是否控制地区固定效应	Y	Y	Y	Y
观测值	471	471	471	471
F	1.74	1.75	1.49	1.48
R^2	0.215	0.215	0.190	0.190
$A-R^2$	0.0916	0.0913	0.0622	0.0619

注：***、**、* 分别表示在 1%、5%、10% 的水平上显著，括号内为异方差稳健的 t 值。
资料来源：CSMAR 数据库。

　　为了防止样本损失过多对结果的损害，本章还做了最近邻 1∶2 无放回配对，样本总计 659 + 1318 = 1977，回归结果如表 5 - 11、表 5 - 12 所示，检验结果基本与最近邻 1∶1 配对一致，不再赘述。

表 5 - 11　　　　PSM1∶2 配对：假设 5 - 1 ~ 假设 5 - 4 检验结果

变量	(1)	(2)	(3)	(4)	(5)	(6)
	Creditor1	Creditor2	Creditor1	Creditor2	Creditor1	Creditor2
Hisloss	-0.927 *** (-5.55)	-0.636 *** (-4.61)	-8.774 ** (-2.51)	-6.274 ** (-2.24)	-9.202 *** (-2.64)	-6.191 ** (-2.25)
Capital			1.179 *** (6.82)	0.748 *** (5.39)	1.126 *** (6.59)	0.727 *** (5.26)
$Capital \times Hisloss$			0.469 *** (2.76)	0.323 ** (2.39)	0.473 *** (2.77)	0.307 ** (2.30)
CRev			3.460 *** (4.93)	2.353 *** (3.87)		
$CRev \times Hisloss$			-3.497 *** (-4.85)	-2.296 *** (-3.50)		
CPrem					2.798 *** (4.49)	2.040 *** (3.80)
$CPrem \times Hisloss$					-2.473 *** (-3.74)	-1.611 ** (-2.55)
OCRev					2.040 * (1.79)	1.090 (1.47)
$OCRev \times Hisloss$					-2.588 ** (-2.22)	-1.576 * (-1.91)

续表

变量	(1)	(2)	(3)	(4)	(5)	(6)
	Creditor1	Creditor2	Creditor1	Creditor2	Creditor1	Creditor2
SRev			4.780*	1.750	4.058	1.472
			(1.76)	(1.08)	(1.50)	(0.90)
SRev × Hisloss			−11.171***	−5.121*	−10.689***	−4.949*
			(−3.57)	(−1.93)	(−3.44)	(−1.91)
Size	−0.717***	−0.529***	−1.620***	−1.101***	−1.591***	−1.090***
	(−8.52)	(−6.74)	(−11.01)	(−8.77)	(−10.92)	(−8.64)
State	−0.437**	−0.469***	−0.237	−0.327**	−0.259	−0.339**
	(−2.47)	(−3.38)	(−1.36)	(−2.27)	(−1.46)	(−2.35)
Duality	−0.064	−0.047	−0.013	−0.024	−0.022	−0.038
	(−0.30)	(−0.25)	(−0.06)	(−0.13)	(−0.11)	(−0.21)
Top1	0.829	1.146**	0.741	1.145**	0.849	1.233**
	(1.26)	(2.19)	(1.20)	(2.24)	(1.37)	(2.40)
Board	−1.038	−1.040*	−1.099*	−1.066**	−1.118*	−1.073**
	(−1.58)	(−1.89)	(−1.85)	(−2.14)	(−1.88)	(−2.16)
IDR	−0.371	−0.919	−0.697	−1.140	−0.734	−1.167
	(−0.24)	(−0.77)	(−0.46)	(−0.98)	(−0.49)	(−1.01)
ROA	11.001***	8.292***	11.323***	8.618***	11.078***	8.589***
	(3.60)	(3.43)	(3.56)	(3.40)	(3.51)	(3.42)
Growth	−0.216***	−0.125**	−0.127	−0.078	−0.133	−0.086
	(−2.86)	(−2.20)	(−1.57)	(−1.18)	(−1.64)	(−1.29)
FCF	0.265	−1.139**	0.342	−1.063*	0.427	−0.955
	(0.46)	(−2.01)	(0.57)	(−1.79)	(0.70)	(−1.60)
Salary	−0.118	−0.049	−0.216	−0.103	−0.250*	−0.133
	(−0.82)	(−0.43)	(−1.55)	(−0.88)	(−1.80)	(−1.13)
截距项	21.595***	16.143***	17.595***	13.476***	18.816***	14.193***
	(8.28)	(7.61)	(6.53)	(6.49)	(7.03)	(6.91)
是否控制年度固定效应	Y	Y	Y	Y	Y	Y
是否控制行业固定效应	Y	Y	Y	Y	Y	Y
是否控制地区固定效应	Y	Y	Y	Y	Y	Y
观测值	1977	1977	1977	1977	1977	1977
F	12.12	6.763	9.667	7.223	10.11	6.975
R^2	0.228	0.220	0.300	0.264	0.298	0.268
$A-R^2$	0.203	0.195	0.275	0.238	0.272	0.241

注: ***、**、*分别表示在1%、5%、10%的水平上显著,括号内为异方差稳健的 t 值。
资料来源: CSMAR 数据库。

表 5 – 12 　　　　　　　　　PSM1∶2 配对：假设 5 – 5 检验结果

变量	（1）	（2）	（3）	（4）
	$\Delta Creditor1$		$\Delta Creditor2$	
Hisloss	0. 313 * （1. 90）	0. 297 * （1. 80）	0. 350 ** （2. 58）	0. 355 ** （2. 54）
ConversionDum	− 0. 129 （− 0. 56）		− 0. 303 ** （− 2. 08）	
ConversionDum × Hisloss	0. 444 （1. 58）		0. 434 （1. 39）	
Conversion		− 1. 319 （− 1. 02）		− 1. 557 ** （− 2. 19）
Conversion × Hisloss		2. 946 * （1. 86）		1. 848 （1. 01）
Capital	− 0. 105 （− 0. 71）	− 0. 097 （− 0. 66）	− 0. 201 （− 1. 56）	− 0. 190 （− 1. 48）
CRev	− 0. 153 ** （− 2. 14）	− 0. 156 ** （− 2. 15）	− 0. 231 ** （− 2. 02）	− 0. 237 ** （− 2. 05）
SRev	1. 650 ** （2. 40）	1. 669 ** （2. 43）	1. 167 * （1. 86）	1. 187 * （1. 89）
Size	0. 087 （0. 97）	0. 086 （0. 96）	0. 207 * （1. 96）	0. 203 * （1. 92）
State	0. 005 （0. 04）	0. 001 （0. 01）	− 0. 034 （− 0. 33）	− 0. 041 （− 0. 39）
Duality	− 0. 134 （− 0. 80）	− 0. 127 （− 0. 76）	0. 004 （0. 03）	0. 005 （0. 04）
Top1	0. 777 * （1. 79）	0. 806 * （1. 84）	0. 515 （1. 29）	0. 521 （1. 30）
Board	0. 295 （1. 10）	0. 307 （1. 14）	0. 098 （0. 46）	0. 098 （0. 46）
IDR	0. 006 （0. 01）	0. 064 （0. 06）	0. 536 （0. 60）	0. 563 （0. 63）
ROA	6. 957 ** （2. 12）	7. 014 ** （2. 14）	7. 683 ** （2. 14）	7. 672 ** （2. 13）
Growth	− 0. 342 ** （− 2. 41）	− 0. 345 ** （− 2. 45）	− 0. 339 *** （− 2. 73）	− 0. 336 *** （− 2. 71）
FCF	0. 579 （1. 06）	0. 589 （1. 09）	− 0. 445 （− 0. 72）	− 0. 462 （− 0. 75）

续表

变量	（1）	（2）	（3）	（4）
	$\Delta Creditor1$		$\Delta Creditor2$	
Salary	0.036 (0.34)	0.036 (0.34)	−0.040 (−0.39)	−0.037 (−0.36)
截距项	−1.231 (−0.92)	−1.375 (−1.02)	−0.507 (−0.41)	−0.706 (−0.57)
是否控制年度固定效应	Y	Y	Y	Y
是否控制行业固定效应	Y	Y	Y	Y
是否控制地区固定效应	Y	Y	Y	Y
观测值	685	685	685	685
F	1.717	1.738	1.740	1.738
R^2	0.151	0.152	0.152	0.152
$A-R^2$	0.0629	0.0646	0.0648	0.0646

注：***、**、*分别表示在1%、5%、10%的水平上显著，括号内为异方差稳健的 t 值。
资料来源：CSMAR 数据库。

（2）Heckman 两阶段。考虑到历史亏损公司可能存在的样本自选择问题，本章使用 Heckman 两阶段估计法进行处理。使用企业所在行业历史亏损公司比例（Hisloss_ind）作为该企业是否为历史亏损公司（Hisloss）的工具变量。表5-13 报告了假设5-1~假设5-4 的检验结果，第（1）列显示了第一阶段工具变量对解释变量的回归结果，结果显示 Hisloss_ind 系数显著为正，这说明行业历史亏损公司的比例确实会影响本企业变成历史亏损公司的可能性。第（2）~（7）列显示了 Heckman 估计第二阶段的结果可见，第一阶段回归计算出的 IMR 系数均在统计水平上显著，说明之前的分析确实存在内生性问题；在控制了 IMR 之后，第（2）、（3）列历史亏损虚拟变量（Hisloss）的估计系数均显著为负，第（4）~（7）列的 Capital × Hisloss 的估计系数显著为正，CRev × Hisloss 的估计系数均显著为负，SRev × Hisloss 的估计系数总体显著为负，基本和主回归一致，说明在考虑了样本自选择问题之后，假设5-1~假设5-4 依旧成立。表5-14 显示，在控制了 IMR 之后，ConversionDum × Hisloss 和 Conversion × Hisloss 的估计系数基本不显著，同样说明在考虑了样本自选择问题之后，假设5-5 依旧成立。

表 5 - 13　　　　　Heckman 两阶段：假设 5 - 1 ~ 假设 5 - 4 检验结果

变量	(1)	(2)	(3)	(4)	(5)	(6)	(7)
	Hisloss	Creditor1	Creditor2	Creditor1	Creditor2	Creditor1	Creditor2
Hisloss		-1.021 *** (-6.21)	-0.733 *** (-5.59)	-8.448 ** (-2.36)	-6.888 ** (-2.57)	-9.213 ** (-2.55)	-7.385 *** (-2.77)
Hisloss_ind	0.139 *** (4.20)						
Capital				0.993 *** (11.92)	0.584 *** (9.20)	0.894 *** (10.92)	0.516 *** (8.23)
Capital × Hisloss				0.465 *** (2.63)	0.371 *** (2.81)	0.475 *** (2.65)	0.376 *** (2.85)
CRev				4.589 *** (16.23)	3.239 *** (13.49)		
CRev × Hisloss				-4.611 *** (-13.62)	-3.349 *** (-8.57)		
CPrem						3.655 *** (14.58)	2.612 *** (12.42)
CPrem × Hisloss						-3.136 *** (-8.45)	-2.299 *** (-4.73)
OCRev						1.088 * (1.77)	0.138 (0.31)
OCRev × Hisloss						-1.702 ** (-2.44)	-0.847 (-1.45)
SRev				3.373 *** (3.86)	1.745 *** (2.70)	2.323 *** (2.66)	1.058 (1.63)
SRev × Hisloss				-8.189 *** (-4.31)	-3.375 (-1.20)	-7.379 *** (-4.25)	-2.835 (-1.10)
Size	-0.496 *** (-7.71)	-1.033 *** (-5.23)	-0.742 *** (-4.73)	-1.818 *** (-9.19)	-1.226 *** (-7.85)	-1.770 *** (-9.03)	-1.196 *** (-7.64)
State	0.456 *** (3.98)	-0.029 (-0.15)	-0.088 (-0.58)	0.279 (1.47)	0.139 (0.96)	0.261 (1.38)	0.137 (0.94)
Duality	-0.182 ** (-2.07)	0.018 (0.13)	0.025 (0.23)	-0.091 (-0.67)	-0.066 (-0.60)	-0.064 (-0.47)	-0.048 (-0.43)
Top1	-1.343 *** (-4.06)	-0.845 (-1.37)	-0.382 (-0.82)	-1.213 ** (-2.07)	-0.666 (-1.49)	-1.249 ** (-2.14)	-0.712 (-1.60)
Board	-0.488 * (-1.90)	-0.685 ** (-2.00)	-0.599 ** (-2.33)	-1.111 *** (-3.41)	-0.893 *** (-3.59)	-1.041 *** (-3.22)	-0.846 *** (-3.44)
IDR	-0.032 (-0.04)	-0.234 (-0.29)	-0.497 (-0.79)	-1.316 * (-1.68)	-1.199 * (-1.95)	-1.150 (-1.47)	-1.077 * (-1.76)

续表

变量	(1)	(2)	(3)	(4)	(5)	(6)	(7)
	Hisloss	*Creditor*1	*Creditor*2	*Creditor*1	*Creditor*2	*Creditor*1	*Creditor*2
ROA	-10.441***	6.707	5.006	7.432*	5.601*	6.712	5.047
	(-6.21)	(1.47)	(1.45)	(1.67)	(1.68)	(1.51)	(1.51)
Growth	0.322***	-0.186	-0.120	-0.184	-0.134	-0.172	-0.125
	(6.18)	(-1.42)	(-1.20)	(-1.44)	(-1.36)	(-1.36)	(-1.27)
FCF	-0.880**	-0.627	-1.256***	-0.718	-1.317***	-0.694	-1.317***
	(-2.26)	(-1.38)	(-3.47)	(-1.59)	(-3.76)	(-1.55)	(-3.74)
Salary	-0.147**	-0.271***	-0.121	-0.240**	-0.101	-0.266***	-0.123*
	(-2.03)	(-2.76)	(-1.63)	(-2.50)	(-1.37)	(-2.78)	(-1.67)
IMR		0.856**	0.619*	1.186***	0.875***	1.173***	0.874***
		(2.00)	(1.88)	(2.83)	(2.75)	(2.81)	(2.73)
截距项	13.082***	28.503***	19.780***	24.344***	17.646***	25.887***	18.834***
	(7.59)	(5.64)	(5.10)	(4.90)	(4.66)	(5.21)	(4.95)
是否控制年度固定效应	Y	Y	Y	Y	Y	Y	Y
是否控制行业固定效应	Y	Y	Y	Y	Y	Y	Y
是否控制地区固定效应	Y	Y	Y	Y	Y	Y	Y
观测值	15381	15381	15381	15381	15381	15381	15381
F	350.3	17.40	16.15	18.97	16.43	18.32	15.98
R^2/Pseudo R^2	0.264	0.273	0.237	0.346	0.290	0.335	0.284
$A-R^2$		0.269	0.233	0.342	0.286	0.331	0.279

注：***、**、*分别表示在1%、5%、10%的水平上显著，括号内为异方差稳健的 t 值。
资料来源：CSMAR 数据库。

表5-14　　　　　Heckman 两阶段：假设5-5检验结果

变量	(1)	(2)	(3)	(4)
	ΔCreditor1		ΔCreditor2	
Hisloss	0.428***	0.438***	0.449***	0.460***
	(5.51)	(5.67)	(7.60)	(7.69)
ConversionDum	-0.049		-0.052	
	(-1.29)		(-1.51)	
ConversionDum × Hisloss	0.395**		0.128	
	(2.05)		(0.65)	

续表

变量	（1）	（2）	（3）	（4）
	$\Delta Creditor1$		$\Delta Creditor2$	
Conversion		− 0. 232 （ − 1. 22）		− 0. 201 （ − 1. 16）
Conversion × Hisloss		1. 413 （1. 63）		0. 095 （0. 08）
Capital	− 0. 047 * （ − 1. 93）	− 0. 044 * （ − 1. 83）	− 0. 052 ** （ − 2. 43）	− 0. 050 ** （ − 2. 40）
CRev	− 0. 366 *** （ − 5. 78）	− 0. 373 *** （ − 5. 86）	− 0. 425 *** （ − 6. 23）	− 0. 432 *** （ − 6. 28）
SRev	0. 530 ** （2. 19）	0. 541 ** （2. 23）	0. 571 ** （2. 57）	0. 585 *** （2. 61）
Size	− 0. 114 （ − 1. 04）	− 0. 117 （ − 1. 06）	− 0. 108 （ − 0. 93）	− 0. 109 （ − 0. 93）
State	0. 319 ** （2. 56）	0. 319 ** （2. 57）	0. 302 ** （2. 26）	0. 302 ** （2. 27）
Duality	− 0. 114 ** （ − 2. 34）	− 0. 114 ** （ − 2. 35）	− 0. 100 ** （ − 2. 14）	− 0. 100 ** （ − 2. 14）
Top1	− 1. 010 *** （ − 2. 80）	− 1. 010 *** （ − 2. 80）	− 0. 908 ** （ − 2. 40）	− 0. 906 ** （ − 2. 39）
Board	− 0. 177 （ − 1. 47）	− 0. 177 （ − 1. 47）	− 0. 143 （ − 1. 19）	− 0. 143 （ − 1. 19）
IDR	− 0. 410 * （ − 1. 92）	− 0. 405 * （ − 1. 90）	− 0. 169 （ − 0. 91）	− 0. 165 （ − 0. 89）
ROA	− 2. 737 （ − 0. 94）	− 2. 765 （ − 0. 95）	− 2. 480 （ − 0. 82）	− 2. 495 （ − 0. 82）
Growth	− 0. 339 *** （ − 3. 53）	− 0. 337 *** （ − 3. 50）	− 0. 242 ** （ − 2. 58）	− 0. 241 ** （ − 2. 56）
FCF	− 0. 402 （ − 1. 64）	− 0. 402 （ − 1. 64）	− 0. 841 *** （ − 3. 74）	− 0. 840 *** （ − 3. 73）
Salary	− 0. 135 *** （ − 2. 65）	− 0. 136 *** （ − 2. 65）	− 0. 130 ** （ − 2. 44）	− 0. 130 ** （ − 2. 44）
IMR	0. 538 * （1. 88）	0. 539 * （1. 88）	0. 514 * （1. 69）	0. 513 * （1. 69）
截距项	5. 313 * （1. 85）	5. 315 * （1. 85）	5. 091 * （1. 66）	5. 076 * （1. 66）
是否控制年度固定效应	Y	Y	Y	Y
是否控制行业固定效应	Y	Y	Y	Y

变量	(1)	(2)	(3)	(4)
	$\Delta Creditor1$		$\Delta Creditor2$	
是否控制地区固定效应	Y	Y	Y	Y
观测值	11412	11412	11412	11412
F	5.271	5.200	5.909	5.833
R^2	0.046	0.046	0.0500	0.050
$A-R^2$	0.041	0.040	0.0444	0.044

注：***、**、* 分别表示在 1%、5%、10% 的水平上显著，括号内为异方差稳健的 t 值。
资料来源：CSMAR 数据库。

5.3.3　稳健性检验

为确保研究结论的稳健性，本章还进行了如下稳健性检验：（1）考虑到单一指标可能存在的衡量误差，本章对债权人保护进行重新度量，其中债权人长期保护用"净资产/总负债"（$Creditor3$）进行度量，债权人短期保护用"速动资产/流动负债"（$Creditor4$）进行衡量，结果如表 5-15 的前 6 列，以及表 5-16 的前 4 列所示。（2）考虑到回归模型对结果的影响，利用面板模型对研究假设进行检验。由于历史亏损变量以及股本、资本公积、盈余公积等变量随着年份变化不大，不适宜采用固定面板模型，故本章采用随机面板模型进行检验。鉴于本章配对样本量较少，若直接加入行业虚拟变量会造成模型偏误，本章参考盛明泉等（2012）做法，将"行业债权人保护均值"作为行业的控制变量，模型验证结果如表 5-15 的第（7）~（12）列，以及表 5-16 的第（5）~（8）列所示。（3）考虑到样本量少可能对研究结果产生影响，故对非历史亏损样本修改，进一步扩大研究样本量。由于历史亏损公司的基本特征是分红约束，而基本模型分析将 $Hisloss$ 定义为，当企业为历史亏损公司（不分红）时，$Hisloss=1$；当企业为非历史亏损公司（分红）时，$Hisloss=0$。稳健性检验将重新定义 $Hisloss$ 的 0-1 取值，设历史亏损公司（不分红）为 1，非历史亏损公司（分红+不分红）为 0。模型结果如表 5-15 的第（13）~（18）列，以及表 5-16 的第（9）~（12）列所示。

表 5-15 报告了假设 5-1~假设 5-4 的回归结果：历史亏损虚拟变量（$Hisloss$）的估计系数显著为负；股本与历史亏损交乘项（$Capital \times Hisloss$）

表 5 - 15　稳健性检验：假设 5 - 1 ~ 假设 5 - 4 检验结果

变量	债权人保护的重新度量								随机面板模型的检验						改变样本			
	(1)	(2)	(3)	(4)	(5)	(6)	(7)	(8)	(9)	(10)	(11)	(12)	(13)	(14)	(15)	(16)	(17)	(18)
	Creditor3	Creditor4	Creditor3	Creditor4	Creditor3	Creditor4	Creditor1	Creditor2	Creditor1	Creditor2	Creditor1	Creditor2	Creditor1	Creditor2	Creditor1	Creditor2	Creditor1	Creditor2
Hisloss	-0.783*** (-5.05)	-0.430*** (-4.66)	-5.820* (-1.93)	-4.775*** (-2.69)	-6.202** (-2.04)	-4.906*** (-2.81)	-0.662*** (-4.38)	-0.612*** (-5.11)	-5.338* (-1.78)	-5.252** (-2.22)	-6.200** (-2.05)	-5.646** (-2.46)	-0.768*** (-5.05)	-0.555*** (-4.18)	-5.254* (-1.77)	-4.675* (-1.88)	-5.647* (-1.89)	-4.652* (-1.88)
Capital			1.049*** (14.36)	0.457*** (10.85)	0.970*** (13.54)	0.414*** (10.02)			0.761*** (11.22)	0.356*** (6.61)	0.627*** (9.27)	0.274*** (5.11)			1.106*** (15.99)	0.641*** (12.45)	1.025*** (15.01)	0.589*** (11.64)
Capital × Hisloss			0.340*** (2.31)	0.257*** (3.00)	0.337** (2.27)	0.251*** (2.97)			0.316*** (2.17)	0.279*** (2.44)	0.323** (2.20)	0.273** (2.46)			0.311** (2.15)	0.256** (2.14)	0.309** (2.11)	0.237** (1.98)
CRev			4.207*** (16.79)	2.189*** (13.68)					4.082*** (18.63)	2.734*** (14.78)					4.153*** (18.16)	2.721*** (14.30)		
CRev × Hisloss			-4.193*** (-13.55)	-2.181*** (-8.78)					-3.998*** (-14.64)	-2.551*** (-8.85)					-4.147*** (-14.24)	-2.642*** (-8.15)		
CPrem					3.487*** (15.45)	1.809*** (12.56)					3.027*** (15.82)	2.090*** (13.13)					3.445*** (16.63)	2.282*** (13.50)
CPrem × Hisloss					-3.066*** (-9.52)	-1.539*** (-5.47)					-2.498*** (-9.08)	-1.501*** (-4.31)					-3.033*** (-9.85)	-1.775*** (-4.36)
OCRev					0.931 (1.57)	-0.061 (-0.19)					-0.259 (-0.51)	-0.713* (-1.68)					0.746 (1.43)	-0.224 (-0.60)
OCRev × Hisloss					-1.621** (-2.30)	-0.436 (-0.98)					-0.449 (-0.79)	0.208 (0.44)					-1.431** (-2.25)	-0.424 (-0.79)
SRev			3.642*** (3.93)	1.360*** (2.60)	2.754*** (3.00)	0.897* (1.72)			-0.567 (-0.63)	-1.436** (-2.04)	-2.533** (-2.75)	-2.600*** (-3.59)			4.087*** (4.59)	2.309*** (3.61)	3.203*** (3.63)	1.769*** (2.79)
SRev × Hisloss			-9.863*** (-5.24)	-3.169* (-1.73)	-9.056*** (-5.16)	-2.694 (-1.60)			-5.929*** (-3.25)	-2.195 (-1.30)	-3.555** (-2.20)	-0.575 (-0.37)			-10.294*** (-5.52)	-5.351** (-2.29)	-9.491*** (-5.47)	-4.794** (-2.22)
截距项	18.976*** (17.02)	9.223*** (14.29)	11.085*** (9.93)	5.578*** (8.24)	12.405*** (11.26)	6.309*** (9.47)	19.682*** (18.08)	13.674*** (15.83)	15.404*** (14.68)	11.655*** (13.44)	16.990*** (15.77)	12.689*** (14.50)	19.624*** (18.78)	13.300*** (16.58)	11.648*** (11.45)	8.504*** (10.27)	12.962*** (12.78)	9.395*** (11.46)

续表

变量	债权人保护的重新度量						随机面板模型的检验						改变样本					
	(1)	(2)	(3)	(4)	(5)	(6)	(7)	(8)	(9)	(10)	(11)	(12)	(13)	(14)	(15)	(16)	(17)	(18)
	Creditor3	Creditor4	Creditor3	Creditor4	Creditor3	Creditor4	Creditor1	Creditor2	Creditor1	Creditor2	Creditor1	Creditor2	Creditor1	Creditor2	Creditor1	Creditor2	Creditor1	Creditor2
是否控制控制变量	Y	Y	Y	Y	Y	Y	Y	Y	Y	Y	Y	Y	Y	Y	Y	Y	Y	Y
是否控制年度固定效应	Y	Y	Y	Y	Y	Y	Y	Y	Y	Y	Y	Y	Y	Y	Y	Y	Y	Y
是否控制行业固定效应	Y	Y	Y	Y	Y	Y	Y	Y	Y	Y	Y	Y	Y	Y	Y	Y	Y	Y
是否控制地区固定效应	Y	Y	Y	Y	Y	Y	Y	Y	Y	Y	Y	Y	Y	Y	Y	Y	Y	Y
观测值	15702	15702	15702	15702	15702	15702	15702	15702	15702	15702	15702	15702	18503	18503	18503	18503	18503	18503
F 值/卡方值	20.30	20.69	21.62	20.17	21.05	19.73	1348	1188	1576	1419	1583	1407	21.37	19.80	23.61	21.45	23.05	21.07
R^2	0.275	0.246	0.341	0.287	0.333	0.283	0.0729	0.0619	0.142	0.108	0.128	0.102	0.263	0.228	0.333	0.271	0.326	0.268
							0.284	0.260	0.344	0.287	0.337	0.285						
							0.262	0.231	0.312	0.258	0.305	0.256						
$A - R^2$	0.272	0.243	0.338	0.284	0.330	0.279							0.261	0.225	0.331	0.268	0.323	0.265

注: *、**、*** 分别表示在 10%、5% 和 1% 的水平上显著，括号内为异方差稳健的 t 值。
资料来源: CSMAR 数据库。

表 5－16　稳健性检验：假设 5－5 检验结果（资本公积转增股本）

变量	债权人保护的重新度量				随机面板模型的检验				改变样本			
	ΔCreditor3		ΔCreditor4		ΔCreditor1		ΔCreditor2		ΔCreditor1		ΔCreditor2	
	(1)	(2)	(3)	(4)	(5)	(6)	(7)	(8)	(9)	(10)	(11)	(12)
Hisloss	0.446*** (5.77)	0.458*** (5.96)	0.410*** (7.26)	0.421*** (7.45)	0.454*** (5.87)	0.466*** (6.05)	0.477*** (8.02)	0.488*** (8.14)	0.497*** (6.44)	0.509*** (6.64)	0.481*** (8.15)	0.498*** (8.39)
ConversionDum	-0.052 (-1.39)		-0.049* (-1.76)		-0.052 (-1.35)		-0.047 (-1.36)		-0.059* (-1.70)		-0.075** (-2.43)	
ConversionDum × Hisloss	0.383* (1.92)		0.002 (0.01)		0.387* (1.93)		0.107 (0.52)		0.262 (1.47)		0.027 (0.15)	
Conversion		-0.253 (-1.34)		-0.121 (-0.93)		-0.252 (-1.31)		-0.176 (-1.02)		-0.273 (-1.61)		-0.292** (-2.02)
Conversion × Hisloss		1.304 (1.47)		-0.501 (-0.70)		1.342 (1.48)		-0.064 (-0.05)		0.643 (0.88)		-0.721 (-0.68)
截距项	-0.112 (-0.33)	-0.120 (-0.35)	0.243 (0.95)	0.241 (0.94)	-0.171 (-0.46)	-0.179 (-0.48)	-0.135 (-0.45)	-0.140 (-0.46)	0.345 (1.11)	0.338 (1.09)	0.205 (0.82)	0.199 (0.79)
是否控制控制变量	Y	Y	Y	Y	Y	Y	Y	Y	Y	Y	Y	Y

续表

变量	债权人保护的重新度量				随机面板模型的检验				改变样本			
	$\Delta Creditor3$		$\Delta Creditor4$		$\Delta Creditor1$		$\Delta Creditor2$		$\Delta Creditor1$		$\Delta Creditor2$	
	(1)	(2)	(3)	(4)	(5)	(6)	(7)	(8)	(9)	(10)	(11)	(12)
是否控制年度固定效应	Y	Y	Y	Y	Y	Y	Y	Y	Y	Y	Y	Y
是否控制行业固定效应	Y	Y	Y	Y	Y	Y	Y	Y	Y	Y	Y	Y
是否控制地区固定效应	Y	Y	Y	Y								
观测值	11630	11630	11630	11630	11630	11630	11630	11630	14882	14882	14882	14882
F 值/卡方值	5.347	5.275	5.205	5.131	382.5	377.7	437.1	432.8	6.485	6.457	7.225	7.182
R^2 Within_R^2	0.0450	0.0450	0.0564	0.0562	0.0332	0.0332	0.0326	0.0326				
R^2 Between_R^2					0.0683	0.0682	0.0768	0.0767	0.0480	0.0480	0.0495	0.0494
R^2 Overall_R^2					0.0452	0.0451	0.0495	0.0494				
$A-R^2$	0.0392	0.0391	0.0506	0.0504					0.0434	0.0434	0.0449	0.0448

注：随机面板模型检验为卡方值，并且报告了 Within、Between 和 Overall 三种 R^2。*、**、*** 分别表示在 10%、5% 和 1% 的统计水平上显著，括号内为异方差稳健的 t 值。

资料来源：CSMAR 数据库。

的估计系数显著为正；资本公积与历史亏损交乘项（$Crev \times Hisloss$）的估计系数显著为负，其中资本溢价与历史亏损交乘项（$CPrem \times Hisloss$）的估计系数显著为负；盈余公积与历史亏损交乘项（$SRev \times Hisloss$）的估计系数总体而言显著为负。实证结果验证了假设 5 - 1 ~ 假设 5 - 4。

表 5 - 16 报告了假设 5 - 5 的回归结果，资本公积转增比例与历史亏损交乘项（$Conversion \times Hisloss$）的估计系数均不显著，说明资本公积转增股本比例对历史亏损公司债权人利益保护没有显著增量效应。对长期债权人保护（$\Delta Creditor1$，$\Delta Creditor3$）而言，$ConversionDum \times Hisloss$ 的估计系数在 10% 统计水平上显著，与主回归结果基本一致，基本验证了假设 5 - 5。综上，除了个别变量显著性稍有变化外，三种稳健性检验方法结论基本保持不变，全部验证了本章的研究假设。

5.4 研究结论

本章利用中国 A 股上市公司 2007 ~ 2019 年的数据，从所有者权益结构视角研究历史亏损公司对债权人利益保护的影响，实证结果全部验证了研究假设，主要结论如下。

（1）企业历史亏损越高，债权人利益保护情况越差，探寻补亏路径是亏损企业的当务之急。由于历史亏损公司背负着负向未分配利润"包袱"，公司盈利首先要用于弥补历史亏损，这类公司不具备向股东发放股利以及公开股权融资条件，大多依托于债务融资来解决资金问题。随着公司融资约束程度增加，偿债风险也会加大。特别是在公司亏损"包袱"极大时，股东也可能利用"有限责任"条款，直接申请破产，从而损害债权人利益。因此，弥补历史亏损"包袱"，解除公开股权分红"魔咒"，是提升债权人保护程度的关键。

（2）目前所有者权益结构失衡也是历史亏损公司的共性特征，是企业实务亟待解决的重要问题。实证研究发现：①历史亏损公司股本规模越大，对债权人利益保护程度越好，确保股本的安全性与完整性是债权人利益保障的必要条件。②历史亏损公司资本公积（特别是股本溢价）越大，对债权人利益保护程度越差。因此，提高资本公积利用效率，优化所有者权益结构势在必行。③历史亏损公司盈余公积数额占比越大，对债权人利益保护程度的负向影响越大，因为公司可能存在未按照规定弥补亏损的风险，将侵害债权人利益。④资本公积转增股本对历史亏损公司债权人利益保护没有显著增量效应，因为转增是与公司良好业绩相匹配的，只有伴随着公司股价的提升以及现金流的增多，才能对债权人的借款有更多的资产或信用担保，才能提升债权人保护程度。

第6章　历史亏损公司债权人利益
　　保护的内在作用机理研究

　　历史亏损公司股权融资约束使历史亏损公司债权人利益保护受到极大影响。首先，由于股东不能通过股利收益分享企业经营成果，使得控制权和现金流权的差异进一步放大，出于维护自身利益，股东可能会产生掏空公司资源的动机（Shleifer and Vishny, 1997），不利于债权人利益保护。其次，根据证监会《上市公司证券发行管理办法》和《关于修改上市公司现金分红若干规定的决定》等监管政策，对企业再融资设定连续三年现金股利必须高于可供分配利润30%的门槛。历史亏损公司不具有分配股利条件，公开发行证券受限。股权融资途径不畅会加大历史亏损公司对债务融资的依赖程度，而较高资产负债率水平是企业偿债风险的预警信号，不利于债权人利益保护。

　　此外，风险承担作为企业重要的管理策略，与利益分配密切相关。适度的风险承担有助于企业绩效的提升，但是如果过度地承担风险，使风险处于不可控范围内，就会产生消极的一面，使企业面临财务危机甚至破产清算的处境。有研究发现风险承担对企业价值有负面影响，亦即盲目或过多承担风险会降低企业绩效，甚至有可能摧毁一个企业（Fishburn, 1977）。现实中，诸多企业失败并非因为企业业绩不佳或未创造价值，而是因为对风险的把握和控制方面出现了问题（姜付秀等, 2009）。对历史亏损公司而言，负向未分配利润"包袱"以及股权融资约束等使管理层面临巨大挑战，有动机以高杠杆追求高风险投资来缓解压力，高杠杆经营将对债权人利益造成损害，不利于资源的有效配置。特别是在我国供给侧结构性改革进程中，通过研究历史亏损公司债权人利益保护内在机理，从而减少企业对债务融资的过度依赖，为企业消化历史亏损"包袱"寻找合理途径。

　　本章采用我国 A 股上市公司 2007~2019 年样本，对风险承担、融资约束的调节作用进行了实证检验，结果证明，管理层风险承担水平越高，历史亏损对债权人利益保护的负向影响越大；公司融资约束程度越大，历史亏损对债权人利益保护的负向影响越大。本章理论分析思路如图 6 - 1 所示。

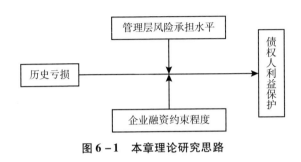

图 6 - 1   本章理论研究思路

6.1   理论分析与研究假设

6.1.1   历史亏损、风险承担与债权人保护

根据卡尼曼和特维斯基（Kahneman and Tversky，1979）提出的前景理论可知，人们在做决策时不是根据最终财富，而是根据相对收益和相对损失的估计而判断，大多数人在面临收益时是风险规避的，而在面临损失时是对风险偏好的，人们对损失比对收益更敏感，在亏损的情况下比在收益的情况更可能会做出一个冒险的行为（Barberis et al.，2001；Tversky and Kahneman，1991）。刘志远等（2008）发现由于决策者对损失的厌恶，他们会对失败项目进行恶性增资。博世多梅内克和西尔维斯特（Bosch - Domenech and Silvestre，2006）通过实验也证实了个体之间对收益和损失有不同的风险态度，个体对损失会更为敏感，并且风险偏好或规避的程度取决于收益和损失的金额，管理层在面对公司大额历史亏损时，会有动机承担更多的风险。陈彦斌和周业安（2004）发现个体因损失减少的效用要大于收益增加的效用。在实践中，如果股票增值则投资者更倾向于厌恶风险，将股票卖出，而当股票贬值时，投资者更倾向于偏好风险，继续持有贬值股票（Kyle et al.，2006；Henderson，2012）。

公司在面临大额历史亏损时，股东分红约束会引致历史亏损公司管理层风险承担水平提升。一方面由于分红约束，股东会利用一些机制鼓励管理层承担风险，为自己谋利，也会使管理层承担过多"坏的风险"（Dong et al.，2010；Sanders and Hambrick，2007），包括：高层管理者自恋、傲慢、过度自信会导致更大规模的并购（Roll，1986）、更高的并购溢价（Hayward and Hambrick，1997），对高科技项目的大规模投资（Li and Tang，2010）以及更多无效的研发项目（Tang et al.，2015）。管理层过度的风险承担行为会产生不利后果，如大多数并购活动后业绩下滑（Haleblian et al.，2009），以及和风险承担有关的不道德行为会导致公司遭受重大声誉损失（Baucus and Near，1991；Harris and Bromiley，2007；Mishina et al.，2010；Troy et al.，2011；Zhang et al.，2008）等，这些不良后果会影响到债权人的现金流收益。另一方面由于管理者与债权人之间存在代理冲突造成债权人利益受损。代理冲突产生的主要原因包括股利支付、债务稀释、资产替代和投资不足。当公司的一项投资可以获得高于债务面值的回报时，如果投资成功，公司可以获得全部回报，而债权人只能获得固定收益；而一旦投资失败，由于股东的有限责任，债权人将承担全部失败后果。因此，公司有动机利用债权人的资金进行风险较高的投资，即管理者和股东会以牺牲债权人利益来为自身获得利益。

综上所述，当公司背负历史亏损"包袱"时，会使公司处于一个不利的经营环境中，管理者为了弥补亏损，更有动机增加公司的风险承担水平。比如，管理层有动机利用债权人的资金进行风险较高的投资，在此过程中，公司可以在风险较高的投资中获得全部的收益，而债权人要承担全部的风险却只能获得固定的收益。据此，本章提出研究假设6-1。

H6-1：管理层风险承担水平越高，历史亏损对债权人利益保护的负向影响越大。

6.1.2 历史亏损、融资约束与债权人保护

历史亏损公司股权融资途径受限，面临较严重的融资约束问题。根据证监会《上市公司证券发行管理办法》和《关于修改上市公司现金分红若干规定的决定》等监管政策，对企业再融资设定连续三年现金股利必须高于可供分配利润30%的门槛。历史亏损公司可供分配利润为负，意味着公司公开发行证券受限，在公司股权融资途径不畅的情况下，唯有加大对债务融资依赖程度，而较高资产负债率水平是企业偿债风险的预警信号，不利于债权人利益保护。

当历史亏损"包袱"较大时，公司融资约束水平会增加。在资本市场

上，由于投资者与企业之间的信息不对称，股利成为管理者向投资者传递信号的一个重要途径（Miller and Rock，1985），公司发放股利表明公司经营绩效良好，具有盈余持续性，由此可以吸引更多的投资者进行投资，并且伴随着公司较好的市场反应（李卓和宋玉，2007；Aharony and Swary，1980）；而股利下调会被视为一种灾难，所有的投资者认为股利削减会传递非常坏的消息，当公司的财务状况恶化并且管理者没有其他选择时，才会削减股利（吕长江和许静静，2010）。在公司历史亏损较大时，当期盈余要先弥补历史亏损，因而公司无法发放股利，这将会在资本市场传递不良信号，使股权融资途径受限，进一步提高融资约束程度。

与正常企业相比，银行对历史亏损公司的资金支持往往采取谨慎的态度，使历史亏损公司陷入外源融资压力大且较高融资成本的局面。为了减少融资约束，公司可能会采用激进的融资方式，提高了公司融资风险（李卓松，2018；李任斯，2016）。李焰等（2007）通过上海复星集团的案例研究发现，当权益融资受到限制时，公司可能会通过抵押和互相担保等方式，利用财务杠杆来放大债务融资规模，使公司面临极大的偿债风险。此外，历史亏损公司为了减少融资约束带来的高融资成本，也可能会追求高投资收益，投资风险较大的项目。根据资产替代效应（Jensen and Meckling，1976），当公司的一项投资可以获得高于债务面值的回报，如果投资成功，公司股东可以获得全部回报，而债权人只能获得固定收益，而一旦投资失败，股东承担有限责任，债权人将承担全部失败后果（陈骏和徐玉德，2012；肖作平和廖理，2007）。特别是在公司亏损较大时，股东更可能利用"有限责任"条款，直接申请破产，从而损害债权人利益（周翔和高菲，2016）。

综上所述，当公司历史亏损较大时，由于公司盈利首先要弥补历史亏损，无法发放股利，由此会向资本市场传递经营不良的信号，使股价下跌，公司市值降低。此外，按照我国证监会要求，发放现金股利成为公司在股票市场再融资的必要条件。历史亏损公司由于无法发放股利使得股权融资渠道受限，只能依托于银行等债务融资，当公司处于较高的融资约束水平时，可能会采用风险较高的融资方式进行融资，如互相担保、抵押贷款等方式放大融资杠杆，使财务风险增大。因此，本章提出假设6-2。

H6-2：融资约束程度越大，历史亏损对债权人利益保护的负向影响越大。

6.2　研究设计与描述性统计

6.2.1　研究设计

6.2.1.1　研究变量

（1）被解释变量：债权人利益保护（Creditor）。如果公司偿债能力越好，对负债融资有足够的资产和现金流作为支持，则对债权人利益保护越好，由于公司向债权人借款包括长期借款和短期借款，本章选取"总资产/总负债"（Creditor1）、"净资产/总负债"（Creditor3）作为债权人长期保护的替代变量，选取"流动资产/流动负债"（Creditor2）、"速动资产/流动负债"（Creditor4）作为债权人短期保护的替代变量。

（2）解释变量：历史亏损虚拟变量（Hisloss）。定义当年未分配利润为负，并且连续三年净利润为正的公司为历史亏损公司，设为 1，而当年未分配利润为正的公司设为 0。

（3）调节变量：①融资约束水平。融资约束（FC1）参考怀特和吴（Whited and Wu，2006），利用中国数据对 WW 指数进行重新估算，WW 指数公式如式（6-1）所示。

$$WW \text{ 指数} = -0.630 \times Size - 0.311 \times CashFlow + 0.170 \times Salerate \\ + 0.490 \times ISG + 1.286 \times TLTD \tag{6-1}$$

其中，Size 是总资产的自然对数；CashFlow 为企业现金流量除以总资产；Salerate 为公司实际销售收入增长率；ISG 是行业销售收入增长率；TLTD 为长期有息负债与账面资产的比率，并且本章将重新计算的 WW 指数进行现金—现金流敏感度测试，发现 WW 指数越大，现金—现金流敏感度越高，证明了本章构建的 WW 指数用来度量融资约束程度是合理的。FC1_dummy 是虚拟变量，当 FC1 大于等于年度行业中位数的时候，FC1_dummy 取值为 1，否则为 0。

在稳健性检验中，参照卡普兰等（Kaplan et al.，1997）、江轩宇等（2020）的方法，使用 KZ 指数衡量融资约束（FC2），如式（6-2）所示。

$$KZ \text{ 指数} = -1.001909 \times OCTA + 0.2826389 \times Q + 3.139193 \times Lev \\ - 39.3678 \times Dividends - 1.314759 \times CH \tag{6-2}$$

其中，OCTA 为经营活动净现金流量与总资产账面价值的比例；Q 为

托宾 Q 值；Lev 为企业的资产负债率；$Dividends$ 为现金股利与净利润的比值；CH 为货币资金与总资产的比值。$FC2\_dummy$ 是虚拟变量，当 $FC2$ 大于等于年度行业中位数的时候，$FC2\_dummy$ 取值为1，否则为0。

②风险承担水平。本章使用在观测时段内的 ROA 波动程度来度量公司风险承担水平，若盈余波动性越大，说明公司风险承担水平越高。其中 ROA 使用净利润除以年末总资产衡量，参考约翰等（John et al.，2008）、余明桂等（2013）的研究，将公司 ROA 减去年度行业均值得到 Adj_ROA，以缓解行业及周期的影响，如式（6-3）所示。具体采用式（6-4）、式（6-5）的计算方法，以每三年（$t \sim t+2$ 年）作为一个观测时段，分别滚动计算经行业调整后的 ROA（即 Adj_ROA）的标准差和极差，得到 $Risktaking1$ 和 $Risktaking2$ 两个指标以衡量公司风险承担水平。其中在主回归中使用 $Risktaking1$，在稳健性检验中使用 $Risktaking2$。

$$Adj\_Roa_{i,t} = \frac{NI_{i,t}}{ASSET_{i,t}} - \frac{1}{X} \cdots \sum_{K=1}^{X} \frac{NI_{i,t}}{ASSET_{i,t}} \qquad (6-3)$$

$$Risktaking1_{i,t} = \sqrt{\frac{1}{T-1} \sum_{t=1}^{T} \left(Adj\_Roa_{i,t} - \frac{1}{T} \sum_{t=1}^{T} Adj\_Roa_{i,t} \right)^2 \bigg| T = 3}$$
$$(6-4)$$

$$Risktaking2_{i,t} = \max(Adj\_Roa_{i,t}) - \min(Adj\_Roa_{i,t}) \qquad (6-5)$$

后续回归中对风险承担调节变量进行分组回归时，将风险承担水平高组定义为 $Risktaking1$ 大于等于年度行业中位数的那组，将风险承担水平低组定义为 $Risktaking1$ 小于年度行业中位数的那组。

（4）控制变量：本章的控制变量为公司规模（$Size$）、产权性质（$State$）、董事长和总经理是否兼任（$Duality$）、第一大股东持股比例（$Top1$）、董事会人数（$Board$）、独立董事比例（IDR）、净资产收益率（ROA）、收入增长率（$Growth$）、自由现金流（FCF）、高管薪酬（$Salary$），用来控制对公司债权人利益保护的影响，此外，本章还控制了年份和行业的影响。变量定义如表6-1所示。

表6-1　　　　　　　　　　主要变量定义说明

变量类型	变量名称	变量符号	变量定义
被解释变量	债权人利益保护	$Creditor1$	总资产/总负债
		$Creditor2$	流动资产/流动负债
		$Creditor3$	净资产/总负债
		$Creditor4$	速动资产/流动负债

续表

变量类型	变量名称	变量符号	变量定义
解释变量	历史亏损公司	*Hisloss*	如果是历史亏损公司为 1，非历史亏损公司为 0
主要调节变量	风险承担	*Risktaking*1	$[t, t+2]$ 期间内 *ROA* 的标准差，具体定义见正文
		*Risktaking*2	$[t, t+2]$ 期间内 *ROA* 的极差，具体定义见正文
	融资约束	*FC*1	利用中国数据对 *WW* 指数进行重新估算，计算出 *WW* 指数 $= -0.630 \times Size - 0.311 \times CashFlow + 0.170 \times Salerate + 0.490 \times ISG + 1.286 \times TLTD$，具体内容见正文
		*FC*1_*dummy*	虚拟变量，大于等于 *FC*1 年度行业中位数取值为 1，否则为 0
		*FC*2	*KZ* 指数 *KZ* 指数 $= -1.001909 \times OCTA + 0.2826389 \times Q + 3.139193 \times Lev - 39.3678 \times Dividends - 1.314759 \times CH$
		*FC*2_*dummy*	虚拟变量，大于等于 *FC*2 年度行业中位数取值为 1，否则为 0
控制变量	公司规模	*Size*	总资产的自然对数
	产权性质	*State*	0 – 1 变量，国有企业为 1，非国有企业为 0
	董事长和总经理是否兼任	*Duality*	如果董事长和总经理兼任取 1，否则取 0
	第一大股东持股比例	*Top*1	第一大股东持股数/总股数
	董事会人数	*Board*	董事会人数的自然对数
	独立董事比例	*IDR*	独立董事人数/董事会总人数
	净资产收益率	*ROA*	净利润/总资产
	收入增长率	*Growth*	(当期收入 – 上期收入)/上期收入
	自由现金流	*FCF*	用自由现金流/企业总资产
	高管薪酬	*Salary*	前三高级管理人员薪酬总额的对数

6.2.1.2　研究模型

为了检验假设 6-1，本章设立模型（6-6），如果 β_3 系数为负，则假设 6-1 成立。

$$Creditor = \beta_0 + \beta_1 \times Hisloss + \beta_2 \times Risktaking + \beta_3 \times Hisloss \times Risktaking + \beta_i \times Controls + \varepsilon \qquad (6-6)$$

为了检验假设 6 - 2，本章设立模型（6 - 7），如果 β_3 系数为鱼，则假设 6 - 2 成立。

$$Creditor = \beta_0 + \beta_1 \times Hisloss + \beta_2 \times FC + \beta_3 \times Hisloss$$
$$\times FC + \beta_i \times Controls + \varepsilon \qquad (6 - 7)$$

6.2.1.3　研究样本

本章以我国 A 股上市公司 2007 ~ 2019 年数据为样本，财务数据来自 CSMAR 数据库，参考以往文献的做法，本章对样本进行如下处理：（1）由于金融行业会计处理方法与其他行业不同，本章剔除金融行业数据；（2）由于 ST 公司可能会对结果带来一些偏误，本章剔除了 ST 的公司；（3）基于对僵尸企业的界定思路，剔除靠政府补助扭亏为盈的企业样本；（4）剔除变量有缺失的样本，并对所有变量进行了 1% ~ 99% 的 Winsorize 处理，以减少离群值给研究结果带来的偏误。样本数量分布情况如表 6 - 2 所示，总样本 13038 个，其中历史亏损公司（不分红）样本总计 508 个；非历史亏损公司分为两类企业，分红企业总样本数量为 10463 个，不分红企业 2067 个。

表 6 - 2　　　　　　　　　　　　样本分布表　　　　　　　　　　单位：个

年度	历史亏损（不分红）	非历史亏损（分红）	非历史亏损（不分红）	合计
2009	67	666	264	997
2010	65	709	285	1059
2011	71	858	300	1229
2012	70	1237	222	1529
2013	57	1456	189	1702
2014	51	1455	221	1727
2015	48	1347	249	1644
2016	46	1521	202	1769
2017	33	1214	135	1382
合计	508	10463	2067	13038

注：研究观测样本期间始于 2007 年，因计算连续三年净利润正，故表内样本年限推延为 2009 年；此外，由于风险承担采用 t，$t + 2$ 期的变动，所以本表 2018 年度和 2019 年度的数据未有显示。

资料来源：CSMAR 数据库。

6.2.2　描述性统计

基于上述样本，在剔除全部变量缺失值后，最终获取观测值 10971 个，全样本描述性统计和分样本描述性统计分别如表 6-3、表 6-4 所示。

表 6-3　　　　　　　　　　全样本描述性统计

变量	观测值	平均值	标准差	最小值	中位数	最大值
*Creditor*1	10971	3.255	2.820	1.142	2.308	21.802
*Creditor*2	10971	2.290	2.275	0.191	1.617	18.172
Hisloss	10971	0.046	0.210	0.000	0.000	1.000
*Risktaking*1	10971	0.045	0.142	0.001	0.018	1.817
*Risktaking*2	10971	0.082	0.249	0.003	0.034	3.153
*FC*1	10971	−11.872	13.059	−15.876	−13.516	96.992
*FC*1_*dummy*	10971	0.425	0.494	0.000	0.000	1.000
*FC*2	10971	−12.202	11.933	−110.473	−10.042	8.684
*FC*2_*dummy*	10971	0.355	0.479	0.000	0.000	1.000
Size	10971	22.312	1.281	19.302	22.126	26.428
State	10971	0.450	0.497	0.000	0.000	1.000
Duality	10971	0.228	0.419	0.000	0.000	1.000
*Top*1	10971	0.359	0.151	0.083	0.340	0.770
Board	10971	2.163	0.196	1.609	2.197	2.708
IDR	10971	0.371	0.052	0.250	0.333	0.571
ROA	10971	0.051	0.039	0.001	0.042	0.231
Growth	10971	0.210	0.437	−0.645	0.129	6.422
FCF	10971	0.034	0.084	−0.328	0.031	0.407
Salary	10971	14.303	0.699	11.922	14.293	16.527

资料来源：CSMAR 数据库。

表 6 - 4　　　　　　　　　　　分样本描述性统计

变量	历史亏损公司（508 个）			非历史亏损公司（10463 个）			均值差异检验	秩和检验
	平均值	中位数	标准差	平均值	中位数	标准差		
$Creditor1$	2.525	1.810	2.051	3.290	2.335	2.847	-5.983***	-10.354***
$Creditor2$	1.712	1.213	1.757	2.318	1.632	2.294	-5.870***	-10.184***
$Risktaking1$	0.070	0.022	0.218	0.043	0.017	0.137	4.112***	5.487**
$Risktaking2$	0.128	0.043	0.383	0.080	0.033	0.241	4.228***	5.508***
$FC1$	-11.444	-12.910	11.907	-11.893	-13.543	13.112	0.757	17.192***
$FC1\_dummy$	0.750	1.000	0.433	0.410	0.000	0.492	15.313***	15.152***
$FC2$	2.251	2.275	1.833	-12.903	-10.287	11.769	29.003***	37.941***
$FC2\_dummy$	0.980	1.000	0.139	0.325	0.000	0.468	31.475***	30.145***
$Size$	21.294	21.171	1.117	22.361	22.179	1.267	-18.639***	-19.022***
$State$	0.547	1.000	0.498	0.445	0.000	0.497	4.536***	4.532***
$Duality$	0.191	0.000	0.393	0.229	0.000	0.420	-2.018**	-2.018**
$Top1$	0.304	0.269	0.145	0.362	0.344	0.151	-8.508***	-9.160***
$Board$	2.115	2.197	0.200	2.166	2.197	0.195	-5.674***	-4.793***
IDR	0.372	0.333	0.053	0.371	0.333	0.052	0.370	0.486
ROA	0.031	0.020	0.034	0.052	0.044	0.039	-12.108***	-15.493***
$Growth$	0.292	0.097	0.797	0.206	0.131	0.411	4.321***	-2.859***
FCF	0.010	0.009	0.094	0.035	0.032	0.083	-6.718***	-7.847***

注：***、**、* 分别表示在 1%、5%、10% 的统计水平上显著。
资料来源：CSMAR 数据库。

　　表 6 - 3 全样本描述性统计结果显示，$Creditor1$ 均值为 3.255，$Creditor2$ 均值为 2.290，说明企业的债权人保护短期弱于长期。

　　表 6 - 4 报告了分样本描述性统计和差异检验的结果。数据显示，历

史亏损公司的 *Creditor*1 和 *Creditor*2 均在 1% 水平上显著低于非历史亏损公司，同样证明历史亏损对债权人利益保护有负向影响。历史亏损公司 *Risktaking*1 和 *Risktaking*2 均在 1% 水平上显著高于非历史亏损公司，说明历史亏损公司风险承担程度更高。历史亏损公司 *FC*1、*FC*1_*dummy*、*FC*2、*FC*2_*dummy* 均在一定程度上显著高于非历史亏损公司，说明历史亏损公司融资约束更高。

从表 6-4 控制变量描述性统计结果看，*Size*、*ROA*、*FCF* 都在 1% 水平上显著低于非历史亏损公司，*Growth* 均值在 1% 水平上显著高于非历史亏损公司；历史亏损公司的 *Top*1、*Board*、*Salary* 等公司治理指标在 1% 水平上显著低于非历史亏损公司。数据同样证明了前面各章的分析结论，由于历史亏损问题，导致公司规模、盈利、现金流都受到了限制，股东持股及管理层薪酬水平等也明显弱于非历史亏损公司，但是历史亏损公司具有一定的发展潜力。因此，监管部门和政策制定部门应该关注历史亏损公司问题，为他们寻找合理的解决途径，解开由于历史亏损给他们发展带来的束缚。

表 6-5 报告了变量的相关系数检验，结果可见，历史亏损（*Hisloss*）与债权人保护（*Creditor*1 和 *Creditor*2）在 1% 统计水平上显著负相关，同样验证了历史亏损对债权人利益保护的负向影响关系。历史亏损（*Hisloss*）与风险承担（*Risktaking*1 和 *Risktaking*2）在 1% 统计水平上显著正相关，说明企业历史亏损"包袱"越大，管理层风险承担水平越高；历史亏损公司的 *Risktaking*1 和 *Risktaking*2 与 *Creditor*2 在 5% 水平上显著负相关，说明从短期看，管理层风险承担水平高将导致债权人利益保护程度越差。此外，历史亏损（*Hisloss*）与融资约束（*FC*1_*dummy* 和 *FC*2_*dummy*）在 1% 统计水平上显著正相关，说明企业历史亏损"包袱"越大，企业融资约束程度越高；历史亏损公司的 *FC*1_*dummy* 和 *FC*2、*FC*2_*dummy* 与债权人利益保护均在 1% 水平上显著负相关，说明企业融资约束程度越高，债权人利益保护程度越差。此外，各变量的相关系数基本上低于临界值 0.7，说明不存在多重共线性问题。

综上所述，历史亏损公司融资约束更高、风险承担水平更高，这将对债权人利益保护产生不利影响，结论部分证明了假设 6-1 和假设 6-2。

表 6 – 5

Pearson 相关系数检验

变量	Creditor1	Creditor2	Hisloss	Riskta-king1	Riskta-king2	FC1	FC1_dummy	FC2	FC2_dummy	Size	State	Duality	Top1	Board	IDR	ROA	Growth	FCF	Salary
Creditor1	1.000																		
Creditor2	0.892***	1.000																	
Hisloss	-0.057***	-0.056***	1.000																
Risktaking1	-0.001	-0.021**	0.039***	1.000															
Risktaking2	0.000	-0.022**	0.040***	1.000***	1.000														
FC1	-0.009	-0.012	0.007	0.484***	0.479***	1.000													
FC1_dummy	-0.244***	-0.224***	0.145***	0.045***	0.045***	0.070***	1.000												
FC2	-0.137***	-0.116***	0.267***	0.038***	0.038***	0.044***	0.017*	1.000											
FC2_dummy	-0.082***	-0.073***	0.288***	0.021**	0.022**	0.008	0.034***	0.533***	1.000										
Size	-0.379***	-0.336***	-0.175***	-0.062***	-0.062***	-0.082***	-0.638***	0.035***	-0.040***	1.000									
State	-0.234***	-0.237***	0.043***	-0.003	-0.003	-0.019**	-0.196***	0.039***	-0.076***	0.341***	1.000								
Duality	0.120***	0.118***	-0.019**	-0.014	-0.014	-0.011	0.103***	-0.004	0.027***	-0.158***	-0.277***	1.000							
Top1	-0.065***	-0.054***	-0.081***	-0.028***	-0.028***	-0.021**	-0.119***	-0.068***	-0.089***	0.227***	0.238***	-0.073***	1.000						
Board	-0.131***	-0.138***	-0.054***	0.008	0.008	-0.014	-0.174***	-0.029***	-0.075***	0.245***	0.280***	-0.180***	0.029***	1.000					
IDR	0.004	0.013	0.004	-0.020**	-0.021**	-0.010	-0.015	0.026***	0.026***	0.058***	-0.047***	0.109***	0.066***	-0.471***	1.000				
ROA	0.260***	0.221***	-0.115***	0.032***	0.034***	0.000	-0.020**	0.097***	0.022**	-0.104***	-0.123***	0.034***	0.054***	0.004	-0.022**	1.000			
Growth	-0.063***	-0.048***	0.041***	0.013	0.013	0.035***	0.050***	0.143***	0.112***	0.048***	-0.078***	0.032***	-0.014	-0.022**	0.013	0.102***	1.000		
FCF	0.103***	0.049***	-0.064***	-0.002	-0.001	-0.017*	-0.065***	-0.044***	-0.085***	-0.004	-0.006	-0.006	0.063***	0.027***	-0.017**	0.451***	0.052***	1.000	
Salary	-0.121***	-0.081***	-0.167***	-0.058***	-0.057***	-0.059***	-0.322***	0.000	-0.061***	0.470***	0.078***	0.005	0.003	0.106***	0.022**	0.170***	0.022**	0.092***	1.000

注：***、**、* 分别表示在 1%、5%、10% 的统计水平上显著。

资料来源：CSMAR 数据库。

6.3　实证结果分析

6.3.1　基本结果

6.3.1.1　历史亏损、风险承担与债权人利益保护的实证结果

表 6-6 报告了历史亏损、风险承担与债权人保护的实证结果。无论是第（1）、（4）列全样本，还是第（2）、（3）、（5）、（6）列分组样本，$Hisloss$ 的估计系数均在 1% 统计水平上显著为负，说明历史亏损越大，债权人利益保护程度越低。为了检验假设 6-1，本章对模型（6-6）进行回归，结果如表 6-6 所示，$Risktaking1 \times Hisloss$ 的估计系数在 5% 统计水平上显著为负，说明管理层风险承担越高，历史亏损对债权人利益保护的负向影响越大，实证结果验证了假设 6-1。

表 6-6　　　　　　　　历史亏损、风险承担与债权人保护

变量	（1）	（2）	（3）	（4）	（5）	（6）
	全样本	风险承担高	风险承担低	全样本	风险承担高	风险承担低
	$Creditor1$	$Creditor1$	$Creditor1$	$Creditor2$	$Creditor2$	$Creditor2$
$Hisloss$	- 0.928 *** (- 5.47)	- 1.286 *** (- 6.95)	- 0.673 *** (- 2.88)	- 0.661 *** (- 4.82)	- 0.885 *** (- 5.81)	- 0.514 *** (- 2.95)
		$Chi2 = 8.40 ***$			$Chi2 = 4.43 **$	
$Risktaking1$	- 0.175 (- 1.15)			- 0.322 *** (- 2.64)		
$Risktaking1 \times Hisloss$	- 0.936 ** (- 2.40)			- 0.707 ** (- 2.17)		
$Size$	- 0.667 *** (- 14.22)	- 0.701 *** (- 10.14)	- 0.646 *** (- 13.85)	- 0.482 *** (- 13.16)	- 0.511 *** (- 9.96)	- 0.463 *** (- 12.54)
$State$	- 0.371 *** (- 4.21)	- 0.211 * (- 1.76)	- 0.480 *** (- 4.86)	- 0.325 *** (- 4.55)	- 0.282 *** (- 3.03)	- 0.367 *** (- 4.45)
$Duality$	0.136 (1.21)	0.115 (0.79)	0.151 (1.18)	0.100 (1.10)	0.125 (1.06)	0.079 (0.77)
$Top1$	0.142 (0.45)	0.097 (0.23)	0.195 (0.58)	0.352 (1.35)	0.177 (0.56)	0.474 (1.58)
$Board$	- 0.319 (- 1.23)	- 0.623 (- 1.61)	- 0.083 (- 0.33)	- 0.329 (- 1.62)	- 0.480 * (- 1.69)	- 0.227 (- 1.08)

续表

变量	(1) 全样本 *Creditor*1	(2) 风险承担高 *Creditor*1	(3) 风险承担低 *Creditor*1	(4) 全样本 *Creditor*2	(5) 风险承担高 *Creditor*2	(6) 风险承担低 *Creditor*2
IDR	−0.130 (−0.16)	−0.313 (−0.27)	0.025 (0.03)	−0.420 (−0.67)	−0.162 (−0.18)	−0.652 (−0.98)
ROA	14.890 *** (9.92)	14.073 *** (7.45)	16.093 *** (9.45)	10.989 *** (9.47)	10.310 *** (7.53)	12.217 *** (8.42)
Growth	−0.443 *** (−7.79)	−0.406 *** (−4.51)	−0.480 *** (−6.83)	−0.308 *** (−6.99)	−0.299 *** (−4.49)	−0.332 *** (−6.10)
FCF	−0.003 (−0.01)	0.050 (0.09)	−0.102 (−0.27)	−0.824 *** (−3.22)	−0.808 ** (−2.23)	−0.851 ** (−2.55)
Salary	−0.173 ** (−2.16)	−0.238 ** (−2.10)	−0.133 (−1.60)	−0.047 (−0.74)	−0.080 (−0.93)	−0.036 (−0.53)
截距项	19.475 *** (15.79)	21.660 *** (12.50)	17.955 *** (14.03)	13.272 *** (13.56)	14.482 *** (10.91)	12.551 *** (11.94)
是否控制年度固定效应	Y	Y	Y	Y	Y	Y
是否控制行业固定效应	Y	Y	Y	Y	Y	Y
是否控制地区固定效应	Y	Y	Y	Y	Y	Y
观测值	10971	4784	6187	10971	4784	6187
F	16.58	12.33	13.29	15.38	12.49	13.91
R^2	0.277	0.279	0.289	0.242	0.251	0.251
$A-R^2$	0.273	0.269	0.282	0.238	0.241	0.243

注：*** 、 ** 、 * 分别表示在 1%、5%、10% 的水平上显著，括号内为异方差稳健的 *t* 值。
资料来源：CSMAR 数据库。

6.3.1.2　历史亏损、融资约束与债权人利益保护的实证结果

表 6 - 7 报告了历史亏损、融资约束与债权人保护的实证结果。无论是第（1）、（4）列全样本，还是第（2）、（3）、（5）、（6）列分组样本同样可见，*Hisloss* 的估计系数均在 10% 及以下统计水平上显著为负，说明历史亏损越大，债权人利益保护程度越低。为了检验假设 6 - 2，本章对模型（6 - 7）进行回归，结果如表 6 - 7 所示，*FC*1 × *Hisloss* 的估计系数显著为负，说明企业融资约束越高，历史亏损对债权人利益保护的负向影响越大，实证结果验证了假设 6 - 2。

表 6-7 历史亏损、融资约束与债权人保护

变量	(1) 全样本 Creditor1	(2) 融资约束高 Creditor1	(3) 融资约束低 Creditor1	(4) 全样本 Creditor2	(5) 融资约束高 Creditor2	(6) 融资约束低 Creditor2
Hisloss	-1.157 *** (-6.84)	-1.461 *** (-6.65)	-0.487 ** (-2.33)	-0.816 *** (-8.41)	-1.015 *** (-5.98)	-0.288 * (-1.71)
		$Chi2 = 23.62$ ***			$Chi2 = 18.86$ ***	
FC1	-2.561 *** (-8.52)			-0.305 * (-1.82)		
FC1 × Hisloss	-0.023 *** (-4.01)			-0.007 * (-1.85)		
Size	-2.140 *** (-11.84)	-1.317 *** (-10.03)	-0.402 *** (-8.09)	-0.305 *** (-3.16)	-0.843 *** (-7.72)	-0.263 *** (-6.91)
State	-0.395 *** (-4.48)	-0.567 *** (-3.81)	-0.142 (-1.52)	-0.320 *** (-8.04)	-0.480 *** (-3.98)	-0.150 ** (-1.96)
Duality	0.139 (1.25)	0.190 (1.18)	0.033 (0.25)	0.099 * (1.77)	0.115 (0.90)	0.051 (0.47)
Top1	0.138 (0.44)	0.475 (0.88)	-0.174 (-0.51)	0.360 ** (2.55)	0.682 (1.51)	0.076 (0.27)
Board	-0.338 (-1.30)	-0.433 (-0.86)	-0.331 (-1.37)	-0.331 *** (-3.03)	-0.370 (-0.95)	-0.333 * (-1.76)
IDR	-0.116 (-0.14)	-1.067 (-0.68)	-0.562 (-0.81)	-0.437 (-1.15)	-1.057 (-0.89)	-0.731 (-1.26)
ROA	13.336 *** (8.91)	15.084 *** (6.57)	15.284 *** (8.91)	11.089 *** (15.32)	10.824 *** (6.58)	11.546 *** (8.09)
Growth	0.078 (0.95)	-0.332 *** (-3.98)	-0.375 *** (-5.34)	-0.371 *** (-7.10)	-0.282 *** (-4.25)	-0.250 *** (-4.42)
FCF	-0.669 * (-1.79)	0.279 (0.46)	-0.216 (-0.60)	-0.727 *** (-3.32)	-0.936 ** (-2.05)	-0.668 *** (-2.67)
Salary	-0.194 ** (-2.42)	-0.126 (-0.87)	-0.182 ** (-2.35)	-0.044 (-1.22)	0.033 (0.30)	-0.091 (-1.37)
截距项	20.587 *** (16.53)	32.499 *** (9.83)	14.147 *** (11.01)	13.115 *** (24.66)	19.857 *** (7.83)	9.166 *** (8.57)
是否控制年度固定效应	Y	Y	Y	Y	Y	Y
是否控制行业固定效应	Y	Y	Y	Y	Y	Y
是否控制地区固定效应	Y	Y	Y	Y	Y	Y
观测值	10971	4667	6304	10971	4667	6304
F	17.17	11.11	14.62	43.38	10.35	13.29
R^2	0.286	0.261	0.289	0.242	0.224	0.249
$A-R^2$	0.282	0.250	0.281	0.237	0.213	0.241

注: *** 、 ** 、 * 分别表示在1%、5%、10%的水平上显著, 括号内为异方差稳健的 t 值。
资料来源: CSMAR 数据库。

6.3.2 内生性检验

（1）PSM 检验。本章采用 PSM1 ∶ 1 配对方法为所有历史亏损公司寻找相应的配对样本，为了使配对更有效，本章参考连玉君等（2011）的做法，在所有控制变量中筛选符合匹配条件的变量，筛选方法为将待选变量对历史亏损虚拟变量进行逻辑回归，保留显著性为 10% 的变量作为匹配变量，用于 PSM 配对，经过配对后共计 508 对样本，总计样本 1016 个。经验证，配对结果满足共同支撑假设和平衡假设。表 6 - 8 检验结果显示：$Risktaking1 \times Hisloss$ 的估计系数显著为负，$FC1 \times Hisloss$ 的估计系数同样显著为负，与主回归结果一致，全部验证了本章研究假设。

表 6 - 8   PSM1 ∶ 1 配对：假设 6 - 1 ~ 假设 6 - 2 检验结果

变量	(1)	(2)	(3)	(4)
	Creditor1	Creditor2	Creditor1	Creditor2
Hisloss	− 0. 895 *** (− 5. 64)	− 0. 601 *** (− 4. 47)	− 1. 137 *** (− 6. 06)	− 0. 735 *** (− 5. 33)
Risktaking1	1. 110 (1. 39)	0. 536 (0. 83)		
Risktaking1 × Hisloss	− 1. 880 ** (− 2. 47)	− 1. 111 * (− 1. 81)		
FC1			− 2. 929 *** (− 4. 47)	− 0. 156 (− 0. 26)
FC1 × Hisloss			− 0. 019 ** (− 2. 15)	− 0. 007 * (− 1. 70)
Size	− 0. 562 *** (− 7. 11)	− 0. 422 *** (− 5. 09)	− 2. 288 *** (− 5. 95)	− 0. 519 (− 1. 61)
State	− 0. 507 *** (− 3. 25)	− 0. 604 *** (− 4. 45)	− 0. 559 *** (− 3. 63)	− 0. 602 *** (− 4. 48)
Duality	− 0. 146 (− 0. 64)	− 0. 146 (− 0. 76)	− 0. 188 (− 0. 84)	− 0. 151 (− 0. 79)
Top1	− 0. 867 (− 1. 59)	− 0. 184 (− 0. 43)	− 0. 806 (− 1. 51)	− 0. 152 (− 0. 36)
Board	− 1. 143 ** (− 2. 57)	− 1. 129 *** (− 3. 36)	− 1. 185 *** (− 2. 69)	− 1. 137 *** (− 3. 39)
IDR	1. 097 (0. 71)	− 0. 761 (− 0. 69)	1. 334 (0. 87)	− 0. 831 (− 0. 75)
ROA	6. 772 *** (2. 59)	2. 824 (1. 38)	5. 749 ** (2. 36)	2. 314 (1. 14)

续表

变量	(1)	(2)	(3)	(4)
	Creditor1	Creditor2	Creditor1	Creditor2
Growth	−0.076 (−0.81)	0.023 (0.35)	0.544*** (3.10)	0.056 (0.40)
FCF	−0.397 (−0.57)	−1.753** (−2.50)	−1.112 (−1.59)	−1.780*** (−2.63)
Salary	−0.166 (−1.17)	0.009 (0.07)	−0.233* (−1.66)	0.012 (0.10)
截距项	19.907*** (8.45)	14.324*** (7.64)	22.470*** (9.27)	14.534*** (7.91)
是否控制年度固定效应	Y	Y	Y	Y
是否控制行业固定效应	Y	Y	Y	Y
是否控制地区固定效应	Y	Y	Y	Y
观测值	1016	1016	1016	1016
F	9.762	5.074	35.58	5.147
R^2	0.232	0.227	0.252	0.226
$A-R^2$	0.182	0.177	0.203	0.176

注：***、**、*分别表示在1%、5%、10%的水平上显著，括号内为异方差稳健的 t 值。
资料来源：CSMAR 数据库。

　　为了防止样本损失过多对结果的损害，本章还做了最近邻1∶2无放回配对，样本总计 508 + 1016 = 1524，回归结果如表 6 - 9 所示，检验结果基本与最近邻 1∶1 配对一致，不再赘述。

表 6 - 9　　　　PSM1∶2 配对：假设 6 - 1 ~ 假设 6 - 2 检验结果

变量	(1)	(2)	(3)	(4)
	Creditor1	Creditor2	Creditor1	Creditor2
Hisloss	−0.904*** (−6.90)	−0.589*** (−5.39)	−1.104*** (−7.69)	−0.738*** (−6.65)
Risktaking1	−0.089 (−0.19)	−0.206 (−0.58)		
Risktaking1 × Hisloss	−1.117*** (−2.62)	−0.772** (−2.42)		
FC1			−2.564*** (−4.85)	−0.004 (−0.01)

续表

变量	（1）	（2）	（3）	（4）
	*Creditor*1	*Creditor*2	*Creditor*1	*Creditor*2
*FC*1 × *Hisloss*			−0.019 *** （−3.03）	−0.008 ** （−2.10）
Size	−0.658 *** （−10.00）	−0.470 *** （−7.34）	−2.158 *** （−6.94）	−0.474 * （−1.73）
State	−0.499 *** （−3.79）	−0.559 *** （−5.23）	−0.533 *** （−4.10）	−0.554 *** （−5.23）
Duality	−0.331 * （−1.76）	−0.325 ** （−2.04）	−0.371 ** （−2.01）	−0.330 ** （−2.08）
*Top*1	−0.317 （−0.73）	0.083 （0.25）	−0.274 （−0.64）	0.124 （0.37）
Board	−0.898 ** （−2.54）	−0.767 *** （−2.81）	−0.890 ** （−2.54）	−0.778 *** （−2.85）
IDR	1.107 （0.88）	−0.237 （−0.26）	1.356 （1.09）	−0.339 （−0.37）
ROA	9.395 *** （4.07）	5.511 *** （3.09）	7.945 *** （3.59）	4.929 *** （2.67）
Growth	−0.125 （−1.52）	−0.029 （−0.53）	0.412 *** （2.90）	−0.027 （−0.23）
FCF	−0.209 （−0.40）	−1.536 *** （−3.01）	−0.892 （−1.63）	−1.478 *** （−2.96）
Salary	−0.176 （−1.56）	−0.031 （−0.33）	−0.195 * （−1.76）	−0.025 （−0.27）
截距项	20.767 *** （10.68）	14.299 *** （9.13）	22.156 *** （11.39）	14.332 *** （9.34）
是否控制年度固定效应	Y	Y	Y	Y
是否控制行业固定效应	Y	Y	Y	Y
是否控制地区固定效应	Y	Y	Y	Y
观测值	1524	1524	1524	1524
F	10.78	6.537	44.36	6.579
R^2	0.230	0.209	0.243	0.207
$A − R^2$	0.197	0.175	0.211	0.173

注：***、**、*分别表示在1%、5%、10%的水平上显著，括号内为异方差稳健的 *t* 值。
资料来源：CSMAR 数据库。

（2） Heckman 两阶段。考虑到历史亏损公司可能存在的样本自选择问题，本章使用 Heckman 两阶段估计法进行处理。使用企业所在行业历史亏损公司比例（Hisloss_ind）作为该企业是否为历史亏损公司（Hisloss）的工具变量。表6－10 报告了假设6－1 和假设6－2 的检验结果，第（1）列显示了第一阶段工具变量对解释变量的回归结果，结果显示 Hisloss_ind 系数显著为正，这说明行业历史亏损公司的比例确实会影响本企业变成历史亏损公司的可能性。第（2）~（5）列显示了 Heckman 估计第二阶段的结果可见，第一阶段回归计算出的 IMR 系数均在统计水平上显著，说明之前的分析确实存在内生性问题；在控制了 IMR 之后，$Risktaking1 \times Hisloss$ 的估计系数显著为负，$FC1 \times Hisloss$ 的估计系数同样显著为负，说明在考虑了样本自选择问题之后，假设6－1 和假设6－2 依旧成立。

表6－10　　　　　　　　　Heckman 两阶段

变量	（1）	（2）	（3）	（4）	（5）
	Hisloss	Creditor1	Creditor2	Creditor1	Creditor2
Hisloss		-0.958 *** (-8.90)	-0.680 *** (-7.57)	-1.193 *** (-7.01)	-0.839 *** (-8.76)
Hisloss_ind	0.114 *** (3.65)				
Risktaking1		-0.128 (-0.97)	-0.285 *** (-2.71)		
$Risktaking1 \times Hisloss$		-0.967 *** (-3.03)	-0.728 *** (-2.90)		
FC1				-2.526 *** (-8.48)	0.280 * (1.69)
$FC1 \times Hisloss$				-0.023 *** (-3.97)	-0.008 ** (-2.03)
Size	-0.495 *** (-7.71)	-1.070 *** (-5.39)	-0.765 *** (-4.82)	-2.564 *** (-9.21)	-0.614 *** (-3.43)
State	0.459 *** (4.00)	0.006 (0.03)	-0.065 (-0.44)	0.019 (0.08)	-0.052 (-0.35)
Duality	-0.184 ** (-2.09)	0.002 (0.02)	0.015 (0.18)	-0.008 (-0.06)	0.011 (0.13)
Top1	-1.353 *** (-4.08)	-0.966 * (-1.71)	-0.462 (-1.03)	-1.080 (-1.54)	-0.481 (-1.07)

续表

变量	（1）Hisloss	（2）Creditor1	（3）Creditor2	（4）Creditor1	（5）Creditor2
Board	-0.474 * (-1.85)	-0.708 *** (-3.01)	-0.611 *** (-3.25)	-0.759 ** (-2.21)	-0.624 *** (-3.31)
IDR	-0.000 (-0.00)	-0.180 (-0.38)	-0.457 (-1.20)	-0.160 (-0.20)	-0.476 (-1.25)
ROA	-10.464 *** (-6.27)	5.975 (1.37)	4.588 (1.34)	3.587 (0.71)	4.465 (1.30)
Growth	0.327 *** (6.22)	-0.160 (-1.18)	-0.103 (-0.97)	0.381 ** (2.45)	-0.154 (-1.39)
FCF	-0.860 ** (-2.22)	-0.688 (-1.56)	-1.298 *** (-3.60)	-1.420 *** (-2.72)	-1.224 *** (-3.41)
Salary	-0.142 ** (-1.96)	-0.280 *** (-3.88)	-0.127 ** (-2.27)	-0.314 *** (-3.01)	-0.127 ** (-2.26)
IMR		0.942 ** (2.13)	0.673 * (1.91)	1.034 ** (2.06)	0.695 ** (1.98)
截距项	12.970 *** (7.53)	29.385 *** (5.92)	20.344 *** (5.16)	31.488 *** (5.47)	20.449 *** (5.19)
是否控制年度固定效应	Y	Y	Y	Y	Y
是否控制行业固定效应	Y	Y	Y	Y	Y
是否控制地区固定效应	Y	Y	Y	Y	Y
观测值	10586	10586	10586	10586	10586
F	346.2	53.51	43.43	17.48	44.42
$R^2/Pseudo\ R^2$	0.262	0.274	0.238	0.283	0.237
$A-R^2$		0.269	0.233	0.278	0.233

注：***、**、* 分别表示在1%、5%、10%的水平上显著，括号内为异方差稳健的 t 值。
资料来源：CSMAR 数据库。

6.3.3 稳健性检验

为确保研究结论的稳健性，本章还进行了如下稳健性检验。

（1）改变样本。基于历史亏损公司分红约束特征，本章在对基本模型分析时，将主要的解释变量 Hisloss 定义为，历史亏损公司（不分红）为1，非历史亏损公司（分红）为0，非历史亏损公司（不分红）的样本没有纳入模型研究样本范围内。为了保证非历史亏损公司样本的完整性，本章重新定义 Hisloss 变量，设历史亏损公司（不分红）为 Hisloss = 1，非历史亏损公司（分红和不分红）为 Hisloss = 0。

（2）改变被解释变量。考虑到单一指标可能存在的衡量误差，本章对债权人保护进行重新度量，其中债权人长期保护用"净资产/总负债"（Creditor3）进行度量，债权人短期保护用"速动资产/流动负债"（Creditor4）进行衡量。

（3）改变调节变量。

①改变风险承担的度量方法，采用 Risktaking2 指标进行测度，如式（6-8）所示。

$$Risktaking2_{i,t} = \max(Adj\_Roa_{i,t}) - \min(Adj\_Roa_{i,t}) \qquad (6-8)$$

其中 ROA 等于净利润除以年末总资产，将公司 ROA 减去年度行业均值得到 Adj_ROA，Risktaking2 是 [t, t+2] 期间内 ROA 的极差。

②改变融资约束的度量方法，采用 KZ 指数和虚拟变量衡量融资约束（FC2 和 FC2_dummy），如式（6-9）所示。

$$KZ\ 指数 = -1.001909 \times OCTA + 0.2826389 \times Q + 3.139193 \times Lev$$
$$- 39.3678 \times Dividends - 1.314759 \times CH \qquad (6-9)$$

其中，OCTA 为经营活动净现金流量与总资产账面价值的比例；Q 为托宾 Q 值；Lev 为企业的资产负债率；Dividends 为现金股利与净利润的比值；CH 为货币资金与总资产的比值。FC2_dummy 是虚拟变量，当 FC2 大于等于年度行业中位数的时候，FC2_dummy 取值为1，否则为0。

表 6-11 第（1）~（8）列报告了改变样本和改变被解释变量后对假设 6-1、假设 6-2 的稳健性检验结果，Risktaking1 × Hisloss 的估计系数均在5%及以下统计水平上显著为负，验证了研究假设 6-1，即风险承担加大了历史亏损与债权人保护的负向关系；FC1 × Hisloss 的估计系数在10%及以下统计水平上显著为负，同样验证了假设6-2，即融资约束加大了历史亏损与债权人保护的负向关系。表 6-11 第（9）~（12）列报告了改变调节变量后的稳健性检验结果，Risktaking2 × Hisloss 和 FC2 × Hisloss 的估计系数均显著为负，实证结果同样验证了研究假设。

表6－11　　稳健性检验

变量	(1)	(2)	(3)	(4)	(5)	(6)	(7)	(8)	(9)	(10)	(11)	(12)
	改变样本（包括非历史亏损公司不分红）				改变被解释变量				改变调节变量			
	Creditor1	Creditor2	Creditor1	Creditor2	Creditor3	Creditor4	Creditor3	Creditor4	Creditor1	Creditor2	Creditor1	Creditor2
$Hisloss$	-0.903*** (-5.44)	-0.629*** (-4.73)	-1.129*** (-6.81)	-0.787*** (-5.77)	-0.928*** (-5.48)	-0.481*** (-4.59)	-1.157*** (-6.85)	-0.647*** (-6.24)	-0.922*** (-5.42)	-0.657*** (-4.78)	0.081 (0.46)	-0.037 (-0.26)
$Risktaking1/2$	-0.218* (-1.70)	-0.273** (-2.53)			-0.176 (-1.16)	-0.279*** (-2.75)			-0.093 (-1.06)	-0.182** (-2.61)	-0.030*** (-14.27)	-0.021*** (-12.17)
$Risktaking1/2 \times Hisloss$	-0.871** (-2.36)	-0.727** (-2.32)			-0.940** (-2.41)	-0.620*** (-3.62)			-0.560** (-2.46)	-0.413** (-2.21)	-0.266*** (-4.57)	-0.152*** (-3.14)
$FC1/FC2$			-2.607*** (-9.46)	0.238 (1.00)			-2.532*** (-8.48)	-0.056 (-0.28)			-0.632*** (-24.82)	-0.457*** (-21.63)
$FC1/FC2 \times Hisloss$			-0.023*** (-4.09)	-0.008* (-1.71)			-0.022*** (-4.01)	-0.010*** (-3.79)			-0.337*** (-5.95)	-0.300*** (-6.40)
$Size$	-0.694*** (-15.55)	-0.486*** (-14.19)	-2.193*** (-13.13)	-0.349** (-2.51)	-0.671*** (-14.37)	-0.369*** (-13.07)	-2.128*** (-11.82)	-0.401*** (-3.46)	-0.667*** (-14.23)	-0.482*** (-13.16)	0.148** (2.57)	0.109** (2.28)
$State$	-0.327*** (-3.94)	-0.300*** (-4.54)	-0.354*** (-4.28)	-0.295*** (-4.47)	-0.372*** (-4.23)	-0.240*** (-4.37)	-0.396*** (-4.50)	-0.239*** (-4.36)	-0.371*** (-4.21)	-0.325*** (-4.55)	-0.055 (-0.33)	0.218 (1.58)
$Duality$	0.080 (0.79)	0.069 (0.84)	0.082 (0.81)	0.068 (0.83)	0.135 (1.21)	0.071 (1.03)	0.139 (1.25)	0.071 (1.03)	0.136 (1.21)	0.100 (1.10)	-0.380*** (-2.60)	-0.376*** (-3.09)
$Top1$	0.044 (0.15)	0.269 (1.13)	0.029 (0.10)	0.279 (1.17)	0.146 (0.47)	0.242 (1.18)	0.142 (0.46)	0.248 (1.21)	0.141 (0.45)	0.351 (1.35)	-0.212 (-0.31)	-0.482 (-1.14)
$Board$	-0.238 (-0.98)	-0.239 (-1.27)	-0.270 (-1.12)	-0.241 (-1.28)	-0.310 (-1.20)	-0.169 (-1.07)	-0.328 (-1.27)	-0.173 (-1.09)	-0.319 (-1.23)	-0.329 (-1.62)	16.775*** (22.82)	12.286*** (20.17)
IDR	0.349 (0.48)	0.120 (0.21)	0.350 (0.48)	0.106 (0.18)	-0.091 (-0.11)	-0.271 (-0.56)	-0.077 (-0.10)	-0.281 (-0.58)	-0.129 (-0.16)	-0.419 (-0.67)	-0.387*** (-7.09)	-0.265*** (-5.85)

续表

变量	(1)	(2)	(3)	(4)	(5)	(6)	(7)	(8)	(9)	(10)	(11)	(12)
	改变样本（包括非历史亏损公司不分红）				改变被解释变量				改变调节变量			
	Creditor1	Creditor2	Creditor1	Creditor2	Creditor3	Creditor4	Creditor3	Creditor4	Creditor1	Creditor2	Creditor1	Creditor2
ROA	14.443***	10.796***	12.887***	10.871***	14.891***	8.650***	13.353***	8.553***	14.895***	10.995***	-0.432	-1.118***
	(10.54)	(10.15)	(9.45)	(10.12)	(9.95)	(9.73)	(8.95)	(9.48)	(9.93)	(9.47)	(-1.37)	(-4.30)
$Growth$	-0.376***	-0.250***	0.156**	-0.298***	-0.442***	-0.241***	0.074	-0.229***	-0.444***	-0.308***	-0.209***	-0.071**
	(-7.62)	(-6.42)	(2.17)	(-4.89)	(-7.77)	(-7.18)	(0.91)	(-4.42)	(-7.79)	(-6.99)	(-4.97)	(-2.04)
FCF	-0.010	-0.959***	-0.720**	-0.878***	0.017	0.034	-0.641*	0.035	-0.004	-0.826***	-0.030***	-0.021***
	(-0.03)	(-4.27)	(-2.21)	(-3.77)	(0.05)	(0.18)	(-1.73)	(0.18)	(-0.01)	(-3.22)	(-14.27)	(-12.17)
$Salary$	-0.131*	-0.031	-0.150**	-0.029	-0.173**	-0.019	-0.193**	-0.018	-0.173**	-0.047	-0.266***	-0.152***
	(-1.73)	(-0.54)	(-1.98)	(-0.49)	(-2.15)	(-0.39)	(-2.41)	(-0.39)	(-2.16)	(-0.74)	(-4.57)	(-3.14)
截距项	19.150***	12.714***	20.266***	12.596***	18.503***	9.006***	19.603***	9.012***	19.474***	13.273***	18.839***	12.795***
	(16.50)	(14.29)	(17.28)	(14.17)	(15.02)	(12.17)	(15.76)	(12.22)	(15.79)	(13.56)	(27.33)	(22.40)
是否控制年度固定效应	Y	Y	Y	Y	Y	Y	Y	Y	Y	Y	Y	Y
是否控制行业固定效应	Y	Y	Y	Y	Y	Y	Y	Y	Y	Y	Y	Y
是否控制地区固定效应	Y	Y	Y	Y	Y	Y	Y	Y	Y	Y	Y	Y
观测值	13038	13038	13038	13038	10971	10971	10971	10971	10971	10971	10971	10971
F	17.15	15.88	18.00	16.00	16.68	16.14	17.21	16.28	16.58	15.39	67.03	55.02
R^2	0.264	0.228	0.275	0.228	0.279	0.252	0.288	0.251	0.277	0.242	0.292	0.253
$A - R^2$	0.261	0.224	0.271	0.224	0.275	0.247	0.283	0.246	0.273	0.238	0.287	0.248

注：***、**、* 分别表示在 1%、5%、10% 的水平上显著，括号内为异方差稳健的 t 值。
资料来源：CSMAR 数据库。

6.4　研究结论

本章利用中国 A 股上市公司 2007～2019 年的数据，研究历史亏损对债权人利益保护的内在作用机制，主要有以下两点结论。

（1）管理层风险承担水平越高，历史亏损对债权人利益保护的负向影响越大。在历史亏损较高的情况下，根据前景理论，管理层在面对损失时风险偏好增加，比如，管理层可能选择风险较高的投资方式，而公司与债权人之间的代理冲突，将会导致债权人承担的风险远大于收益。可见，历史亏损将造成管理者风险承担水平提高，风险承担水平越高，越加深了历史亏损对债权人利益的负向影响。

（2）融资约束程度越大，历史亏损对债权人利益保护的负向影响越大。在历史亏损较高的情况下，公司无法分配现金股利，股票市场反应情况较差，并且公司股权融资渠道受限，只能依赖负债进行融资，使融资约束程度增加。在此环境下，企业可能会进一步采用激进的杠杆融资来缓解融资约束，从而提高了公司的偿债风险。可见，融资约束程度越高，越加深了历史亏损对债权人利益的负向影响。

第7章 政府补亏政策工具及其作用检验

基于公司资本制度视角讨论的补亏政策工具包括股本、资本公积、盈余公积、未分配利润等政策工具。这些内容在第 1 章、第 5 章均有涉及，本章与第 1 章和第 5 章的承继关系如图 7 - 1 所示。第 1 章系统介绍了英美法系和大陆法系的公司资本制度不同之处，第 5 章实证研究验证了股本、资本公积、盈余公积等不同公司财务政策选择对债权人利益保护的影响。本章将在上述研究基础上，从政府补亏政策层面探讨股本、资本公积、未分配利润等补亏政策工具的影响效应，从而揭示公司资本法律制度、企业财务制度和政府补亏政策工具对历史亏损问题的解决都具有同等重要的作用。

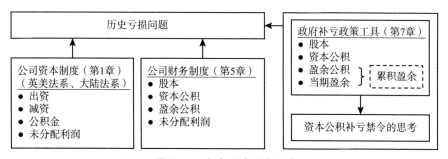

图 7 - 1 本章理论研究思路

7.1 政府补助与实施

7.1.1 政府补助的类别

我国《企业会计准则第 16 号——政府补助》对政府补助有明确的定义，政府补助是企业从政府无偿取得的货币性资产或非货币性资产。该定义的关键点是政府补助的无偿性，表现为政府对企业的无偿援助。从我国政府补助政策实施看，在什么情况下企业能够获取政府补助呢？政府主要以什么方式来支持企业发展呢？

（1）政府补助的动因分类。一般而言，政府补助的动因主要基于政策性支持、鼓励企业创新发展和为企业纾困三方面进行考虑的。因此，按政府补助动因的不同进行分类，政府补助主要包括政策性补助、财政性补助和捐赠性补助三类（姚津，2006）。其中政策性补助与企业的经营密切相关，是企业响应国家政策或者承担社会责任而做出某种承诺，政府为企业由此引发的经济利益损失而给予的特定补偿，比如，政府对粮食、肉类、水电等一些与国计民生紧密相关的产品价格进行宏观调控，通过对企业实行政策性补助来弥补企业因产品价格定价限制而受到的损失；再如，利用三废加工产品的企业或进行三废治理的企业，需要有更多的环境治理投资，承担较高的成本费用，在其产品售价不提升的情况下，治理投资必然会影响到企业的经营利润，对此，政府可通过政策性补助方式来弥补企业因承担社会责任而造成的经济利益损失。财政性补助是一种扶持性补助，是政府为促进企业创新与发展而提供的财务支持，例如，政府给予企业的科技专项拨款、高新技术产业专项补助资金等；再如，对于经认定的高新技术成果转化项目，政府返还项目用地的土地使用费、土地出让金等，从而实现政府对高新技术企业的财务支持；此外，国家对特定企业或特定行业在一定时期所给予的税收优惠等也属于政府的财政性补助范畴。捐赠性补助与亏损企业相关联，包括当期亏损企业也包括历史亏损公司，通过捐赠性补助帮助企业扭亏为盈或改善企业的盈利状况。比如，当上市公司因亏损面临退市风险时，地方政府可能会给予上市公司援手，通过财政补贴或各种税收优惠等方式为企业纾困，保住上市公司在资本市场的一席之地。

（2）政府补助方式分类。按补助方式的不同进行分类，政府补助包括财政拨款、财政贴息和税收返还三类。为进一步观测这三种政府补助方式的实施状况，本章对2007～2019年接受政府补助的全样本进行了分类描述，如表7-1所示。

表7-1　　　　　　　　　　接受政府补助样本分布

	只存在一种补助方式			同时存在两种补助方式			同时存在三种补助方式
	拨款	贴息	税返	拨款和贴息	拨款和税返	贴息和税返	拨款、贴息和税返
样本观测数（个）	15412	21	91	2131	6372	11	942
占比（%）	62.14			34.09			3.77

资料来源：CSMAR 数据库。

2007～2019 年度总体观测值为 27025 个，存在政府补助的样本观测有 24980 个（见表 7－1），政府补助比例高达 92.43%。说明我国极大部分的上市公司接受了不同形式的政府补助。且自 2007 年以来，上市公司接受政府补助的数量呈线性增长，表明越来越多的企业得到了政府扶持。

图 7－2 描述了财政拨款、财政贴息和税收返还三种补助形式的样本趋势。其中政府补助与财政拨款两条趋势线契合度高，表明对大部分企业而言，接受补助的主要形式是财政拨款，接受财政拨款和税收返还的企业数量呈线性增长，而接受贴息的企业数量并未表现出较大波动且占比较小。图 7－2 和表 7－1 也证明，贴息和税收返还大多伴随财政拨款同步发生，单独接受贴息和税收返还的样本观测极少。以上结果说明，我国政府补助方式单一且局限，补助形式仍以财政拨款为主，财政贴息和税收返还为辅。

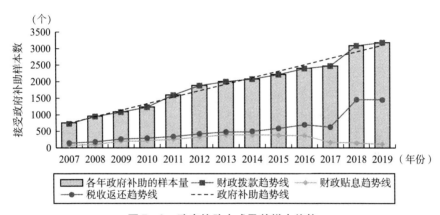

图 7－2 政府补助方式及其样本趋势

为何接受财政贴息企业占比极少？客观层面看，我国贴息贷款业务存在诸多问题：一是企业申请贷款贴息手续较为繁琐，而且资金到位比较慢。目前所有贴息均为"先收后贴"，贴息流程较长，会经历多个部门的层层审批过程，导致银行贷款发放效率较低。二是风险、担保、保险机制不健全，影响金融机构贷款的积极性。贴息贷款引入保险程度低，不能覆盖贷款风险，同时又缺乏风险补偿基金、担保基金等对不良资产进行化解。当企业经营失败时，贷款难以追回。三是贴息贷款覆盖面小，存在"垒大户"现象。按照制度设计，贴息贷款方式应更多支持那些缺少抵押、担保资产的融资难企业，但金融机构往往会选择有经济实力的贷款主体以规避贷款风险，造成"垒大户"现象突出。除此之外，相关政策宣传不到位、企业不了解贴息贷款政策等均可能是影响财政贴息占比较少的重要因素。主观层面看，财政贴息这一补助方式十分局限，只有在企业进行银行贷款时才会发生作用，它并不是一种直接的注资行为，无法像财政拨款那样直接向企业提供大额专项资金，并且企业仍需按时归还所借资金，故企业在主观上更愿意申请财政拨款而非贴息。

7.1.2　政府补亏方式及实施现状

政府补亏是政府补助的一种形式，是指政府通过采用税收优惠、财政补贴等政策手段，专门针对亏损企业所实施的政府补助的情形。如前所述，历史亏损公司与僵尸企业不同，是具有持续经营能力的企业，政府对这类企业施以援手，可加速其发展速度，提高企业价值创造能力。具体而言，其作用表现在：第一，政府补助能缓解历史亏损公司资金周转不足的局面，弥补企业生产经营过程中出现的资金缺口，一定程度上满足企业投资和规模扩张的资金需求，通过实现规模经济提高全要素生产率（李政等，2019）。第二，政府以科技专项的形式向历史亏损公司拨付补贴资金，用于创新研发和项目推广等，鼓励企业研发投入增加和能力提升，通过技术进步促进生产率提升（Wieser，2015）。第三，政府补助能够给予历史亏损公司一定的价格补偿，有助于企业保持产品的价格优势、扩大市场规模（任曙明和吕镯，2014）。第四，政府补助可以作为股票市场的"风向标"，向外界释放企业存在发展潜力的信号，引导机构投资者和社会投资者做出股票买卖决策，缓解历史亏损公司的融资约束，使其获得更多的融资支持（Wu，2017）。

目前我国政府对亏损企业或背负亏损"包袱"的企业所给予的政策扶持主要表现为税收优惠和财政补贴两种方式。

（1）税收优惠。这是用历史亏损"包袱"抵税的政策。我国《公司法》第一百六十六条规定，公司分配当年税后利润时，应当提取利润的百分之十列入公司法定公积金。公司的法定公积金不足以弥补以前年度亏损的，应当先用当年利润弥补亏损。

《中华人民共和国企业所得税法》（2018 修正）第五条明确规定，企业的应纳税所得额是企业每一纳税年度的收入总额，剔除不征税收入、免税收入，减去各项应在税前扣除的项目，以及允许弥补的以前年度亏损后的余额。其中弥补以前年度亏损是指如果上年的净利润为负（或者未分配利润为负），本年的税前净利润要首先弥补掉这部分亏损额后，才能作为可供分配的净利润，按照相关规定来计提公积金、公益金或者分红。但是第十八条规定又作了进一步限制，企业纳税年度发生的经营亏损额，可以用以后年度的经营所得来进行弥补，但亏损结转年限最长不得超过 5 年。

在特殊情况下亏损结转年限也可以适度延长。比如，《关于支持新型冠状病毒感染的肺炎疫情防控有关税收政策的公告》第四条规定，因受疫情影响较大而在 2020 年度经营亏损的困难行业企业，其发生的亏损额最长结转年限可由 5 年延长至 8 年。这里的困难行业企业包括交通运输、餐饮、住宿、旅游（指旅行社及相关服务、游览景区管理两类）四大类，但需要指明的是，这类困难行业企业 2020 年度主营业务收入必须占收入总额（剔除不征税收入和投资收益）的 50% 以上。

为了扶持企业发展，亏损结转年限也可以适度延长。比如，财政部、国家税务总局为解决高新技术企业和科技型中小企业大投入、长周期的技术开发项目产生的亏损，发布了《关于延长高新技术企业和科技型中小企业亏损结转年限的通知》，该文件第一条规定，自 2018 年 1 月 1 日起，当年具备高新技术企业或科技型中小企业资格的企业，其具备资格年度之前 5 个年度发生的尚未弥补完的亏损，准予将亏损结转以后年度进行弥补，最长结转年限由 5 年延长至 10 年。需要说明的是，不同类型纳税人的亏损结转年限不同。纳税人选择"一般企业"是指亏损结转年限为 5 年的纳税人；符合条件的"高新技术企业"和符合条件的"科技型中小企业"是指符合国家税务总局《关于延长高新技术企业和科技型中小企业亏损结转弥补年限有关企业所得税处理问题的公告》等文件规定的，亏损结转年限为 10 年的纳税人。上述关于高新技术企业和科技型中小企业亏损结转弥补年限的延长，是对纳税人最有利的一种制度安排，有利于这一类型的企业项目资金流转和正常运转。

（2）财政补贴。财政补贴按照政策目的分类，可以分为价格补贴、企业亏损补贴、出口补贴、财政贴息等。在市场经济下，企业处于平等竞争的地位，通过市场机制，实现优胜劣汰，政府原则上不干预企业经营。但国家对一些有关国计民生的特殊领域或行业，要控制其价格或经营范围，要求企业做出某种牺牲时应给予一定的政策性补贴。比如，财政部等部委发布的《全民所有制企业政策性亏损定额补贴管理办法》（1994）规定了企业政策性补贴范围包括：生产（经营）国家指令生产（经营）并由国家统一定价的产品、商品、物资而形成的亏损；因长期承担特定任务而又不具备生产经营条件的农业企业所出现的亏损等。

　　从现实情况看，近年来各地财政对企业的亏损补贴时有发生，2019年部分上市公司亏损补贴情况如表7-2所示。

表7-2　　　　　　　　　　　2019年企业亏损补贴明细　　　　　　　　单位：元

公司代码	证券简称	政府补助明细项目	本期金额	上期金额
600057	厦门象屿	黑龙江省粮储亏损补贴		26624984.04
600511	国药股份	亏损政策性补贴	15077864.87	
600979	广安爱众	水价亏损补贴	640000	4127751.94
002246	北化股份	亏损补助	4100000	4100000
300152	科融环境	城镇供水特许经营亏损补助	11608200	13155960
002357	富临运业	应急客车2018年度亏损补贴	300000	
600561	江西长运	经营性亏损补贴	37411959	54090900
002249	大洋电机	经营亏损专项扶持金	191312.40	
600889	南京化纤	关停亏损补助		20000000
002096	南岭民爆	省属企业计划亏损补贴		1200000

　　资料来源：CSMAR数据库。

7.2　公司资本制度视角下的政府补亏政策工具

7.2.1　补亏政策工具的提出

　　如前所述，英美法系公司资本制度与大陆法系公司资本制度具有较大差异，包括出资制度、减资制度、利润分配制度、公积金制度均有不同的制度安排，特别是在弥补历史亏损政策方面，各国制度呈现不同特点。

　　从公司资本制度看，补亏政策工具可归纳为当期盈余补亏、盈余公积补亏、资本公积补亏以及注册资本补亏（以下简称减资补亏）四种方式（刘燕，2006；黄亚颖，2015）。历史亏损公司已经实现扭亏为盈，当期盈余补亏具有可操作性，但对于沉重的历史亏损"包袱"而言，当期盈余又是杯水车薪，很难在短期内发挥补亏功效。盈余公积是从净利润（减去弥补以前年度亏损）中按比例提取的法定盈余公积和任意盈余公积，对历史亏损公司而言，以前年度亏损未得以弥补则不可以提取盈余公积，故这类企业提取的盈余公积在所有者权益结构中占比很小，其补亏作用亦难实现。资本公积补亏和减资补亏在我国法律体系中属于禁止范畴内。在现有政策环境下，当期盈余、股本、资本公积、盈余公积等补亏政策工具对消化历史亏损"包袱"的作用程度令人堪忧，这也预示着历史亏损公司在持续盈利且股东不能分红、公开股权融资受限的态势下进入补亏"持久战"。

从企业所有者权益结构角度看，历史亏损公司呈现高股本、高资本公积、高负向未分配利润并存的财务特征。基于 1993 ~ 2019 年样本对所有者权益结构分析发现，历史亏损公司的股本、资本公积、盈余公积、未分配利润四类补亏政策工具内在结构为：股本均值占比 61.98%、资本公积均值占比 54.87%、盈余公积占比 9.81%、未分配利润占比 - 36.54% ①。数据显示，股本占比和资本公积占比均超过了负向未分配利润，说明资本公积作为补亏政策工具其功能并未得以充分发挥，盈余公积的占比较小对弥补亏损的作用微不足道。

严峻的现实为本章研究提出如下问题：不断加重的历史亏损"包袱"与国家补亏政策有因果关系吗？若以盈余公积、资本公积以及股本为抓手设计合理的补亏规制能帮助企业消化历史亏损"包袱"吗？综上所述，在探讨僵尸企业退出机制（熊兵，2016；朱舜楠和陈琛，2016；Bruche and Llobet，2012；Fukuda and Nakamura，2011）的同时，必须关注历史亏损公司的存在，它关乎企业转型升级战略的实施。通过验证补亏政策与历史亏损的影响关系，可从政策制度层面提出历史亏损公司纾困思路；通过对股本、资本公积、盈余公积、当期盈余等补亏政策工具作用方向及其作用程度的检验，可为补亏政策选择提供经验证据。

7.2.2　我国补亏政策工具适用的情景特征和具体规定

由于企业的亏损情形和相关法规规定的不同，导致企业面临的税前弥补方法各异，各种补亏工具的应用条件也有所差异。本节将主要阐述不同情形下相关政策法规规定，以及补亏工具不同的适用情景。

（1）累积盈余补亏。在我国相关法规中，当期盈余和盈余公积是重要的补亏政策工具。累积盈余是当期盈余和盈余公积之和，累积盈余补亏的相关规定如下。

一是筹办期的企业，不能应用各种补亏工具弥补筹办费的支出。根据

---

① 股本、资本公积、盈余公积、未分配利润分别做 1% 的缩尾处理后，对每个公司 - 年度计算各项占比，再求平均值。

《国家税务总局关于贯彻落实企业所得税法若干税收问题的通知》第七条和《国家税务总局关于企业所得税若干税务事项衔接问题的通知》第九条的规定，处于筹办期的企业，发生的筹办费用不能计入当期亏损。企业从开始生产经营的年度起始，作为开始计算企业经营损益的年度，亦即企业从事生产经营之前、在进行企业开业筹办活动期间发生相关筹办费用支出，按规定不可以作为当期亏损处理。在企业经营年度开始之初，根据《国家税务总局关于企业所得税若干税务事项衔接问题的通知》，开（筹）办费未明确列作长期待摊费用，可以将筹办费用在开始经营之日的当年一次性扣除，也可以列作长期待摊费用进行账务处理，但一经选定，不得改变。此规定在现行税法中依然适用。由此可见，筹办期的企业原则上不能应用各种补亏工具弥补筹办费的各项支出，只有企业在经营年度开始之后方可通过财务政策选择、利用补亏工具弥补开（筹）办费支出。

二是拟上市企业，累计未弥补亏损成为 IPO 的关注要素。随着 2018 年 3 月 22 日国务院办公厅转发的《关于开展创新企业境内发行股票或存托凭证试点的若干意见》、2018 年 6 月 6 日证监会发布的《关于试点创新企业整体变更前累计未弥补亏损、研发费用资本化和政府补助列报等会计处理事项的指引》、2019 年 1 月证监会发布的《关于首发企业整体变更设立股份有限公司时存在未弥补亏损事项的监管要求》以及 2019 年 3 月 3 日上海证券交易所发布的《上海证券交易所科创板股票发行上市审核问答》等系列证券监管法规的出台，监管机构对于拟上市公司整体变更时存在未弥补亏损事项明确了监管要求：一是部分试点企业，因前期技术研发、市场培育等方面投入较大，在有限责任公司整体变更设立股份有限公司前，存在累计未弥补亏损，可以依照发起人协议，履行董事会、股东会等内部决策程序后，以不高于净资产金额折股，通过整体变更设立股份有限公司方式解决以前累计未弥补亏损；二是存在未弥补亏损的非试点创新企业发行人应当自完成整体变更的工商登记后运行满 36 个月方可申报 IPO（试点企业以及申请科创板上市的公司可不受工商登记后运行满 36 个月的限制）。

需要说明的是，如果拟上市企业存在未弥补亏损的情形，发行人及中介机构应在招股说明书中对累计未弥补亏损形成原因、该情形是否已消除及对未来盈利能力的影响以及整改措施（如有）等做出详尽的信息披露，并充分揭示相关风险。

三是清算企业，可以依法弥补以前年度亏损。根据《关于企业清算业务企业所得税处理若干问题的通知》第三条明确，企业清算的所得税处理程序和要点如下：一是全部资产均应按照可变现价值或交易价格来确认资产转让所得或者资产转让损失；二是确认债权清理以及债务清偿的债权债务处理所得或损失；三是对预提或待摊性质的费用进行处理，将其计入清算损益类账户中；四是依法弥补亏损，确定清算所得；五是计算并缴纳清算所得税；六是确定可以对股东进行分配的剩余财产、应付股息等。由此可见，清算企业可以弥补以前年度亏损，清算企业运用补亏工具弥补亏损，有利于保障债权人的合法权益。

四是改制重组企业形成的亏损，可以由改制后的企业弥补。为了鼓励企业进行改制重组、转型升级，国家给予一些符合规定条件的企业一定程度的税收优惠政策，亦即对于改制重组企业形成的亏损，可以由改制后的企业弥补。《企业重组业务企业所得税处理若干问题》规定，经税务机关审核确认备案，符合特殊重组条件的企业合并，合并企业应承继被合并企业在合并以前的全部企业所得税纳税事项，如果以前年度亏损没有超过法定弥补期限，也由合并企业按规定用以后年度实现的与被合并企业资产相关的所得继续弥补。如果企业改制重组属于特殊重组分立，同样经税务机关审核确认，接受资产的分立企业应承继被分立企业的已分离资产相对应的纳税事项，如果被分立企业以前年度亏损没有超过法定弥补期限，也由分立企业继续弥补，弥补亏损额可按分离资产占全部资产的比例进行分配。

五是发生长期股权投资业务的企业，被投资企业的亏损不允许在投资方扣除。根据《关于企业所得税若干问题的公告》第五条规定，被投资企业发生的经营亏损，由被投资企业按规定结转弥补；投资企业不得调整减低其投资成本，也不得将其确认为投资损失。税法之所以这样规定，是因为会计核算上采用权益法确认的投资收益在税法规定上并不确认为企业收入，因此，其所对应的被投资企业的亏损也不允许在企业所得税前扣除，被投资企业的盈利和亏损，如果一直未作分配，最终将在清算收回投资时按照《关于企业清算业务企业所得税处理若干问题的通知》的规定确认。

（2）资本公积补亏。如前所述，我国法规明确规定了资本公积政策工具补亏禁令。中国证监会发布的《上市公司监管指引第 1 号——上市公司实施重大资产重组后存在未弥补亏损情形的监管要求》规定，公司提取的资本公积金不得直接用于弥补公司亏损，也不得通过资本公积金转增股本之后进行缩股的方式来弥补亏损。对于上市公司因实施重组事项可能导致巨额负向未分配利润，进而影响公司分红和公开发行证券的情形，中国证监会再次重申了四方面的监管要求：一是上市公司必须严格遵守公司法的规定，公司的资本公积金不可以弥补公司当期或以前年度亏损；二是公司不得通过资本公积金转增股本之后进行缩股的方式来弥补亏损；三是上市公司应当在临时公告和年报中，对不能弥补亏损的风险进行充分披露并作出特别风险提示；四是上市公司在实施重大资产重组时，应当在重组报告书中充分披露全额承继亏损的影响并做出特别风险提示。可见，对于禁止资本公积金补亏和减资补亏的政策要求，限制了补亏工具的运用。

7.2.3   补亏政策工具应用的国际经验

比较国际主要资本市场的累积盈余补亏（包括当期盈余补亏和提取的盈余公积补亏）、资本公积补亏和减资补亏等常见补亏手段不难发现，各国政策在累积盈余及减资补亏方式上基本趋同，但在资本公积补亏方式上有较大争议，如表7-3所示。

表7-3   国际主要资本市场上市公司经营亏损弥补政策的异同

补亏途径	国家	异同
累积盈余补亏	英、美、法、德、日、中	各国法律均将营业盈余视为最主要的补亏途径
资本公积补亏	德、日	（1）德国法律规定在盈余公积弥补亏损不足时方可采用资本公积补亏； （2）资本公积是日本上市公司主要的补亏途径； （3）中国法律严令禁止
减资补亏	英、美、法、德、日、中	（1）法、德减资补亏可获得法律上的便利； （2）英、美、日法律明确规定减资为合法补亏途径，且在实务中广为采用； （3）中国法律禁止减资补亏

资料来源：作者根据相关资料整理。

首先，累积盈余补亏是弥补亏损最直接的途径。企业经营利润在提取公积金后应以股利形式给股东分红，但在企业遇到经营亏损时，经营利润应先用来弥补亏损，这是世界各国包括英、美、法、德、日、中等众多国家法律普遍规定的补亏政策。有所不同的是，在公积金提取比例上存在自由裁量和法律强制规定的差异，如德、法两国在提取公积金比例上做了明确规定，而英、美两国对于留存收益的制度安排较为灵活，赋予董事会更大的决定权。

其次，资本公积补亏政策饱受争议。资本公积补亏手段在各种法律中的相关规定差异较大。例如，美国《标准公司法》和《特拉华州普通公司法》① 强调在通过董事会决议情形下，公司可以利用资本公积弥补亏损。德国《股份公司法》规定资本公积可用于弥补亏损，即当法定公积金与资本储备金合计超过股本的十分之一或超过章程中规定的较高比例时，超出的金额除用于亏损弥补，还可用于转增资本。日本 2005 年《会社法》规定在财务报告中不再区分盈余公积和资本公积，统一作为准备金列示；公司的准备金经由股东大会决议可以减少，按规定转增资本或补偿亏损。英国公司法将资本盈余划分为股份溢价账户、资本赎回储备金、以前年度累积未实现利润与累积未实现亏损的差额、公司章程禁止分配的其他储备金等类别，并针对每一类别分别列示用途，归纳起来主要可用于股份发行中支付佣金以及转增资本，未见资本公积补亏的有关内容。法国《商法典》也未明确列示补亏可否作为资本公积的法定用途。可见，资本公积补亏这一政策各国认识具有明显差异。

最后，减资补亏也是弥补亏损的合法手段，并在各国实务中被广泛采用。很多国家都在法律中明确规定可以利用减少注册资本方式来弥补亏损。例如，英国公司法明确了减资的合法理由以及减资方式，其中理由之一是，取消已经损失或者没有对应资产的实收股份资本，以此恢复公司账目的真实情况。英国公众公司减资需要在公司决议之后提请法院判决，2006 年英国公司法进一步简化了针对小企业的减资程序，可以不经法院裁定。美国《标准公司法》和《特拉华州普通公司法》均明确规定了特定情况下基于债权人利益保护角度的减资法律程序，但并未明确列明减资的合法原因，均以董事会决议为依据。换言之，只要经由董事会决议和履行合法的程序，补亏也是减资的合法理由。法国《商法典》规定，当股份有限公司由于经营亏损导致净资产少于其注册资本总额的一半以上时，应按照公司章程要求的多数决定是否有理由提早解散公司，否则应在不迟于第二个财政年度终结时将资本至少减少至不能以储备金弥补损失的数额。德

---

① 美国各州均有自己的立法权，其中适用范围最广的是 1950 年由美国全国律师协会公司法委员会制定的《标准公司法》，该法得到了约 35 个州的采用，未采用该法的州也参照该法对本州的普通公司法加以修订。其次，由于政策相对宽松，公司注册数量众多，《特拉华州普通公司法》也具有较大影响。

国《股份公司法》虽然没有制定有关损失发生时必须减资的强制条款，但是明确了公司出于特定目的可以采取简化的减资方式，包括：①平衡跌价；②弥补损失；③将款项划入资本公积金等。日本《会社法》明确规定，公司可以减少注册资本以弥补亏损，但减资以依据法规所计算损失额度为限。

综上所述，各国的共性补亏政策是累积盈余补亏和有条件地减资补亏。累积盈余是公司经营亏损时最为直接和最主要的补亏途径；减资补亏虽然在不同国家或地区具有差异化的法律程序和债权人利益保护条款，但大多得以在法律条文中明确规定，甚至在一些国家属于经营亏损时采取的必要方式（如英、美）。依据各国的环境不同，最具争议且各国法律规定差异最大的是资本公积补亏方式，在一些地区属于法律明文规定的合法途径（如日本），一些国家属于特定条件下可采用的限制性途径（如德国），而一些国家则严令禁止（如中国）。

7.3　补亏政策工具作用检验

国际通行的亏损弥补政策工具包括：累积盈余（当期盈余和盈余公积）、资本公积以及注册资本（股本）。根据经济后果理论，政策变更必然会对资本市场参与者带来较大冲击（Stephen，1978）。进一步分析股本、资本公积、盈余公积、当期盈余等补亏政策工具对历史亏损的作用方向及其作用程度，从而为国家补亏政策选择提供经验证据。

7.3.1　样本选择和变量设计

选取 1993 ~ 2019 年我国沪深 A 股上市公司为样本，数据均来源于 CS-MAR 数据库，解释变量为可选择的补亏政策工具，包括盈余公积、资本公积、股本、净利润以及营业利润等；被解释变量为未分配利润。本章对所有变量求得年度平均值，构造时间序列。为了使数据变得平滑，消除时间序列中可能存在的异方差现象，对所有变量取对数，并且对历史亏损样本中的负向未分配利润先取绝对值，再对绝对值取对数，负向未分配利润绝对值越大说明历史亏损越严重。将每个变量分别记为负向未分配利润年度均值的绝对值取对数（lnundisp_mean）、资本公积年度均值取对数（ln-cap_mean）、盈余公积年度均值取对数（lnsr_mean）、股本年度均值取对数

（*lnequty_mean*）、净利润年度均值取对数（*lnni_mean*）、营业利润年度均值取对数（*lnprofit_mean*）。

7.3.2　VAR 模型检验

在进行 VAR 模型估计前，本章利用 Stata13.0 对各个变量的平稳性进行检验分析，如表 7-4 所示。DF 检验结果表明：*lnundisp_mean*、*lncap_mean*、*lnni_mean*、*lnprofit_mean* 的一阶差分 Z 统计量均小于各个显著性水平下的临界值，*lnequity_mean* 的一阶差分 Z 统计量小于 5% 和 10% 显著性水平下的临界值，说明代表政策工具的各个变量的一阶差分均具有平稳性。

表 7-4　　　　　　　　　　变量的平稳性检验结果

变量	Z 值	1% 显著性水平临界值	5% 显著性水平临界值	10% 显著性水平临界值	$P-value$	平稳性
lnundisp_mean	-2.754	-4.371	-3.596	-3.238	0.011	不平稳
d. lnundisp_mean	-5.111	-3.750	-3.000	-2.630	0.000	平稳
lncap_mean	-1.768	-4.371	-3.596	-3.238	0.090	不平稳
d. lncap_mean	-3.989	-3.750	-3.000	-2.630	0.001	平稳
lnequity_mean	-0.918	-4.371	-3.596	-3.238	0.368	不平稳
d. lnequity_mean	-3.671	-3.750	-3.000	-2.630	0.001	平稳
lnni_mean	-2.203	-4.371	-3.596	-3.238	0.038	不平稳
d. lnni_mean	-4.197	-3.750	-3.000	-2.630	0.000	平稳
lnprofit_mean	-2.489	-4.371	-3.596	-3.238	0.020	不平稳
d. lnprofit_mean	-8.169	-3.750	-3.000	-2.630	0.000	平稳

注：*d.* 表示一阶差分。
资料来源：CSMAR 数据库。

为确保模型可提取全面有用的信息，本章对 VAR 模型估计进行最优滞后阶数的选择，如表 7-5 所示。FPE、AIC、HQIC、SBIC 指标结果显示，最优滞后阶数为 2 阶，即滞后两期的 VAR 模型的残差序列通过了白噪声检验，全部有用信息均被提取。VAR 模型估计结果如表 7-6 所示。

表 7 - 5   最优滞后阶数的选择

滞后阶数	LL	LR	df	p	FPE	AIC	HQIC	SBIC
0	57.6724				6.50E - 10	- 4.13379	- 4.05266	- 3.84126
1	204.71	294.08	36	0.000	9.80E - 14	- 13.0168	- 12.4489	- 10.9691
2	276.42	143.42 *	36	0.000	1.0e - 14 *	- 15.8736 *	- 14.8188 *	- 12.0707 *

注：* 代表在 10% 水平上显著。
资料来源：CSMAR 数据库。

表 7 - 6 显示，滞后一期与滞后两期的结果基本一致，资本公积在 1%
水平上对负向未分配利润绝对值有正向作用，说明资本公积规模越大，负
向未分配利润绝对值越大，历史亏损越严重；盈余公积、股本、营业利润
和净利润对负向未分配利润绝对值有显著的负向作用，表明这些补亏政策
工具的规模越大，未分配利润负向水平越低，历史亏损可得以改善。结合
表 7 - 7，虽然单一方程的某些阶系数不显著，但作为整体，各阶系数均高
度显著。

表 7 - 6   VAR 模型估计

lnundisp_mean	系数	标准差	Z 值	$P > |z|$
L1. lncap_mean	2.166	0.474	4.570 ***	0.000
L2. lncap_mean	0.433	0.566	0.770	0.444
L1. lnsr_mean	- 0.163	0.944	- 0.170	0.863
L2. lnsr_mean	- 1.997	0.722	- 2.770 ***	0.006
L1. lnequity_mean	- 1.374	0.414	- 3.320 ***	0.001
L2. lnequity_mean	- 0.016	0.622	- 0.030	0.98
L1. lnni_mean	- 0.524	0.560	- 0.940	0.349
L2. lnni_mean	- 1.393	0.446	- 3.120 ***	0.002
L1. lnprofit_mean	- 1.335	0.397	- 3.360 ***	0.001
L2. lnprofit_mean	- 1.015	0.412	- 2.460 **	0.014
截距	- 21.326	2.671	- 7.980 ***	0.000

注：L1. 表示滞后一阶，L2. 表示滞后二阶，*** 代表在 1% 水平上显著，** 代表在 5% 水平
上显著。
资料来源：CSMAR 数据库。

表 7 - 7　　　　　　　　　　各阶系数的联合显著性检验

Equation：lnundisp_mean

滞后阶数	F 值	Prob > F
1	23.078 ***	0.000
2	5.130 ***	0.008

Equation：lncap_mean

滞后阶数	F 值	Prob > F
1	12.308 ***	0.000
2	4.347 **	0.015

Equation：lnsr_mean

滞后阶数	F 值	Prob > F
1	86.121 ***	0.000
2	7.516 ***	0.002

Equation：lnequity_mean

滞后阶数	F 值	Prob > F
1	11.024 ***	0.000
2	2.681 *	0.083

Equation：lnni_mean

滞后阶数	F 值	Prob > F
1	22.105 ***	0.000
2	2.416 *	0.091

Equation：lnprofit_mean

滞后阶数	F 值	Prob > F
1	30.806 ***	0.000
2	2.839 *	0.059

Equation：All

滞后阶数	F 值	Prob > F
1	46.243 ***	0.000
2	13.383 ***	0.000

注：*** 代表在 1% 水平上显著，** 代表在 5% 水平上显著，* 代表在 10% 水平上显著。
资料来源：CSMAR 数据库。

本章进一步进行了格兰杰因果检验，结果如表 7 - 8 所示，补亏政策工具资本公积、盈余公积、股本、营业利润和净利润都对负向未分配利润产生影响。

表 7 - 8 　　　　　　　　　　　格兰杰因果检验

被解释变量	解释变量	F 值	Prob > F
lnundisp_mean	lncap_mean	14. 469 ***	0. 001
lnundisp_mean	lnsr_mean	17. 141 ***	0. 000
lnundisp_mean	lnequity_mean	6. 9312 ***	0. 010
lnundisp_mean	lnni_mean	5. 2639 **	0. 023
lnundisp_mean	Lnprofit_mean	5. 7423 **	0. 018
lnundisp_mean	ALL	37. 814 ***	0. 000

注：*** 代表在 1% 水平上显著，** 代表在 5% 水平上显著。
资料来源：CSMAR 数据库。

　　本章进一步对 VAR 模型进行稳定性检验，结果如图 7 - 3 所示。单位圆曲线及单位根具体位置图呈现，所有单位根都在单位圆曲线内，表明模型所有单位根的模都小于 1，证明 VAR 模型具有稳定性，具备进行脉冲响应检验的条件。

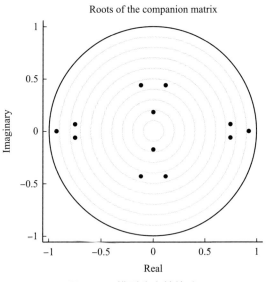

图 7 - 3　模型稳定性检验

7.3.3　脉冲响应分析

为了验证各种补亏政策工具对历史亏损的作用程度，本章利用脉冲响应函数来分析补亏政策的一个新信息的扰动是否对未分配利润有显著影响。

图 7-4～图 7-8 为历史亏损公司负向未分配利润绝对值对各种补亏工具的响应。横轴为响应函数的追踪期数，纵轴为负向未分配利润对资本公积、股本、净利润、盈余公积、营业利润等补亏工具的响应程度。由图 7-4 可见，在所选样本期间内，未分配利润受到资本公积补亏工具的冲击较为频繁，先后经历了由向上到向下的冲击①，达到反应峰值后，又经历了一次冲击程度较上次稍弱的循环，最后渐渐趋于平稳。冲击过程与我国补亏政策变迁过程具有密切的相关性。我国在 2005 年首次颁布了资本公积不得弥补亏损禁令，以及 2012 年再次强调资本公积不得补亏规定后，形成了资本公积对企业历史亏损的两次较大程度的反复冲击。股本作为另一补亏政策工具，在资本公积不得补亏政策发布后，很多企业便以缩股补亏方式为替代方式，直至 2012 年缩股补亏禁令出台，整个过程如图 7-5 显示，未分配利润对股本的响应经历了由向下到向上的冲击。净利润一直表现为重要的补亏工具，所以在这一段时期的响应处于波动状态，如图 7-6 所示。而盈余公积、营业利润等补亏工具的相关政策在此阶段并没有新信息冲击，所以未分配利润对其并没有响应，图形表现较为平缓，如图 7-7、图 7-8 所示。

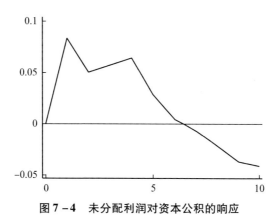

图 7-4　未分配利润对资本公积的响应

---

①　被解释变量设定为负向未分配利润的绝对值，当被解释变量受到向下冲击时，表现为未分配利润绝对值减少，历史亏损减轻；反之，当被解释变量受到向上冲击，表现为未分配利润绝对值增加，历史亏损加重。

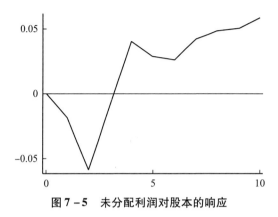

图 7 – 5   未分配利润对股本的响应

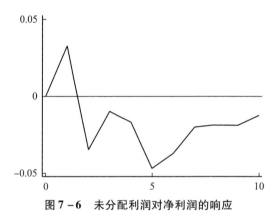

图 7 – 6   未分配利润对净利润的响应

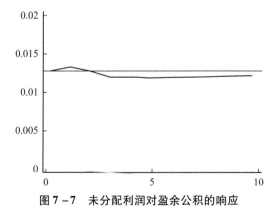

图 7 – 7   未分配利润对盈余公积的响应

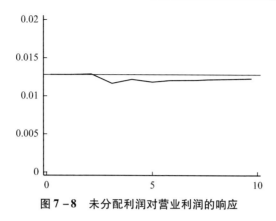

图 7 - 8　未分配利润对营业利润的响应

7.4　研究结论

本章对我国上市公司背负历史"包袱"问题进行了深入探索。研究结论如下。

（1）归纳历史"包袱"补亏路径的国际经验发现，各国不补政策具有差异性。累积盈余补亏是各国弥补亏损最直接的途径，资本公积补亏手段在各国法律规定以及实务操作中差异较大且饱受争议，有条件的减资补亏在各国补亏政策中均有涉猎，这些经验对我国补亏政策的进一步完善具有借鉴意义。

（2）对补亏政策效应评估发现，各类补亏政策工具影响作用不可忽视。VAR 模型验证，资本公积规模越大，负向未分配利润绝对值越大，历史亏损"包袱"越严重；盈余公积、股本、营业利润和净利润对负向未分配利润绝对值有显著的负向作用，采用这些政策工具可缓解历史亏损"包袱"的影响。脉冲响应函数验证，资本公积、股本等政策工具对历史亏损的冲击作用程度较大，作用显著；而净利润、营业利润、盈余公积等作用程度较小，与我国政策变迁过程相吻合。

第8章　历史亏损的共同治理机制研究

在希腊语中，"治理"与"舵手"两词具有相同内涵，治理问题广泛存在于不同国家、社区、团体以及企业。何为治理？其本质在于依靠权力去引导和控制，并依据法律来规范和协调影响他人利益的行为。

对于企业的治理，自20世纪60年代以来，伴随企业民主理论、社会责任理论的发展与应用，学术界和实务界对股东单独治理模式提出质疑与批判。随后，一种主张投资者、债权人、政府、供应商、客户等利益相关者积极参与的新型治理模式——利益相关者共同治理模式被广泛推崇。这一新型治理模式强调虽然企业所有权属于股东所有，但治理权掌握在所有利益相关者手中。公司治理水平的高低与利益相关者的利益直接挂钩，公司治理失误不仅关乎债权人的"身家性命"，同时严重损害整个社会的稳定程度。利益相关者共同治理模式要求投资者、债权人、政府、供应商和客户等利益相关者积极参与企业日常生产经营决策，在实现自身权利的同时提高公司治理水平。自20世纪90年代以来，欧美等发达国家已将利益相关者共同治理模式列为公司治理基本指导原则。1999年5月，国际经济合作与发展组织（OECD）专门制定了《OECD公司治理结构原则》，强调一个公司在竞争中的最终成功是协同工作的结果，鼓励公司和利益相关者积极合作从而保持企业财务健全。

随着市场经济的快速发展，企业与外部市场环境的融合也在不断更新与发展，公司的组织形态也朝着多元化和复杂化的方向不断演进，企业的利益相关者如机构投资者、供应商、债权人、政府、客户等更多通过各种契约与企业形成关联，企业已成为多方利益相关者共同关注的契约结合体。此时，企业仅靠内部治理机制来满足各方利益相关者的利益诉求是很难实现的，同时需要加强外部治理以形成内外部有效的监督和制衡机制，达成利益相关者利益最大化目标。

如前所述，历史亏损问题严重影响了股东及债权人利益，因此，股东、债权人应参与公司治理，从而规避其利益被损害的风险；此外，由于政府的补亏政策对历史亏损"包袱"的消化具有显著效应，因此，政府参与治理至关重要。本章与前面各章实证研究的承继脉络如图 8 - 1 所示。

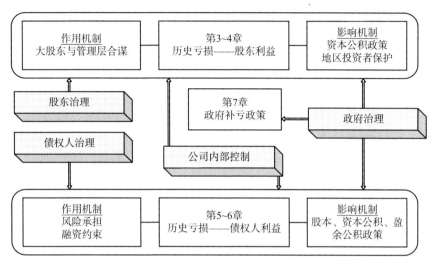

图 8 - 1　前述实证研究与本章承继脉络

8.1　共同治理及其机制构建

8.1.1　共同治理的理论基础

共同治理的理论基础主要为契约理论、产权理论及社会责任理论。

（1）从契约理论角度看，詹森和麦克林（1976）在《企业理论经理行为、代理成本和所有权结构》一文中提出，企业是不同个体之间形成的一组复杂的显性和隐性契约交汇所构成的法律实体，这种契约不仅包括企业内部个人之间的契约，而且包括企业与其他利益相关者之间的契约。由此，越来越多的学者开始将公司理解为一个物资资本所有者、人力资本所有者以及债权人等利益相关者之间的一系列契约的组合，以确保其投入资源得到补偿的可预期性。经营者与所有者的契约、经营者与雇员的契约、企业作为债权人与债务人的契约、企业与客户的契约等"一系列契约"组合，强调利益相关者应以同时追求自身与企业利益最大化为目标，与第三方缔结长期与均衡的合约关系。可见，企业存在的充分必要条件是利益相关者通过契约将相应的资源投入到企业中来，债权人与股东投入了物资资本，经营者和职工是人力资本的投入者。为了保证契约的公正和公平，契约订立各方应享有平等谈判的权利，以确保所有当事人的利益至少应能被合理地予以考虑。企业的本质在于它是一种长期契约的集合，而契约背后隐含的产权主体的平等性和独立性要求企业治理的主体之间是平等、独立的关系。因此，各利益相关者都应获得参与公司治理的权利，契约各方至少在获利机会上是平等的，不存在某一方的利益会或应该优于其他成员。

（2）从产权理论角度看，股东是企业的所有者，应该享有剩余控制权和剩余收益权，并承担相应的剩余风险，因而他们拥有最佳的动力去监督企业，最大化股东的利益就等于最大化公司的利益。然而，股东利益最大化的前提条件是市场无缺陷，不存在市场失灵现象。由于存在着外部性、垄断性、信息不对称等市场失灵现象，契约的不完备性和有限责任决定了股东会将一部分剩余风险转嫁给债权人等公司的利益相关者。在这种情况下，单纯强调股东利益而忽视其他利益相关者的利益就有失公平了。因此，新产权理论提出，产权并不单一归属于股东。企业日常经营管理的物质基础是包含投资者投入的资产、向债权人借入的资产、内部员工劳动创造的价值等形成的法人财产，而非股东资产。因而，凡是投资于法人财产的利益相关者，都为法人财产的保值和增值做出了贡献。鉴于此，企业应归其利益相关者共同所有，他们通过投资收益权的合理分配来实现自身的权益，通过监督权的分配来相互牵制、约束。

（3）从社会责任理论角度看，共同治理有着深厚的企业伦理基础（刘美玉，2007）。企业伦理是企业追求利润最大化时的道德规范，它强调了企业在以合法手段生产经营过程中应遵循的行为准则。企业伦理的内容依据主题可划分为对内和对外两部分，对内规范了企业与员工间关系，对外规范了企业与客户、企业与同行竞争对手、企业与股东、企业与政府等关系。企业的行为和决策极大程度受利益相关者权力的正面或负面影响，这就要求企业承担对利益相关者的责任和义务，以"双赢"策略处理与利益相关者之间的关系。此外，利益相关者在互联互通、相互合作的恰当方式下实现自身利益最大化，同时担负起履行社会责任的重担。因为企业运营不仅影响到对企业进行了各种专用性或通用性投资的所有者利益，而且影响到其他利益相关者的利益，如社区、政府等，所有这些来自其他利益相关者的制衡对企业经营正在产生愈来愈大的影响，这就要求企业不仅要遵守伦理规则和法律规范，还要承担经济责任、环境保护、就业安排等方面的社会责任，企业只有考虑各方利益相关者的要求，开展对利益相关者担负社会责任的经营管理活动，才能获得可持续发展。

8.1.2　共同治理机制构建原则

所谓"机制"，是不同要素间的结构关系和运行方式，指机器的构造和工作原理，后来移植运用于生物学、医学领域，并在社会科学研究中逐渐得到运用。一般的"机制"应具有以下特点：一是机制体现了要素间的相互关联和作用结果；二是事物各个部分依靠机制运行，组织目标依靠机制实现；三是机制虽客观存在，但机制的应用存在主观性，认知的差异使人们对机制的利用程度和方式有所不同，最终的结果也存在差异；四是机制的内部组织和运行变化具有规律性，当外界充分认知并正确运用机制时，它以积极方式表现自己，反之，则以破坏方式来表现自己。

鉴于历史亏损的影响及其作用机理，本章将基于以下原则建立政府、股东、债权人以及企业四方治理机制，从而根本解决企业的历史"包袱"。

（1）公司治理和内部控制有机结合的原则。企业利益相关者的利益要求是通过相应的公司治理机制和企业内部控制安排共同实现的。公司治理的本质是解决两权分离下的代理冲突问题，通过构建一系列正式或非正式的内外部制度或机制对管理层行为产生监督与制衡，从而实现投资者、债权人、客户、内部员工和政府等利益相关者利益最大化的目标。企业与各个层面利益相关者缔结的契约关系有助于清晰界定董事会、监事会、经理层之间的权力与责任。内部控制是董监高及全体雇员为实现企业经营目标，确保会计信息高质量披露，保护资产安全完整而在企业内部实施的各项制约和调节的组织、计划、程序和方法。

良好的内部控制是实现企业经营管理目标的重要保障，其与公司治理两者关系密不可分。内部控制职能的有效发挥需要以企业治理机制为前提和依托，内控的有效性取决于企业治理机制的差异化。若内部控制失效，企业经营就会逐渐偏离最优化的轨道，利益相关者的利益终将得不到保障。公司治理与内部控制之间相互依存、相互制约。因此，本着公司治理与内部控制有机结合的原则构建的共同治理机制，可以充分发挥治理主体在企业管理效率的提高、业绩的改善、管理变革和战略调整中的作用，有效监督和调整企业的管理行为，确保管理当局沿着最优化的轨道运行，确保公司的有效运作和目标的顺利实现。

（2）公平与效率协调平衡的原则。社会公正是经济效率的一个基本前提条件，因为社会公正就意味着较硬的预算约束、较少的外部负效应和较高的透明度，从而意味着更高的效率。从更长期的角度看，如果经济中的各种制度不能为企业利益相关者提供有效的保护，那么，这些利益相关者就必然会采取自我保护措施，这些自我保护措施经常会导致一些正式的或非正式的制度安排，使得交易成本大大提高。构建企业的共同治理机制，就是要强化企业利益相关者的保护机制，实现公平与效率的协调平衡。比如，德国以法律的形式确认了共同参与制，该制度安排考虑的不仅仅是企业所有者，同时还包括供应商、债权人、消费者等利益相关者。

（3）企业利益与社会利益兼顾的原则。从本质上来讲，企业利益与社会利益兼顾是一种广泛意义上的企业伦理的要求。其中社会利益包含着要求企业承担社会责任的陈述，例如，要求企业维持社会秩序、稳定提供就业、提高社会道德水平、改善社会经济状况、提升社区品位、注重环境保护等。如果企业认真关注并尽量满足这些利益要求，企业将会获得更好的发展前景。正如威勒、西兰琶（2002）所指出，考虑社会利益的企业在经营绩效上要比奉行"股东至上主义"的企业更胜一筹。

一个有效的企业治理安排，强调企业在追求自身利润最大化的同时，实现社会效益，平衡兼顾企业利益与社会利益，在经济目标和社会目标之间实现均衡。因此，在构建共同治理机制时，将充分考虑那些主动承担社会责任的企业，通过相应的措施和制度安排来实现企业利益与社会利益的平衡。

8.1.3　共同治理主体及其分析逻辑

基于历史亏损对股东、债权人影响内在作用机理和外在影响机制的研究，以及政府的补亏政策工具讨论，本章将针对政府（Governments）、债权人（Creditors）、股东（Shareholders）、企业等治理主体（Enterprises），分别从外部治理到内部治理探讨四方共同治理机制（GCSE）。

8.1.3.1　共同治理的四方主体

基于实证研究结论可知，历史亏损对股东利益、债权人利益都有一定程度的损害，政府相关政策对历史亏损的弥补也存在着很大的影响效力，因此，对历史亏损问题的解决，需要政府、股东、债权人以及企业四方的共同治理。

（1）政府在治理中起到管理者与监督者的作用。政府是整个国民经济的管理者，运用经济、法律等政策和手段调控国民经济运行，维护正常的交易秩序，并站在公正的立场上调解不同实体之间的矛盾和冲突。严格说来，政府与其他利益相关者的地位不同，无论企业处于何种状态，政府都是一个积极参与企业事务的角色，比如，借助于强权来实施与公司享受制度服务和秩序维持而必须的支付交换；政府通过补贴、税收等经济杠杆对资源进行优化配置等。由于企业总是存在于社会环境之中，它必定要耗费社会公共资源或对社会公共环境产生影响，这就要求政府承担着对各行各业的监督功能，通过制定各种法律、法规等制度来规范企业的行为，并依靠建立公共契约规范企业的权利与义务。

（2）债权人有足够的动力参与治理。股东投入资本和债权人借入资金是构成企业物质资产的主要部分。具体地，企业债务资金包含来自银行等金融机构的借款、对客户和员工的拖欠款、债券发行收入等。因此，由债权人借入资金形成的财务资本是企业重要的资金来源，对企业生存与发展至关重要。与股东不同的是，债权人与企业之间是一种债权债务关系。债权人的资本使用是有时限的，到期必须还本付息，而且其求偿权是优先于股东的。所以，表面上看债权人承担的风险相对小于股东，事实上，债权人和股东承担着同样的经营风险。一方面，当企业经营状况良好时，股东的收益远远大于债权人按照合同规定取得的合同收益；另一方面，公司经营失败，债权人的利益同样得不到保证，因为破产法仅仅赋予其追索公司剩余财产的权利，并不能完全有效地保障债权人的全部权益。因此，债权人有动机参与公司治理，制约债务人的行为，使其贷款风险降至最低。

（3）股东是治理的源动力。在现代公司制度中，把股东作为公司治理的源动力，是因为股东既是剩余收益的索取者又是经营风险的承担者。现代企业制度的所有权与控制权分离、股权分散化的特征，使股东行使权利受到了主观与客观的双重障碍。主观上，多数股东并不直接参与企业经营，他们获取企业信息的渠道有限，使得股东的投票权不能建立在充分的信息基础之上；客观上，企业的控制权掌握在经营者手中，这就存在着股东的资产被经营者滥用的风险。所以，出于确保投资回报和规避风险的动因，股东最有动力参与到公司治理当中，对公司资产的利用情况进行监控。

（4）企业通过内部制度安排来保证利益相关者的权益。企业经营运作是一个全主体参与、协同发挥作用的生态系统。企业要遵循系统性、协同性原则，统筹考虑全部参与主体，提高各主体间合作的广度和深度，从整体利益出发，实现通力合作和多方共赢，促进公司治理机制的优化完善，实现企业经营效益的最大化。在实践中，企业依靠完善的内部治理机制促使利益相关者共同参与企业日常生产经营过程与财务决策，同时应依靠相互监督的机制来制衡各主体的行为，包括通过适当的投票机制和利益约束机制来稳定共同治理主体之间的合作等（杨瑞龙，2002）。

8.1.3.2 共同治理框架及分析逻辑

从历史亏损公司角度看，分红约束、股权融资约束影响了股东及债权人的利益，为保护自身利益，双方更有动机参与企业日常经营管理与财务决策，发挥其治理职能。对债权人而言，通过参与公司治理，建立债权人与企业的制衡机制，实现债权人利益保护；对股东而言，通过有效的公司治理，建立股东与债权人、管理层的利益平衡机制，实现股东利益最优化。由于政府的补亏政策直接影响到企业的历史亏损弥补程度，而企业自身创新水平、风险管理与内部控制水平决定着企业利润的贡献程度。因此，对政府而言，通过相关政策与制度设计，助力企业补亏的同时进一步完善监督机制建设，维护社会公平的交易秩序；对企业而言，通过加强企业内部控制，在努力提升企业经营业绩的同时做好风险把控，平衡风险与业绩的关系，实现企业的社会责任目标。四者关系的逻辑框架如图 8 - 2 所示。

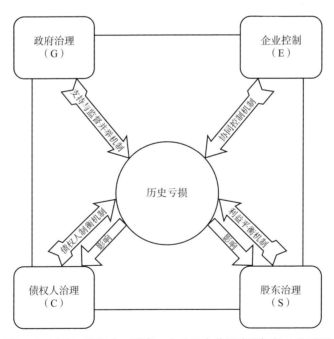

图 8 - 2 政府、债权人、股东、企业四方共同治理框架（GCSE）

从参与治理的角度看，企业的利益相关者可以分为内部参与型治理、交易契约型治理和公共契约型治理。内部参与型治理如股东、经理层和债权人，通过企业股东大会、董事会、监事会等影响企业决策。交易契约型治理如供应商和顾客，是具有完全契约的利益相关者，主要通过市场来间接影响公司经营。公共契约型治理如政府，通过公共契约形式对所有的企业实体进行规制。政府、债权人、股东以及企业通过建立共同治理机制以及具体实施路径，可实现对历史亏损"包袱"的释放与解决，分析框架思路如图 8-3 所示。

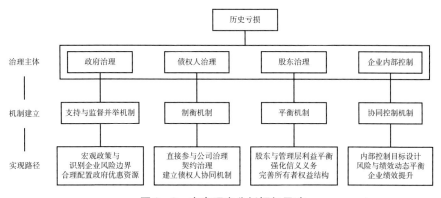

图 8-3 本章研究分析框架思路

8.2 政府治理机制及其实现路径

刘易斯（1955）指出，政府的职能活动同经济增长密切相关，其职能包括维护法律和秩序、对舆论的导向作用、确定经济制度、影响资源使用、影响收入分配、控制货币数量、解决波动问题、保证充分就业、加大投资力度等。本书认为，政府作为一种"社会管理者"，为确保整个国家的社会经济活动正常运转，必须履行社会管理职能，包括对历史亏损公司的政策支持。当然，企业的经济活动具有很多的外部性，政府还应基于公共职能对企业的经济活动进行监督。

8.2.1 政府支持与监督并举机制

（1）建立政府支持与监督并举机制是优化企业经营环境的重要举措。在现代社会中，政府更多行使的是公共管理和公共服务的职能，其主要目标是维持良好的社会秩序。一方面政府对企业行使监督管理职能，表现为监督企业经营行为的合法性、企业是否依法缴纳税款、企业的行为对生态环境的影响等，对企业行为形成了一定程度的约束；另一方面表现为政府对企业的扶持作用，由于企业在生产经营中承担着社会责任，包括依法纳税、稳定提供就业、社会捐赠等，因此，政府有责任对这些企业给予支持，在制度安排等方面助力企业更好地发展。具体包括以下几点。

第一，建立基于市场化原则的政策支持机制。市场化原则要求给予企业足够的自主权，使企业特别是国有企业根据市场规律自行进行决策调整并相应承担风险和获取利润。在符合市场化的大原则下，政府应适当辅以宏观调控政策，通过一些支持性、鼓励性、有扶持作用的措施，推动制度创新、产品创新，实现企业的转型升级，促进企业历史亏损问题的解决。

第二，建立政府、资本市场、社会力量共同监督机制。政府要转变监管理念，创新监管方式，强化过程监督管理，加强事中事后监管。在具体实施过程中，政府需要适度转变职能，在行政资源有限的条件下扬长避短，建立与社会力量的良性互动，通过与社会力量的协调合作，建立有效的声誉机制和约束机制，提高政府全面监管效率。比如，政府借助于媒体对违规企业进行监督，形成约束乃至于震慑作用，从而淘汰不规范的企业。此外，资本市场对政府监督也形成了有益补充（周开国等，2016）。资本市场对企业的监督可以通过有效的竞争机制和惩罚机制进行，比如，投资者对违规企业"用脚投票"，使得违规企业股票下跌、声誉下降等。因此，政府应调动各类市场主体，建立政府、资本市场、社会力量共同监督机制。

（2）政府"放管服"改革是支持与监督并举机制的重要体现。党的十八大以来，党中央、国务院把处理好政府与市场关系、转变政府职能作为全面深化改革的关键，其中"放管服"改革是政府支持与监督并举机制的重要体现。"放管服"改革主要围绕处理好政府与市场关系，强调简政放权、放管结合、优化服务三管齐下推动政府职能转变，优化营商环境，以激发市场活力和社会创造力，促进经济持续健康发展。具体而言，简政放权就是以减少行政审批为主要抓手，将不该由政府管理的事项交给市场、企业和个人，减少政府的微观管理，减少政府对资源的直接配置和对经济活动的直接干预，激发市场主体的活力；放管结合就是在简政放权的同时加强事中事后监管，从"严进宽管"转向"宽进严管"，转变监管理念，创新监管方式，强化公正监管，维护公平竞争的市场秩序；优化服务就是强化服务意识、创新服务方式，优化办事流程，推行"互联网＋政务服务"，提升政务服务水平，为企业和公众提供高效便捷的政府服务。

李克强总理在十三届全国人大三次会议上作的政府工作报告中进一步指出，要破除体制机制障碍，激发内生发展动力。具体而言，要深化"放管服"改革，包括支持大中小企业融通发展，以公正监管维护公平竞争，持续打造市场化、法治化、国际化营商环境等。要推进要素市场化配置改革，包括推动中小银行补充资本和完善治理，更好服务中小微企业，促进人才流动，培育技术和数据市场，激活各类要素潜能等。要完善国资监管体制，深化混合所有制改革，包括解决历史遗留问题，健全市场化经营机制，提高国有企业核心竞争力等。要优化民营经济发展环境，包括保障民营企业平等获取生产要素和政策支持，限期清偿政府机构拖欠民营和中小企业款项，促进非公有制经济健康发展等。要推动制造业升级和新兴产业发展，包括大幅增加制造业中长期贷款，发展工业互联网，推进智能制造，继续出台支持政策，全面推进"互联网＋"，打造数字经济新优势等。要提高科技创新支撑能力，包括引导企业增加研发投入，加强知识产权保护等。综上可见，政府工作报告既强调了政府支持政策的实施，如推动制造业升级和新兴产业发展等，也明确了要以公正监管维护公平竞争的政府监管理念。

8.2.2　实现路径

虽然税收优惠、财政补贴等政府补亏政策在政府扶持企业过程中起到了重要作用，但第 7 章对补亏政策效应评估的研究不难发现，政府各类补亏政策工具影响作用亦不可忽视。因此，完善公司资本制度势在必行。政府应关注各类政策工具的制度安排，从股东、债权人、企业利益协调立场出发，做好各类政策工具的制度安排，以制度创新带动企业创新，从政策层面解决历史亏损问题。

8.2.2.1　宏观政策与制度安排

（1）完善公司资本制度。公司资本制度设计应突出资本维持原则的制度功能（郭富青，2015），基于股本、资本公积、盈余公积等补亏政策工具的作用程度，探讨多元化补亏方式与路径。具体包括以下几点。

第一，从制度层面探讨资本公积补亏路径的可操作性。随着资本公积规模累积而用途受堵，客观上导致"高转增"现象，虽然有助于提升市场流动性，但过度市值管理扰乱了市场秩序。此外，对于债务重组类公司，普遍具有巨额未弥补亏损和高额资本公积并存的特点，影响公司经营决策和长期发展，其中不乏真正实现脱胎换骨和战略转型的优质公司，放开资本公积补亏禁令具有重要的现实意义。同时，资本公积补亏合法性的隐含前提是其所对应的实体资金曾经真实的存在并被运用到公司经营中（刘燕，2006），根据《企业会计准则 12 号——债务重组》，债权人对债务人的债务豁免或利息减免，抑或是通过债权转股权等方式达成重组协议，无论是形成当期损益或者是计入资本公积，均代表了债务人公司股东基于真实交易事项已实现的利益，因而具有弥补亏损的理论基础。从政策背景看，禁止资本公积弥补亏损是中国创设的一项在各国公司法中绝无仅有的规定（刘燕，2006），世界主要资本市场大都采用累积盈余、资本公积和减资补亏等多元补亏方式。因此，有条件放开资本公积补亏禁令也不失为提高资本公积利用效率，保护股东及债权人利益的合理制度安排。

第二，从法律层面完善减资补亏的适用细则。2003 年《国有企业清产核资资金核实工作规定》"企业查出的各项资产损失和资金挂账，经国有资产监督管理机构审核批准冲减所有者权益的，可依次冲减盈余公积金、资本公积金和实收资本"，2022 年《中华人民共和国市场主体登记管理条例实施细则》"公司减少注册资本，可以通过国家企业信用信息公示系统公告，公告期 45 日，应当于公告期届满后申请变更登记。法律、行政法规或国务院决定对注册资本有最低限额规定的，减少后的注册资本应当不少于最低限额"，由上述规定可见，虽然我国相关法规对减资程序进行了总体规定，但未明确列示补亏是企业减少注册资本的合法事由，也缺乏针对减资补亏行为的系统规范。因此，建议从立法角度完善减资补亏的适用条件、法律程序等实施细则，从而规范实务中的减资补亏行为，以维护债权人和股东利益，促进公司资本保全和可持续经营。

第三，坚持资本维持原则，防范股本名义化。我国《公司法》虽然取消了法定资本最低限额，这并不意味着资本维持规则的废除。首先是因为信托财产的独立性、保护债权人的合理信赖等构成了资本维持规则的理论基础。在信用度不高和信用评估业不发达的情景下，债权人信息披露不完善、董事诚信义务不健全等均决定了资本维持规则在我国的存在不仅是合理且必要的，而且应当是长期的（张雪娥，2015）。其次，从公司法内部安排看，声明资本制度关注了股东和公司的权利但弱化了债权人利益保护功能，因此，必须强化股东出资义务以及董事的信义义务，公司存续期间必须严格落实资本维持原则，不得直接或变现抽回出资（郭富青，2015）。

再其次，采用认缴资本并不等于股东缴纳出资的随意性，应基于资本维持原则规定，强调公司股本与发行资本的一致性，因为发起人签订公司章程就表明其已经承诺认购公司资本并负有出资义务，该义务是具有强制性的（郭富青，2015）。最后，股本作为一种信号工具向债权人传递企业经营规模情况；股本作为一种担保工具是企业经营的财产基础，可以为债权人出资提供担保；股本是企业面临破产清算时对债权人利益的一种保障（Payne，2009）。尤其是在认缴资本制下，历史亏损公司更要加强股本管理，通过及时补充股本并做好相关制度安排，确保股本的真实性。

（2）以合理的政策推进企业转型升级。企业升级是企业通过创新和整合等方式升级为更具获利能力的资本和技术密集型企业的过程（赵昌文和许召，2013）。历史亏损公司背负着未分配利润为负的"包袱"，分红约束和股权融资约束，阻碍了企业的可持续发展。"要么转型，要么破产"是摆在历史亏损公司面前的一道选择题。换言之，历史亏损公司要生存，必须转变现有生产模式，加快转型升级的进程。具体包括以下几点。

第一，推进整体的制度变迁，以制度创新带动企业创新，从而适应转型升级的特定发展阶段的需要（刘尚希等，2017）。针对历史亏损公司高股本、高资本公积、高负向未分配利润、低盈余公积并存现状，政府应借鉴国际经验，通过多元化补亏路径促进企业健康发展。在政策层面允许公司选择累积盈余、资本公积和减资补亏等多元补亏方式，并通过对特殊行业企业历史亏损"包袱"的豁免等政策扶持手段，释放历史亏损"包袱"给企业带来的压力，从而促进历史亏损公司实现战略调整和转型升级。

第二，效应评估与政策选择结合，助力企业实现高质量发展。补亏政策效应评估结果显示，股本、资本公积、盈余公积、当期盈余等政策工具对历史亏损公司释放巨额亏损"包袱"具有不同程度的影响效果。政府应依据各类政策工具的作用路径与经济后果，加强政策工具的制度建设以发挥其补亏效应，机动灵活地通过政策效应选择与评估，实现历史亏损企业的高质量发展。

8.2.2.2　识别企业风险边界，分类管理亏损企业

国外学者对僵尸企业的讨论主要是在"僵尸企业、银行、政府"框架体系下，探讨僵尸企业的成因、影响及识别方法（李霄阳和瞿强，2017），其中凯恩（Kane，1987）对僵尸企业定义为，是指那些陷入经营危机，仅靠债权人和政府输血才可得以生存的企业。卡巴利奥等（Caballero et al.，2008）提出了 CHK 标准来识别僵尸企业，认为僵尸企业主要得到来自银行的支持，因此需要从银行给企业的优惠入手进行识别，首先计算出所有企业在现有条件下可能享受的最优利率（最低利率），然后将实际利率与最优利率进行比较，若实际支付的利率比最优利率还低则识别为僵尸企业。该方法强调了银行在僵尸企业形成过程中的核心作用，没有考虑政府的重要影响（何帆和朱鹤，2016）。国务院提出"不符合国家能耗、环保、质量、安全等标准，持续亏损三年以上且不符合结构调整方向的企业"被纳入僵尸企业类别。该识别方法可操作性很强，但不适合上市公司样本，因为上市公司连续三年亏损必须退市。因此，有学者（叶志锋等，2017）认为结合中国特色背景，政府干预是考察企业对政府补助资金的依赖程度。僵尸企业的识别标准是看政府补助或非经常损益是否能够帮助企业扭亏为盈或持续生存，由于政府补助直接计入非经常损益，因此多用扣除非经常损益的净利润作为识别方法。还有学者（栾甫贵和赵磊蕾，2017）综合考虑银行和政府的共同影响，设计输血率即（来自银行负债总额＋政府补助总额）/经营活动现金流出额作为考量指标，若输血率≥100%，说明靠银行借款、政府补助过活，企业难以根据自身生产经营活动创造价值、维系生产。

因此，在企业转型升级进程中，首先应厘清历史亏损公司与僵尸企业边界，然后再针对不同类别的历史亏损公司进行分类管理，如对那些有创新能力和竞争能力的历史亏损公司，政府可通过直接拨款、贷款以及出口贴息、税收返还等方式助力亏损企业释放"包袱"，实现高质量发展。对那些仅依靠外部扶持但自身生产经营不善，无法创造价值，且产能过剩、缺乏核心竞争力的企业，应归类为僵尸企业，按照市场化原则进行处置和治理，避免造成社会资源的过度浪费。

8.2.2.3　合理配置政府优惠资源

学术文献关于政府优惠资源配置的讨论大多聚焦于企业政策性负担。政策性负担可总结归纳为两大类：战略性和社会性政策负担。前者是指在传统的战略思维下，投资于高资本密集度的产业或产业区段，难以达到正常的市场利润，使企业缺乏"自力更生"能力；后者是指过多的人员冗余、职工退休、养老保险等职能给企业带来的社会性负担，同样提高了企业生产成本（林毅夫和李志赟，2004；Lin and Li，2008）。政策性负担给企业带来正反两方面影响，一方面承担了政策性负担的企业能从政府获取大量财政补贴、信贷及税收优惠等政府优惠资源（Meyer，1986；Faccio，2006；Lin and Li，2008；廖冠民和沈红波，2014），其经济效应体现在预算软约束、高管政治晋升、企业业绩、投融资活动等方面（龚强等，2008；廖冠民和沈红波，2014；张辉等，2016）。另一方面，政策性负担导致资源配置不均衡，降低了配置效率。同时，使企业难以维系正常的生产经营活动，造成企业资源浪费与效率损失，无法实现价值最大化的目标。

历史亏损企业具有强劲的发展潜力，表现出较高的成长性。但为何该类企业会背负如此沉重的历史"包袱"？从内部看，企业投资、并购以及研发创新等活动失败会带来巨额亏损"缺口"；从外部看，国企改制重组（叶檀，2006）、经济周期波动（薛爽，2008）、政策性负担（林毅夫，2003）等客观环境变动也会造成企业亏损。在短期，依靠企业自身力量弥补亏损"缺口"具有一定难度，这就需要借助第三方力量助力企业"卸掉包袱"，如通过财政直接拨款、贷款贴息和税收返还等方式实现历史亏损企业的高质量发展。具体支持路径如下。

第一，提供财政补贴支持。沃特森和雷恩（Waterson and Wren，1991）指出，对于能够解决大量社会劳动力就业问题的企业，政府通常会给其提供较多的财政补贴。李大卫和梁明松（Li and Liang，1998）和徐立新等（Xu et al.，2005）认为政府官员常常为了实现就业任务、GDP 增长等政治业绩，通过财政补贴的方式，激励企业承担经济上低效率而政治上有意义的项目。孙亮和刘春（Sun and Liu，2012）研究发现，公司在保障就业和提供公共产品等方面的作用越突出，获得的政府财政补贴也越多。

第二，提供税收优惠支持。施莱弗和托德（Shleifer and Toider，2017）认为政府为实现政治收益，会鼓励或要求企业过度雇员，还会引诱非国有企业雇佣更多职工，作为回报，政府将给予企业减免税负等优惠。法西奥（Faccio，2006）利用 42 个国家样本数据研究发现，接受政府干预并承担政策性负担的企业更易获得税收减让、融资便利以及投资项目等好处。

第三，提供信贷支持。通过政府的隐性担保使企业获得银行贷款的金额更多、期限更长，并且贷款成本也更低（Lin and Tan，1999；Claessens et al.，2018；余明桂和潘红波，2008；张兆国等，2011）。隐性担保实质上是指即使企业出现财务困境、无法按时偿还欠款，政府也会出面帮其解决债务问题（Gaur et al.，2018）。白俊和连立帅（2012）指出，由于企业承担了更多的政策性负担，银行在进行信贷决策时会预期政府会为企业提供隐性担保，认为企业风险较低，从而将资金贷给企业。陈德球和董志勇（2014）研究也发现，政府会给承担社会性负担的企业提供隐性担保，从而提高企业银行贷款能力，降低企业的融资约束。

综上所述，政府应充分考虑历史亏损公司现实情况，对那些因政策性负担而造成亏损的企业，以及履行社会责任且贡献较大的历史亏损公司，应给予相应的财政补贴支持、税收优惠支持以及信贷支持。

8.3　债权人治理机制及其实现路径

负债融资是各国企业进行资金融通的重要途径。对企业而言，负债融资可为公司提供税盾效应，调整和优化资本结构，提高公司的收益效率；对债权人而言，通过发放贷款等方式获得信贷利差，可实现自身财富的增值。但是，当偿债压力、经营环境、核心竞争能力等多重因素使企业陷入财务困境时，债权人可能会因此蒙受资产损失；如果债权人非理性追逐经济利益最大化目标，盲目借贷资金给企业，将进一步增加债权人因错误选择客户和低下的监督效率引致的财富损失。因此，如何保护债权人的合法权益，充分发挥债权人对公司治理的制约作用，优化以债权人为代表的外部治理机制是各国企业共同关注的问题（王旭，2013）。

8.3.1　债权人对企业的制衡机制

随着公司财务理论、利益相关者理论和不完全契约理论的发展，学者们大多从公司治理角度探讨改进债务契约关系措施，如詹森和麦克林（1976）认为股东与债权人利益冲突是由于债务契约给予股东一种次优投资的激励所造成的，应设计最优契约来权衡权益代理成本与负债代理成本。有学者（唐跃军和李维安，2008；王旭，2013；Seifert and Gonenc，2012）对债权人参与治理问题进行了探讨，为债权人利益保护机制设计提供理论支撑。肖作平和廖理（2007）、江伟和沈艺峰（2005）、童盼和陆正飞（2005）从股东与债权人关系视角探讨债权人利益保护模式。史密斯和华纳（Smith and Warner，1979）、陈骏和徐玉德（2012）基于薪酬契约视角，发现若管理层与股东利益目标高度趋同，则倾向于选择高风险的投资策略，损害债权人利益。杰姆比西（Djembissi，2011）、苏坤（2016）认为当经理人风险承担水平较高时，债务资金会面临着较严重的代理成本。

一般而言，债权人在制衡机制中表现为两方面能力，即在债务契约中的风险抵御能力和在公司治理中的制衡能力。在现代企业运营中，债权人和债务人应该具有平等信息知情权地位。换言之，在契约关系形成之前，债权人有权获得债务人盈利能力、偿债能力等方面的财务信息，借助充分的信息渠道和信息分析整合，筛选优质的债务人；在债务契约缔结后，债权人可通过参与公司治理等途径，对公司的资金运转情况、资金使用方向、偿债能力等信息享有知情权，以此对公司进行监督和干预，从而保证自身利益不受损害。

（1）债务契约运行机制。债券契约是债券发行人和托管人就还款、担保、赎回、偿债基金等事项签订的具有法律效力的协议。当债务人无法按时还本付息或违背契约条款时，债权人有权收回对企业资产的部分控制权。由于地域间法律环境、制度环境和经济环境的差异性，债权人权益保护程度也有极大的差异，在债权人保护程度比较高的地区，债权人在与企业进行债务契约缔结、资本运营监督、破产清算话语权等方面具有制衡能力；相反，在债权人权利无法得到保障的地区，可能要承担无法按期收回本金和利息的财务风险。虽然《公司法》规定了在企业破产清算时应保证债权人的利益，包括登记债权、对清算组因重大过失给债权人造成损失承担赔偿责任等。但若企业"两手空空"缺乏偿债资金时，债权人法律保护也仅是"空壳"。特别是一些企业通过各种手段如资产置换等转移资产，躲避债务，使债权人财产受损的案例并不鲜见。因此，合理的债务契约可以在一定程度上提高债权人的风险抵御能力。

债务契约是基于保护债权人的利益而存在的合同关系，契约中大多数限制性条款约束了债务人的行为，限制了其经营管理自主权。此外，债券契约明确了息票支付、到期时间、赎回条款和赎回价格等限定条件，并强调了加速到期、回购以及交叉违约等手段，从而提高债务人的违约成本、对债务人的行为产生事前和事后威慑。威廉（William，2006）认为债务契约条款的设计有效地降低了债务人违约的可能性，或即使违约后也能积极同债权人沟通谈判以求豁免。

（2）债权人参与治理机制。在利益相关者共同参与形成的主体多元化治理背景下，各国制度创新逐渐关注多方力量博弈对公司治理的影响。从理论上讲，债权人参与治理有利于实现公司的内部制衡机制。

一方面，债权人的独立性是其实施监督的前提条件。因为债权人是外部人，与公司内部人没有利益牵连，公司监督主体的多元化客观上也有利于监督主体独立行使监督权。

　　另一方面，债权人的经济性使其具有有效行使监督权的动力。从债权人与股东关系角度看，债权人也是企业物质资本提供者之一，债权人向企业投入了债权资本，并在借贷契约中明确约定了未来企业还本付息事项，但是由于契约的不完备性，以及股东承担"有限责任"的约定，使得股东的风险部分转嫁给债权人，因此，在某种情形下，债权人的风险可能比股东更大（蔡维灿，2012）。换言之，如果企业经营顺利，股东会收获更多利益，债权人的收益限于其出资的本息；如果企业经营失败，股东的损失限于购买公司股份的出资额，债权人的损失则可能是全部贷款得不到偿还。为规避上述风险，债权人必须与股东一样参与企业控制权的分配，从而对企业经营实施影响。从债权人与企业双方关系看，债权人更关注是否能按时收回本金和利息，其利益主要体现在契约合同中的资金借出数额、利率大小、还款日期与资金用途等。债权人与企业两者间并不仅是完全的契约关系，债权人同时要承担企业因经营失败无法按期还本付息的财务风险。因此，债权人的利益要求除了顺利收回本金外，还应包括参与企业管理并行使监督权，甚至拥有控制权。比如，银行等金融机构作为企业外部筹资的主要渠道，与企业维持长期且稳定的债权债务关系，银行为保障自身财产安全与收益，积极参与公司治理，分享部分股东权利。

　　目前，债权人可以通过两种渠道参与公司治理：以大陆法系为代表的直接治理模式和以英美法系为代表的间接治理模式。

　　英美法系国家公司治理主要体现为市场导向特征，因此，英美法系国家债权人治理属于间接的、消极参与模式。具有以下特征：①公司的最大债权人银行只是信托财产的受托人，并不是以控制公司为目标。一是银行不持有公司股票，较少进行内部干预，只进行外部监控；二是银行可指派人员作为企业的外部董事参与公司治理，了解和沟通信息，特别在公司财务危机时，通过破产程序接管公司。②董事需承担对债权人的信义义务，同时债权人有权利间接参与公司治理。比如，美国公司法强调了企业在面临破产清算时，对股东和债权人均负有信义义务，州法律中也更重视利益相关者的利益，确保债权人有机会投身于公司治理。

　　大陆法系国家以德国和日本为核心，采取全能银行（德国）或主银行（日本）制度参与公司治理，属于直接的、积极参与模式。全能银行是德国的主要金融体制，之所以"全能"，是因其业务范围涵盖广泛。一方面，全能银行承接各类存贷款、汇款等基础性业务；另一方面，全能银行提供了包含资产咨询与管理、证券与贵金属交易、项目融资、股票与债券发行等在内的金融服务。在不完善的德国资本市场背景下,上市公司融资主要靠向银行借款,使企业对全能银行形成较强的依赖性。银行可以通过发放贷款的形式形成对企业的控制权,也可以不受限地持有股票、成为非金融企业的股东,但持股比例要求低于自有资本的 50% 或银行资产总额的 15%。银行以债权人、股东和股东代理人的身份参与公司治理。具体而言:一是银行持有公司股票,通过股东大会选举进入监事会。需要说明的是,在德国公司治理框架下,监事会层级在董事会之上,董事会接受监事会的任命和监督,积极履责。二是银行可以代替个人股东保管其股票,以"保管人"的新身份参与股东大会并代理行使投票权,为中小股东利益"发声"。三是银行从企业的贷款活动中掌握企业经营状况和财务信息,对企业行为形成有效的外部监督与约束机制。日本主银行与德国全能银行制度趋同,二者都是借助银行资本与工业资本相融合的方式以实现最佳效益。在公司经营正常期间银行对公司的活动不加干涉,一旦公司出现财务危机,银行将依据法律规定接手管理公司。可见,这种制度特点是主银行与企业之间相互依赖、监督与控制。对主银行而言:一是以主要债权人身份进行监督,即在公司经营过程中进行监督,拥有充分的公司内部信息,以便于后期接管管理公司;二是接受委托以股东身份对公司进行控制和监管;三是通过派驻专业人员,深入管理层内部,参与公司业务管理,实现对公司的治理。英美法系和大陆法系债权人治理模式比较如表 8-1 所示。

表 8-1　　　　　　　　英美法系和大陆法系债权人治理机制比较

	英美法系国家	大陆法系国家
治理机制	债权人间接、消极参与	债权人直接、积极参与
特点	通过规定董事信义义务等,强调董事及高管的履职责任和忠实义务,债权人不直接参与到公司正常经营活动	全能银行(德国)、主银行(日本)以债权人、股东等身份参与公司治理,对公司进行监督与控制
优点	市场化运作,确保公司经营独立性	提升了债权人的债权治理能力,达到抑制公司内部人的目的

资料来源:作者根据相关资料整理。

综上所述,各国债权人制衡机制立法模式都需考虑制度环境、经济环境,并以此为支撑条件实现其有效运作。英美法系国家和大陆法系国家债权人治理机制各有特点,我们不能简单妄断两种模式孰优孰劣。那么,如何建立我国债权人参与公司治理立法模式?一方面,对大陆和英美法系"取其精华",借鉴和吸收有效制度部分;另一方面,结合我国制度背景和现实情境，对两类法系下部分制度设计"去其糟粕"，通过修正和发展建立贴合我国国情的特色治理模式。

8.3.2　实现路径

8.3.2.1　适度推进债权人直接参与公司治理的制度安排

企业价值最大化是实现包含股东和债权人在内的总价值最大化，但在企业经营过程中发现，管理层往往将企业价值最大化等同于股东价值最大化，企业价值最大化并不等同于股东价值最大化，而企业在经营管理过程中往往陷入这样的"误区"，即当存在利益冲突时，选择以牺牲债权人利益为代价，追求股东利益最大化。因此，债权人直接参与公司治理是实现债权人利益保护的有效途径。

第一，建立债权人参与监事会制度。债权对企业经营者是一种"硬约束"，它对企业经营者的不当经营行为具有制约作用（王建成，2002）。首先，债权人可以监督企业股利分派。如前所述，股东以缴入或认购的股本为限承担有限责任，不对企业的债务承担个人责任，因此，本着资本维持原则，如果现金股利将使企业净资产大幅度减少至最低容忍度，则可限制企业分派股利，以便为债权人提供一定的企业偿债能力。其次，债权人可以限制企业增加债务。通过分析负债比率、负债权益率、利息保障倍数等指标监督企业的偿债能力，当上述指标达到最低值时，则限制企业增加新的债务，比如，限制企业发售新债券偿还到期债券的做法，规避企业的债券融资风险等。此外，债权人可以限制企业投资活动。由于企业长期投资会发生沉没成本，在投资见效之前企业必须按照契约接受债权人的"硬约束"，按期偿还本金并支付相应利息，并甘愿接受债权人对企业的治理，包括充分考虑投资回报与成本之间的均衡关系，限制投资规模，规避企业的投资风险，确保债权人借入资金的安全等。

在监事会中为主要债权人设置席位，保障其成为监事会中重要一员参与企业日常决策。当债权人利益受损，可按监事会议事规则，启动一定程序予以纠正和制止。可见，建立有效的债权人监督机制，可提升债权人对公司的监督和约束效应，有效缓解债权人与企业之间的信息不对称程度，促进债权人对经理层的监督效率。当然，债权人进入监事会应依靠法律法规体系的完善，从而实现债权人的身份转化和公司监事会职能优化。

第二，完善债权人会议制度。为讨论企业破产事宜，保障债权人破产程序的参与权，充分表达债权人意志，日本、法国、意大利等国家开始完善和普及债权人会议制度。理论上讲，债权人会议介入公司治理可分为两种情形，一是公司正常运营阶段，债权人会议就重组并购、经营范围重大变更、减资等事项进行讨论；二是公司进入破产清算阶段，此时债权人会议权限包括公司破产和解、破产重整、破产清算等事项。在实践中，大多是第二种情形，即在企业经营顺利的情况下，债权人不对公司治理进行干预，只是在企业进入破产清算程序时，债权人才通过一定的法律程序接管公司，参与对公司的治理。因此，完善债权人会议制度更多锁定于第一种情形，虽然《中华人民共和国证券法》要求公开发行证券的企业必须召开债权人会议，并对召集程序、会议规则等进行规定。但该规定仅适用于在中华人民共和国境内的股票、公司债券、存托凭证等证券的发行和交易，适用范围较窄。建议相关法律进一步拓宽其适用范围，如企业在重大事项决策前应先经债权人会议批准通过，再递交董事会决议等。

第三，建立债权人派生诉讼制度。目前《中华人民共和国证券法》完善了股东的派生诉讼制度，规定持有发行人股份的投资者保护机构，提起派生诉讼的，不受《公司法》有关连续 180 日以上持股 1% 以上的限制等，但对债权人的派生诉讼制度，我国相关法律法规仍缺乏足够的关注。如前所述，管理层为攫取私利投资于高风险项目，损害债权人利益的现象屡屡发生。因此，应以保障债权人利益为出发点，完善相关制度约束管理层行为。换言之，债权人可以通过诉讼方式对管理层滥用职权行为表示抗议，保住公司财产。隶属大陆法系的《法国商事公司法》规定，除公司财产外，债权人可以向董事长、全体董事或相关董事个人追索财产，而且董事无法以公司章程或其他协议对抗债权人的追索权。隶属大陆法系的《法国商事公司法》规定，公司的财产不足以清偿债务时，公司的董事长、全体董事或某些相关董事承担公司债务的全部或一部分，而且董事不得以公司章程或股东或关于限制公司债权人诉讼的规定来对抗公司的债权人。隶属英美法系的《加拿大商业公司法》明确规定了债权人法定派生诉讼制度（statutory derivative action），该法第 238、239 条规定，公司任何关联人可向法院提出申请，要求准其代表公司或其附属法人团体提起或介入这些法人团体为当事人的诉讼。综上可见，从法律建设层面明确债权人派生诉讼制度的适用范围，对保护公司财产、维护企业债权人利益具有重要意义。

8.3.2.2 债权人契约治理

从理论上看，债权人的利益保护与有效的"契约"关系紧密相连。自 1970 年以来，阿尔奇安与德姆塞茨（Alchian and Demsetz，1972）、詹森和麦克林（1976）、罗斯（Ross，1973）、霍姆斯特姆（Holmstrom，1979）以及格罗斯曼和哈特（Grossman and Hart，1983）等的经典文献标志着"契约理论"的产生。标准的契约理论是假定契约是完全的（杨瑞龙和聂辉华，2006）。由于有限理性、不确定性、交易费用、信息不对称、机会主义等诸多因素的存在，人们逐渐意识到，不完全性契约是契约的一种常态，契约的实施要依靠一些内在机制来完成。在市场经济有效运作过程中，契约治理核心在于借助正式规则对交易行为能够施加有效的规制，以减少交易过程中的风险和不确定性。包括借助资产专用性（Klein et al.，1978）、自我履约（Telser，1980）、激励（Klein and Leffler，1981）、声誉（Krep and Wilson，1982）和社会资本（Putnam et al.，1993）等方式，将交易过程中所有正式化的制度安排纳入内在机制构建体系中。

契约有正式契约和非正式契约之分，对债权人而言，当企业选择提高债务资本规模时，就意味着需要解决其与债权人代理冲突关系的正式与非正式契约安排。正式契约包括债务规模与结构、利息率、债务期限等；非正式契约关系的建立可能会更多依赖于公司建立的声誉，包括财务透明度、公司治理与风险管理程度等（Rajan，1992）。因此，债务契约治理也应关注正式契约治理和非正式契约治理两方面。

第一，科学设计债务期限结构，加强正式债务契约治理。债务期限结构是债务契约的重要内容，它规定着契约双方的权利和义务。从企业角度看，流动性风险假说认为，财务质量下降或者经济衰退都有可能造成企业再融资困难，从而造成那些具有流动性风险的公司不得已想要延长债务期限（Sharpe，1991；Titman，1992），这是因为短期债务到期后，如果企业被迫在过高的利率下进行再融资，则导致融资成本上升。换言之，短期债务会导致企业丧失投资项目所得利益，其所产生的流动性风险会使企业有动机去选择长期债务。从债权人角度看，短期债务能够减少资产替代和投资不足的问题，债权人会更倾向于短期债务从而最大化其监督权力（Barnea et al.，1980；Datta et al.，2005）。一些学者从债务期限结构角度探讨债权人保护策略，也强调短期债务能够更有效地降低企业代理问题并控制企业的机会主义行为（Caprio et al，1997；Leland and Toft，1996；Shyu and Lee，2009；Shyu and Lee，2009）。基于学术研究成果，本章研究认为：①相比于长期债务，短期债务的价值相对公司资产波动性的变化不敏感，缓解逆向选择和道德风险问题，降低管理层选择风险较高的投资项目的可能性，从而降低了内含在债务融资中由于信息不对称和次优投资问题而引起的代理成本。②由于短期债务需要更频繁的信息披露以及契约条款的重新谈判，使债权人能够阶段性地评估公司的偿债能力，并通过短期债务的续借进程保持较强的谈判地位（Ortiz - Molina and Penas，2008），有利于债权人利益保护。

第二，以非债务契约治理保护债权人利益。当举债方企业侵害债权人利益时，低信誉导致其负债融资成本提升且影响未来融资程度（Stula and Johnson，1985）。因此，有学者从契约合同履行角度讨论债权人利益保护方式（Klein and Leffler，1981；Aghion and Bolton，1992；张颂梅，2004）；有学者从融资约束与企业财务风险关系角度进行探索，为债权人识别企业风险提供文献支持（Clementi and Hopenhayn，2006；王冀宁和陈之超，2010；李焰等，2007）；有学者强调企业违约成本与债权人利益关系（姚少华和潘敏，2005）；有学者从会计稳健性和信息披露及时性入手，关注提高会计信息质量特征有助于及时发现债务人是否违约，并将企业控制权向债权人转移，保护债权人利益（Ball and shivakumar，2005；LaFond and Watts，2008；Watts，2003；Zhang，2008；Peek et al.，2010）。

债权人一旦把资金借给企业，客观上就失去了对该资金的控制权，因此要加强重视非正式契约治理，包括：①关注债权人信息获取权利。因为在信息掌握方面债权人与公司股东和管理层相比具有较大的信息不对称性，企业管理层占有信息，比外部债权人更清晰什么决策更有益于自己利益，有机会利用信息优势采取机会主义行为谋取私利。因此，债权人知情权是债权人利益得以保障的重要方式。通过建立企业与债权人的信息沟通渠道，提高信息透明度，也可以夯实债务契约的信任基础。②提高管理层违约成本。对于管理层的不当商业行为如违规担保、占用资金等而造成债权人受到直接或间接损失，应建立约束及惩罚机制，加大违约处罚力度。③建立债权人对贷款企业的全程风险监控机制。债权人一旦发放贷款便承担着贷款本息到期无法收回的风险，从这个意义讲，债权人应当与股东一样在公司治理上有权对企业行使监督控制权，建立债务契约的事前、事中、事后全程监控机制。

8.3.2.3　债权人之间协同机制的建立

由于经理层对债务带来的偿债压力具有较高的敏感性，因此，对债权人来讲，将企业的债务期限结构向短期债务倾斜，会形成对企业自由现金流较强的约束作用，具有更强的外部治理能力。相反，宽松的偿债压力会使长期债务失去对企业的治理作用，甚至由于扩充了经理层可支配资源，刺激了其选择自利行为的动机。但是，对企业而言，仅靠短期借款无法满足企业的融资需求，还需要一定比例的长期借款。为避免企业长期债务可能带来的经理层自利行为以及非效率投资，建议考虑建立债权人间的协同机制，通过搭建债权人之间的信息沟通平台，加强债权人对企业长期债务的审核和监督，使债权人充分掌握企业的负债和偿债信息，及时跟进企业债务的偿还进程。比如，通过信息平台可追踪某一企业未能偿还原始债权人长期借款而又继续申请另一个债权人贷款的行为，从而降低债权人的债务契约风险。

8.4　股东治理机制及其实现路径

作为上市公司的出资人，股东为企业的日常运营提供了物质保障，同时为企业后续融资活动提供便利。股东持有公司股票并享有表决权，出席股东大会并参与企业日常经营管理，其资本的安全性、增长性和收益性是股东重点关注内容。股东和企业双方因无法预知企业未来经营过程可能存在的各种突发情况，因而缔结了一种不完全契约关系。在现代企业制度中，股东是公司治理的源动力，在风险规避、资本回报的驱使下，股东更有动机和能力参与企业日常经营管理过程中的重大决策，积极行使其剩余控制权，监督并约束管理层行为。

8.4.1　股东与债权人、管理层的利益平衡机制

从利益相关者角度看，企业的利益相关者凭借其向企业投入的不同资源参与共同创造的企业准租金分配的机制包括两个方面的内容：一方面，各方利益相关者主体根据投入资源的价值大小，依据初始契约规定索取不同程度的企业经营利润，即分享剩余索取权；另一方面，利益相关主体依据控制权获得准租金分配，即分享企业控制权。对企业而言，利益相关者利益关系的多元平衡是共同治理机制的重要保证。对股东而言，追求股东与债权人利益平衡、股东与管理层的利益平衡是建立股东治理机制的重要保证。

（1）股东与债权人利益平衡。某种程度上，股东与债权人两者目标趋于一致。双方同时希望在追求利润最大化的同时实现最优的治理模式，债权人按时收回本金利息，股东获得分红、资本利得等投资回报。但是，企

业股东与债权人之间也存在利益冲突。首先，基于有限责任制度，股东倾向于追求利益最大化，而债权人则期望收益固定，追求公司的安全稳定，排斥高风险的投资。其次，当企业经营状况日益恶化，股东只承担有限责任导致债权人利益受损，无法按契约协议收回本金和利息时，债权人和股东产生代理冲突。此外，股东在企业董事会中占有部分席位，董事长由股东担任，企业管理层由董事会任命，这意味着股东在一定程度上决定着公司的命运；而债权人与企业之间仅是债权债务的往来，对普通债权人来说，他们无权参与企业的日常经营管理，无法享有股东的内部权力，只是按期对财产享有追索权。

可见，股东与债权人的利益冲突因法律地位的差异而加剧，股东极大程度忽略他人意愿从事自身利益最大化的行为。对债权人而言，很难通过某些手段、举措等维护自身利益。债权人的地位比公司股东低，优势方凭借其优势损害劣势方利益。在实务中，股东与债权人的利益博弈体现为对赌协议、对外担保、破产清算与重整、公司资本制度等方面。综上所述，实现资源配置的最优化首先要平衡股东与债权人的利益，只有如此，才能实现企业的稳步发展和社会财富效用的最大化。

（2）股东与管理层的利益平衡。两权分离制度是为了解决因企业规模不断扩大产生一系列经营管理问题而建立的制度，该制度设立的出发点旨在使股东，尤其是控股股东，将经营管理权让渡给管理层。但在实践中，股东与管理层存在着利益冲突。由于股东追求企业利润最大化以谋取自身经济利益，若其在企业中缺乏话语权，必将与管理层有控制权之争；同样，管理层大多不持有公司股权，为了实现自身利益，也会尽量使企业控制权掌握在自己手中，从而产生管理层为追求自身利益最大化而背离企业及股东利益的可能性，形成管理层内部人控制及其道德风险。综上所述，公司治理的目标是约束管理层的私人行为，实现管理层目标与股东目标的一致性。因此，控股股东与管理层之间的平衡是股东治理机制建设的重要内容。

8.4.2　实现路径

8.4.2.1　控制权在控股股东与管理层之间的平衡

第一，科学设计股权结构，完善公司治理机制。在资本多数决原则下，控股股东运用其掌握的控制权侵害公司利益的案例并不鲜见，如在实务中存在大股东通过关联交易、并购、市场操纵等手段转移上市公司资源、掏空企业的行为（Jiang et al.，2010；吴红军和吴世农，2009）。这些行为降低了企业的价值并影响了企业的发展，因此，完善控制权在控股股东与管理层之间的制衡机制、抑制大股东掏空行为迫在眉睫。由于历史亏损公司第一大股东持股比率均值远低于非历史亏损公司①。在股权制衡程度较高情形下，大股东往往会选择与管理层合谋实施掏空行为。因此，历史亏损公司要适度提高第一大股东持股比例，统筹安排第一大股东与其他股东的股权结构，促进大股东基于私人收益与成本权衡而减少掏空行为。

第二，建立完善的管理层薪酬激励及业绩考评机制。已有大量学者从不同角度探讨了管理层激励机制设计（傅元略，2010；Mehran，1995；张雪岷和张德明，2006；杜兴强和王丽华，2007；Cronqvist and Fahlenbrach，2013），但目前尚未有文献研究历史亏损公司管理层薪酬问题。分红约束是历史亏损公司的重要特征，是大股东与管理层合谋关系存在的基础，是大股东掏空以及管理层超额薪酬支付程度提升的主要影响因素。要解决分红约束问题，必须消除历史亏损公司的负向未分配利润"包袱"；要解决大股东与管理层合谋问题，必须建立良好的管理层激励与约束机制，从制度层面抑制管理层的盈余管理动机，提高公司价值。

8.4.2.2 强化股东和高管信义义务

信义义务制度已成为司法介入公司治理的重要依托（徐晓松，2015）。历史亏损公司股东不能分红直接影响到股东财富，从而加深了股东与债权人之间的冲突（Jensen and Meckling，1976）；此外，历史亏损公司股权融资渠道受限，可能更多依赖负债融资，一旦发生偿债风险或者管理层不负责的过度冒险行为会损害债权人利益（Keay，2003）。因此，强化股东和高管信义义务对保护债权人利益具有重要的作用。

第一，强化股东信义义务，确保股本的可信赖程度。如前所述，中国新资本制度确立了认缴资本制，取消了验资程序以及货币出资比例限制等行政管制措施，旨在提升企业资本运行效率。但认缴资本制的实施需要借助信义义务来防范和矫正企业的资本弱化行为，从而保证债权人利益。尽管我国公司法对股东信义义务做了约束，强调股东不得滥用权力做出有损企业及债权人利益行为，但在实务中仍存在大股东通过关联交易、并购、市场操纵等手段转移上市公司资源、掏空企业的行为（Jiang et al.，2010；

---

① 本书表3-4、表4-4、表5-4、表6-4分样本描述性统计可见，历史亏损公司第一大股东持股比率均在1%统计水平上显著低于非历史亏损公司。

吴红军和吴世农，2009；鲁桂华等，2017）。因此，应在公司章程中进一步强化并细化股东信义义务，明确禁止任何利用控制权弱化企业资本行为的发生。

第二，强化高管的信义义务，提高企业经营绩效。历史亏损公司盈余公积数额占比小是多年负向未分配利润影响的结果，在一定程度上体现着企业管理层的经营成效、股东利益以及债权人资金的安全程度。归纳补亏路径的国际经验发现，累积盈余补亏不失为各国弥补亏损最直接的途径（刘红霞等，2017）。因此，解决历史亏损问题关键还在于提升企业自身经营与管理水平。此外，历史亏损公司股东不能分红的现实也拷问了管理层的代理责任与忠实义务，因此，历史亏损公司还需强化高管的忠实义务，在转型升级战略引导下提升企业经营绩效，积极释放历史亏损"包袱"压力。企业还要提升高管信义义务法律责任的意识，防范内部人交易及其他有损企业利益的自利行为，确保企业资本的安全与完整，保护股东及债权人利益。

8.4.2.3　完善所有者权益结构，提高企业资本价值

从现实看，新资本制度对所有者权益结构的契约安排提出挑战，要求从制度层面厘清股东、管理层、债权人之间的契约权利。因此，完善所有者权益结构是提高历史亏损公司的治理水平、提升企业资本价值、解决历史亏损"包袱"的重要路径。具体包括以下几点。

第一，降低所有者权益结构成本。从内部构成看，所有者权益结构反映出公司普通股资本、优先股资本、内部生成资金的比例组合关系。其中普通股和优先股资本必须支付资金成本，表现为股东分得利润或股息。在所有者权益中，内部积累资金无需实际对外支付资金成本，但从机会成本角度看，内部生成资金的盈余公积和未分配利润也应视同于使用后取得的相应报酬，比如，税后利润可以视同股东对企业的再投资，其机会成本至少应等于股东投资各种同等风险的投资机会赚取的收益。可见，优化所有者权益结构必须是成本最低的结构，降低所有者权益结构成本是提升历史亏损公司资本价值的重要路径之一。

第二，保持所有者权益结构的环境适应性。所有者权益结构一旦形成，在一段时间内应具有相对稳定性。但是，企业还要保持所有者权益结构具有一定的弹性，随经营环境的变化，可以进行适时调整，即保持所有者权益内部比例关系的环境适应性，确保其内部结构的成本和风险降至最低限度。比如，可利用证券二级市场购买和售出金融工具，迅速转换和调

整股本融资规模；还可依照有关法律的规定，以公积金转增股本、弥补企业的亏损、分配股东股利等方式，实现所有者权益内部的转化。

8.5 企业内部控制机制及其实现路径

对企业而言，利益相关者的利益要求包括维持社会秩序、提供就业、提高投资回报、保护财产安全、改善经济状况等，企业要对利益相关者的利益要求进行平衡，一方面依照不同类型的利益相关者对企业的支持和影响的异质性，对不同利益相关者的利益要求进行协调与平衡；另一方面将企业自身的经济利益和社会利益进行平衡。

8.5.1 利益相关者协同的控制机制

如前所述，企业运营系统是利益相关者协同发挥作用的生态系统，企业内部控制机制设计要遵循协同性原则，统筹考虑利益相关者的需求，从整体利益出发，通过协同控制与合作，实现各方参与主体利益共赢。

（1）企业发展需要建立完善的内部控制机制。早期的内部控制框架体系被分为控制机制与控制方法两个层次，控制机制是内部控制的前提与条件，控制方法是内部控制的关键。1985 年，由美国注册会计师协会（AICPA）、美国会计协会（AAA）、财务经理人协会（FEI）、内部审计师协会（IIA）、美国管理会计师协会（IMA）联合创建了反虚假财务报告委员会（通常称 Treadway 委员会），旨在探讨财务报告中的舞弊产生的原因，帮助企业制定和评价其经营、合规和财务报告目标的内部控制体系。两年后，基于该委员会的建议，其赞助机构成立 COSO（Committee of Sponsoring Organization，COSO）委员会，专门研究内部控制问题。1992 年 9 月，COSO 委员会发布《内部控制——整合框架》，简称 COSO 报告。《内部控制——整合框架》（1992）发布后的二十多年里，由于企业的业务和经营环境发生了巨大的变化，如互联网的广泛使用、科学技术的进步、商业模式的改变以及全球一体化等。与此同时，越来越多的利益相关者更积极地参与到企业的治理过程中，并且希望寻求更透明和更负责的内控体系来支持企业决策和治理，这些变化都要求《内部控制——整合框架》需要适应环境进行调整。金融危机爆发以后，人们意识到不充分的风险管理是导致金融危机的主要原因，因此，股东和其他主要利益相关者应更加关注风险以及如何控制风险，这也进一步加速了 COSO 对《内部控制——整合框架》的修订步伐。2013 年 5 月 14 日，美国反虚假财务报告委员会下属的发起组织委员会（COSO）发布《内部控制——整合框架》（2013）及其配套指南，将有助于公司高管在企业运营、法规遵守以及财务报告等方面采取更严密的内控措施。

在我国，伴随资本市场发展壮大，企业经营管理过程中存在的诸多问题也不断暴露在公众的面前。自 1992 年深圳原野成为我国资本市场第一支因为财务欺诈而被停牌的股票后，银广夏、蓝田股份等多家企业纷纷爆出丑闻。财政部及证监会开始意识到，对于企业的监督和管理不能仅仅停留于从企业外部管制，而更应该从企业的内部入手，只有从企业的本源出发才能从本质上确保企业健康发展。2008 年 6 月，财政部、证监会、审计署、银监会、保监会联合发布了《企业内部控制基本规范》。为使《企业内部控制基本规范》更具可操作性，2010 年 4 月 26 日财政部、证监会、审计署、银监会、保监会再次联合发布了《企业内部控制配套指引》。该配套指引包括《企业内部控制应用指引》《企业内部控制评价指引》《企业内部控制审计指引》，连同此前发布的《企业内部控制基本规范》，标志着中国企业内部控制规范体系基本建成。我国内部控制体系的建立，使企业内部运营、管理程序、财务控制等各方面有了一套行为规范，是中国版的塞班斯法案。

综上所述，企业发展离不开完善的内部控制机制，企业在建立内部控制时，应当充分考虑利益相关者整体利益，合理设计企业内部控制目标，并按照风险评估的结果，结合自身实际情况，制定有效的内部控制措施。

（2）利益相关者共同治理是企业内部控制机制建设的理性选择。弗里曼（Freeman，1984）将利益相关者定义为任何能影响组织目标达成或被其影响的团体或个人。克拉克森（Clarkson，1995）指出，企业应将与利益相关者团体的关系作为一个整体进行管理，利益相关者的利益可能指向企业过去，现在或者未来的行动。他将利益相关者分为主要的和次要的利益相关者。主要利益相关者是那些若没有他们的持续参与企业就难以持续经营的各方，通常包括股东和投资者、员工、顾客、供应商以及那些定义为公共利益相关者的团体。次要利益相关者是指那些影响公司或者被其影响的各方，但他们不从事与该公司的交易，也不是其生存的关键，他们有能力动员舆论赞成或反对公司的表现。米切尔等（Mitchell et al.，1997）认为，利益相关者可以分为主要的和次要的利益相关者；公司的所有者和非所有者；资本所有者或者较少的有形资产所有者；行动者或被行动者；
与公司有自愿关系的相关者或非自愿关系的所有者；所有权人、契约人或
求偿人；资源提供方或依赖公司方；承担风险者或施加影响者；以及代理
经理对其负有受托责任的法律主体。他们对利益相关者进行分类主要依据
如下的因素：一是相关资产的所有权；二是积极/中性/负面的参与关系；
三是积极/消极影响的倾向；四是相互责任、信任和信心。皮克特（2009）
认为，企业的宗旨是满足利益相关者的需求，包括积极的利益相关者和消
极的利益相关者，其中积极的利益相关者对一个组织有直接的影响，如股
东可以选举董事会成员并决定其薪酬、债权人对企业资金的影响、机构投
资者因持有公司大量股份而对企业的主导性影响等；消极的利益相关者则
对企业没有直接的影响，如社区、新闻媒体、环保组织等。

随着经济的全球化和科学技术创新的不断发展，企业所处的外部环境
以及发展模式发生了天翻地覆的变化。企业的利益相关者为了做出正确的
商业决策，并且能够进行有效的公司治理，将更加致力于寻找透明、权责
分明和完整有效的内部控制体系。亦即，利益相关者共同治理的基础是有
效的企业内部控制体系，与此同时，企业生存依赖于利益相关者构建的关
系网络，企业对该网络中的利益相关者也承担着法律、契约和道义上的义
务，利益相关者共同治理是企业内部控制机制建设的理性选择。

8.5.2 实现路径

8.5.2.1 充分考虑利益相关者整体利益，合理设计企业内部控制目标

按照我国《企业内部控制基本规范》的规定，企业内部控制的目标
为：（1）保证企业经营管理合法合规。企业必须将发展置于国家法律法规
允许的基本框架之下，按照会计法、公司法等法律法规要求，建立健全企
业内部控制的规章制度。（2）资产安全。保证企业财产安全完整既是自然
物质和权利形态的安全完整，更是价值形态的安全完整；既是财产经营和
使用部门及人员的内控目标，也是企业出资者、债权人和其他利益相关者
普遍关注的重大问题。（3）财务报告及相关信息真实完整。该目标将有助
于企业投资者、债权人及其他利益相关者的利益保护，可提高企业的诚信
度和公信力，维护企业的良好声誉。（4）提高经营效率和效果。要求企业
能够结合自身的经营特征、所处的行业及经济环境，通过建立健全有效的
内部控制，不断提高企业的持续竞争能力。（5）促进企业实现发展战略。
要求企业将短期利益和长远利益结合起来，选择科学的企业发展战略，并

采取有效的内部控制措施来保证企业发展战略的顺利实施。

企业内部控制目标的制定要充分考虑利益相关者的整体利益。由于不同类型的利益相关者对企业的影响是不同的，企业作为一个资源有限的经济实体，在内部控制机制建设过程中，要充分关注利益相关者群体的利益要求的差异性，对不同利益相关者的利益要求进行协调与平衡。首先，从股东与管理层关系看，由于股东"外部人"不直接从事和控制企业的生产经营，可能会被企业"内部人"行为控制，为了保证股东利益不受损害，内部控制机制设计要体现对企业经理层约束机制的建设。其次，从债权人与企业的关系看，债权人向企业投入了债权资本，且还本付息事项已在契约中明确规定，表面看来风险可控，但契约的不完备性和企业的"有限责任"可能将企业经营失败风险转嫁给债权人。为了规避上述风险，在内部控制机制设计上应考虑让债权人参与企业控制权的分配，从而对股东和管理层的行为进行约束。此外，从政府与企业的关系看，政府对企业的投入主要是赋予企业依法经营的权利以及提供各种公共设施，政府主要关注的是财政税收、社会秩序和吸纳就业能力等（刘勇，2015），政府要实现经济职能必须依赖企业的各项税收收入，政府要维护社会秩序并提供就业机会必须依靠企业。因此，企业的内部控制设计要充分考虑企业经济利益与社会利益的平衡。

8.5.2.2　目标导向下的风险与绩效的动态平衡

不同行业、不同发展阶段、不同规模的企业对利益相关者的依赖程度不同，因此，企业在对利益相关者利益要求进行平衡时应根据自身实际量力而为，以内部控制目标为导向，在经营风险与财务绩效之间进行权衡。

2017 年 9 月 6 日，COSO 发布了《企业风险管理框架》，针对风险管理五个要素（治理与文化、战略与目标设定、业绩、审查和修订、信息沟通和报告）细化为二十条原则，旨在协调风险、战略以及业绩三者之间的关系，在企业战略目标驱动下实现财务绩效的提升。引入 COSO 新思维，企业在加强内部管控过程中必须充分关注风险与绩效的平衡关系。

第一，基于风险偏好设定企业绩效目标。风险与绩效平衡机制的设计与企业的风险偏好密不可分。风险偏好是指企业为实现其战略目标，基于自身风险运营能力、风险管理能力以及风险承受能力，确定自己能够承担的风险类型和风险大小。其内涵包括以下几方面。

一是企业的风险偏好就是其在实现战略目标过程中，对各种不确定性因素的种类、大小等风险特征所表现出的倾向性。它是企业在实现其目标的过程中愿意接受的风险的数量。它反映了企业的风险管理理念，进而影响到企业的文化和经营风格，比如许多企业采用诸如高、适中或低之类的分类定性地考虑风险偏好。

二是风险偏好是企业承受风险的意愿。从外部来看，企业承受风险的意愿与企业市场环境、企业的行业性质等因素相关；从内部看，风险偏好主要与企业文化、企业战略、领导人风格、企业的生命周期等因素相关。

对企业风险与绩效关系的阐释如图 8-4 所示。

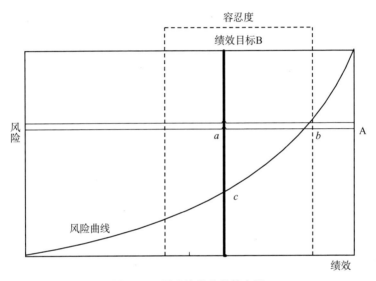

图 8-4　风险绩效曲线基本图

在图 8-4 中横轴表示的是企业的绩效（performance），纵轴表示的是风险（risk），将绩效与风险量化，画出一条平滑风险曲线来表示风险与绩效之间的关系。双横线（A）表示为风险偏好（risk appetite），竖线（B）表示为绩效目标。c 点表示在企业设定的绩效目标下实际会面对的风险，b 点表示在企业设定的风险偏好水平下所能达到的最大绩效，a 与 c 之间的距离就表示为企业面临的实际风险与设定的风险偏好之间的差距，距离越大企业越安全，这意味着企业做出的决策往往是低风险的。反之，如果是比较激进的企业，这一距离较小。

图 8-4 中虚线对应的横轴区间表示为企业所能承受的绩效波动范围，最大绩效为风险偏好与风险曲线的交点 b 点决定，最小绩效由企业根据历史经验及实际情况做出决策。图 8-4 表明企业运行的短期目标是实现所设定的绩效，该目标用于支撑企业战略的实现；不同绩效目标下的风险曲

线表现为绩效增长所带来的风险增量，曲线越陡说明该绩效目标设定会引致更大的风险。因此，企业在设定绩效时要对风险予以充分关注，不能割离风险去单独考虑绩效或战略目标。

第二，关注企业所能承受的最大风险。图 8－5 中虚线（C）表示风险容量（risk capacity），即企业所能承受的最大风险，与风险偏好的区别是，风险偏好是企业愿意承担的最大风险，而风险容量是企业能够承担的风险。企业一般应将风险偏好设置在风险容量以下，若风险容量低于风险偏好，则表明企业将承担极大的风险去完成绩效目标，企业将面临极大的经营风险，包括承担资金链断裂、资不抵债、破产等后果。

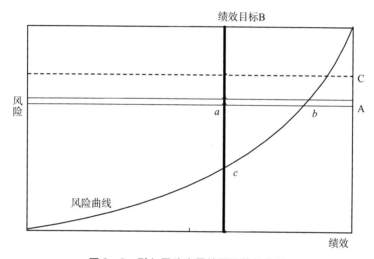

图 8－5 引入风险容量的风险绩效曲线

8.5.2.3 制度创新与转型升级并举，提高企业经营业绩

第一，借势发展，释放企业亏损"包袱"。党的十九大报告指出，我国经济已由高速增长阶段转向高质量发展阶段，处在转变发展方式、优化经济结构、转换增长动力的攻关期。这意味着我国经济发展驱动力将由传统的粗放型发展转为要素、投资、创新驱动发展。对历史亏损公司而言，企业要学会借势发展，把释放历史亏损"包袱"压力与转型升级战略紧密结合，通过不断增强创新能力，提高企业可持续发展能力和核心竞争力；借助政府政策扶持，在经营业绩方面持续发力，优化运营模式，增强盈利能力，通过夯实累积盈余消化历史亏损"包袱"。

第二，以管理制度创新为核心，促进企业高质量战略发展。在转型升级背景下，企业必须以战略发展视域来决定企业的发展方向与发展深度，借鉴先进的管理理念与管理制度，以管理制度创新为抓手，通过调整所有者权益内部结构以及加大经营管理创新力度等方式，靠内生能力尤其是质量提升，从速度型盈利模式向质量型盈利模式的转变（程虹等，2016），以创新活力带动企业持续发展。

8.6　研　究　结　论

企业仅靠内部治理机制来满足各方利益相关者的利益诉求是很难实现的，需要通过共同治理来推动有效的制衡及监督机制，实现利益相关者利益最大化目标。基于实证研究结论可知，历史亏损对股东利益、债权人利益都有一定程度的损害，政府相关政策对历史亏损的弥补也存在着很大的影响效力，因此，对历史亏损问题的解决，需要政府、股东、债权人以及企业四方的共同治理。

本章基于公司治理和内部控制有机结合原则、公平与效率协调平衡原则、企业利益与社会利益兼顾原则，建立政府、股东、债权人以及企业四方共同治理机制（GCSE），从而根本解决企业的历史"包袱"。

由于分红约束、股权融资约束影响了股东及债权人的利益，因此，对债权人而言，通过参与公司治理，建立债权人与企业的制衡机制，可实现债权人利益保护；对股东而言，通过建立股东与债权人、管理层的利益平衡机制，以实现股东利益最优化。由于政府的补亏政策直接影响到企业的历史亏损弥补程度，而企业自身创新水平、风险管理与内部控制水平对补亏程度贡献极大，因此，对政府而言，通过相关政策与制度设计，在助力企业补亏的同时还要完善监督机制建设；对企业而言，通过加强企业内部控制，在努力提升企业经营业绩的同时做好风险把控，实现企业的社会责任目标。

建立政府、股东、债权人以及企业四方共同治理机制（GCSE）需要关注以下内容。

（1）建立政府支持与监督并举机制。一是做好宏观政策与制度安排，包括完善公司资本制度、以合理的政策推进企业转型升级等；二是厘清历史亏损公司与僵尸企业边界，针对不同类别的历史亏损公司进行分类监督管理；三是合理配置政府优惠资源，包括提供财政补贴支持、提供税收优惠支持、提供信贷支持等。

（2）建立债权人对企业的制衡机制。一是债权人应直接参与公司治理，包括建立债权人参与监事会制度、完善债权人会议制度、建立债权人派生诉讼制度。二是加强债权人的契约治理，包括科学设计债务期限结构，加强正式债务契约治理；以非债务契约治理保护债权人利益。三是建立债权人之间的协同机制。

（3）建立股东与债权人、管理层的利益平衡机制。一是做好控制权在控股股东与管理层之间的平衡，包括科学设计股权结构，完善公司治理机制；建立完善的管理层薪酬激励及业绩考评机制。二是强化股东和高管信义义务。三是完善所有者权益结构，提高企业资本价值。

（4）完善企业内部控制，建立利益相关者协同的控制机制。一是充分考虑利益相关者整体利益，合理设计企业内部控制目标；二是建立目标导向下的风险与绩效的动态平衡机制；三是制度创新与转型升级并举，提高企业经营业绩。

主要参考文献

［1］阿瑟·刘易斯.经济增长理论［M］.北京：机械工业出版社，
2015.

［2］白俊，连立帅.国企过度投资溯因：政府干预抑或管理层自利？
［J］.会计研究，2014（2）：41－48，95.

［3］蔡春，朱荣，和辉，等.盈余管理方式选择、行为隐性化与濒死
企业状况改善——来自A股特别处理公司的经验证据［J］.会计
研究，2012（9）：31－39.

［4］蔡维灿.基于利益相关者共同治理的企业内部控制机制构建
［J］.江苏大学学报（社会科学版），2012，14（6）：65－69.

［5］陈朝先.国有企业的社会保险负担和历史包袱［J］.中国工业经
济，1995（2）：44－46.

［6］陈德球，董志勇.社会性负担、融资约束与公司现金持有——基
于民营上市公司的经验证据［J］.经济科学，2014（2）：68－
78.

［7］陈冬华，陈信元，万华林.国有企业中的薪酬管制与在职消费
［J］.经济研究，2005（2）：92－101.

［8］陈骏，徐玉德.高管薪酬激励会关注债权人利益吗？——基于我
国上市公司债务期限约束视角的经验证据［J］.会计研究，2012
（9）：73－81，97.

［9］陈晓，陈小悦，倪凡.我国上市公司首次股利信号传递效应的实
证研究［J］.经济科学，1998（5）：33－43.

［10］陈信元，汪辉.股东制衡与公司价值：模型及经验证据［J］.
数量经济技术经济研究，2004，21（11）：102－110.

［11］陈彦斌，周业安.行为资产定价理论综述［J］.经济研究，
2004（6）：117－127.

［12］程虹，刘三江，罗连发．中国企业转型升级的基本状况与路径选择——基于 570 家企业 4794 名员工入企调查数据的分析［J］．管理世界，2016（2）：57 – 70.

［13］大卫·威勒，玛丽亚·西兰芭．利益相关者：公司利益相关者价值最大化之蓝图［M］．张丽华，译．北京：经济管理出版社，2002.

［14］戴德明，邓璠．亏损企业经营业绩改善措施及有效性研究——以上市公司为例［J］．管理世界，2007（7）：129 – 135.

［15］杜兴强，王丽华．高层管理当局薪酬与上市公司业绩的相关性实证研究［J］．会计研究，2007（1）：58 – 65.

［16］杜兴强，王丽华．高层管理当局薪酬与上市公司业绩的相关性实证研究［J］．会计研究，2007（1）：58 – 65，93.

［17］杜勇．亏损属性、会计盈余与股票价格［J］．华东经济管理，2008（4）：47 – 51.

［18］杜宇玮，周长富．锁定效应与中国代工产业升级——基于制造业分行业面板数据的经验研究［J］．财贸经济，2012（12）：78 – 86.

［19］方军雄．高管超额薪酬与公司治理决策［J］．管理世界，2012（11）：144 – 155.

［20］冯飞．以精准的产业政策推进供给侧结构性改革［J］．中国经贸导刊，2016（16）：11 – 13.

［21］傅元略．经理人长期激励方案与股东利益的一致性研究［J］．财经理论与实践，2010（4）：38 – 42，47.

［22］龚强，徐朝阳．政策性负担与长期预算软约束［J］．经济研究，2008（2）：44 – 55.

［23］郭富青．我国公司资本制度的重构及风险防范［J］．财经法学，2015（5）：22 – 34.

［24］何帆，朱鹤．僵尸企业的识别与应对［J］．中国金融，2016（5）：20 – 22.

［25］何旭强，周业安．上市公司破产和重整的选择机制、经济效率及法律基础［J］．管理世界，2006（7）：125 – 131.

［26］黄辉．公司资本制度改革的正当性：基于债权人保护功能的法经济学分析［J］．中国法学，2015（6）：159 – 178.

［27］黄辉. 现代公司法比较研究——国际经验及对中国的启示［M］.
北京：清华大学出版社，2011.

［28］黄建欢，张亚斌，尹筑嘉. 基于 EME－E 范式的资产重组中股
东利益均衡研究［J］. 中国工业经济，2012（4）：89－101.

［29］黄亚颖. 资本公积补亏的公司法立场——基于*ST 飞彩的资本
公积变相补亏［J］. 经济法研究，2015（1）：193－209.

［30］贾明，张喆，万迪昉. 基于不完全契约的债务契约治理效应
［J］. 财经科学，2007（5）：89－96.

［31］江伟，沈艺峰. 大股东控制、资产替代与债权人保护［J］. 财
经研究，2005（12）：95－106.

［32］江小涓. 国有企业的能力过剩、退出及退出援助政策［J］. 经
济研究，1995（2）：46－54.

［33］江轩宇，陈玥，于上尧. 股价暴跌风险与企业创新［J］. 南开
管理评论，2020，23（3）：200－211.

［34］姜付秀，张继东，樊晓松. 公司整体上市有利于改善投资者利
益保护吗？［J］. 经济科学，2007（5）：77－88.

［35］姜付秀，张敏，陆正飞，等. 管理者过度自信、企业扩张与财
务困境［J］. 经济研究，2009，44（1）：131－143.

［36］姜付秀，支晓强，张敏. 投资者利益保护与股权融资成本——
以中国上市公司为例的研究［J］. 管理世界，2008（2）：117－
125.

［37］蒋大兴. 质疑法定资本制之改革［J］. 中国法学，2015（6）：
136－158.

［38］K. H. 斯宾塞·皮克特. 企业风险管理［M］. 大连：大连出版
社，2009

［39］罗伯特·C. 克拉克. 公司法则［M］. 胡平等，译. 北京：工商
出版社，1999.

［40］孔小文，于笑坤. 上市公司股利政策信号传递效应的实证分析
［J］. 管理世界，2003（6）：114－118，153.

［41］李彬，张俊瑞. 过度投资、盈余管理方式"合谋"与公司价值
［J］. 经济科学，2013（1）：112－125.

［42］李传宪. 政治关联、债务重组扭亏与公司投资效率［J］. 审计
与经济研究，2014（2）：33－36.

［43］李东侠，郝磊．注册资本弱化视角下的公司债权人利益保护［J］．人民司法，2014（5）：13－18.

［44］李钢，万伟，曾勇．破产程序的效率特征、重整条件与德隆系企业的破产［J］．管理世界，2010（6）：143－152，188.

［45］李海燕，厉夫宁．独立审计对债权人的保护作用——来自债务代理成本的证据［J］．审计研究，2008（3）：81－93.

［46］李任斯．供应链关系、商业信用融资与企业价值［D］．北京：中央财经大学，2016.

［47］李维安，王倩．投资者保护微观效应文献综述：基于影响机制复杂性与结果多样性的新观察［J］．南开管理评论，2011，14（6）：4－15.

［48］李文洲，冉茂盛，黄俊．大股东掏空视角下的薪酬激励与盈余管理［J］．管理科学，2014，27（6）：27－39.

［49］李霄阳，瞿强．中国僵尸企业：识别与分类［J］．国际金融研究，2017（8）：3－13.

［50］李晓慧，杨子萱．内部控制质量与债权人保护研究——基于债务契约特征的视角［J］．审计与经济研究，2013（2）：97－105.

［51］李心丹，俞红海，陆蓉，等．中国股票市场"高送转"现象研究［J］．管理世界，2014（11）：133－145.

［52］李焰，陈才东，黄磊．集团化运作，融资约束与财务风险——基于上海复星集团案例研究［J］．管理世界，2007（12）：117－135.

［53］李增泉，孙铮，王志伟．"掏空"与所有权安排——来自我国上市公司大股东资金占用的经验证据［J］．会计研究，2004（12）：4－13.

［54］李增泉，辛显刚，于旭辉．金融发展、债务融资约束与金字塔结构——来自民营企业集团的证据［J］．管理世界，2008（1）：123－135，188.

［55］李长兵．公司自治理念下公司资本制度改革的回顾与展望［J］．法制与社会，2014（32）：53－55，57.

［56］李政，杨思莹，路京京．政府补贴对制造企业全要素生产率的异质性影响［J］．经济管理，2019，41（3）：5－20.

[57] 李卓, 宋玉. 股利政策、盈余持续性与信号显示 [J]. 南开管理评论, 2007 (1): 70 - 80.

[58] 李卓松. 企业风险承担与债券契约研究 [D]. 北京: 中央财经大学, 2018.

[59] 廖冠民, 沈红波. 国有企业的政策性负担: 动因、后果及治理 [J]. 中国工业经济, 2014 (6): 96 - 108.

[60] 廖理, 方芳. 股利政策代理理论的实证检验 [J]. 南开管理评论, 2005 (5): 55 - 62.

[61] 廖歆欣, 刘运国. 企业避税、信息不对称与管理层在职消费 [J]. 南开管理评论, 2016, 19 (2): 87 - 99.

[62] 林毅夫, 李志赟. 政策性负担、道德风险与预算软约束 [J]. 经济研究, 2004 (2): 17 - 27.

[63] 林毅夫. 政策性负担导致政策性亏损, 林毅夫为国资委改革支招 [J]. 中国审计, 2003 (16): 95.

[64] 刘红霞, 李卓松. 企业转型进程的 "历史包袱" 与相关约束效应研究 [J]. 改革, 2018 (1): 139 - 148.

[65] 刘红霞, 孙雅男, 幸丽霞. 历史亏损影响股东财富实现吗? ——基于分红约束的研究视角 [J]. 会计研究, 2018 (10): 73 - 79.

[66] 刘红霞, 孙雅男. 企业历史亏损会影响高管薪酬水平吗? [J]. 经济管理, 2019, 41 (12): 105 - 122.

[67] 刘红霞, 幸丽霞, 田学浩. 上市公司补亏政策变化及其经济后果研究——基于资本公积金补亏禁令的视角 [J]. 财政研究, 2017 (12): 89 - 98.

[68] 刘红霞, 周晓敏, 李任斯. 历史亏损企业债权人利益保护研究——基于所有者权益结构视角的检验 [J]. 经济理论与经济管理, 2019, 38 (1): 86 - 101.

[69] 刘建勇, 董晴. 资产重组中大股东承诺、现金补偿与中小股东利益保护——基于海润光伏的案例研究 [J]. 财贸研究, 2014 (1): 136 - 142, 156.

[70] 刘奎甫, 茅宁. "僵尸企业" 国外研究述评 [J]. 外国经济与管理, 2016, 38 (10): 3 - 19.

[71] 刘美玉. 企业利益相关者共同治理与相互制衡研究 [D]. 大

连：东北财经大学，2007.

[72] 刘燕. 公司法资本制度改革的逻辑与路径——基于商业实践视角的观察 [J]. 法学研究，2014 (5)：32 - 56.

[73] 刘燕. 新《公司法》的资本公积补亏禁令评析 [J]. 中国法学，2006 (6)：151 - 159.

[74] 刘燕. 债务重组会计准则与债权人利益的保护——对《企业会计准则—债务重组》的法律思考 [J]. 会计研究，2000 (7)：14 - 21.

[75] 刘燕. 重构"禁止抽逃出资"规则的公司法理基础 [J]. 中国法学，2015 (4)：181 - 205.

[76] 刘勇. 构建利益相关者共同治理的企业内部控制机制 [J]. 经济研究导刊，2015，268 (14)：69 - 70

[77] 刘志远，刘青. 集体决策能抑制恶性增资吗——一个基于前景理论的实验研究 [J]. 中国工业经济，2008 (4)：13 - 20.

[78] 栾甫贵，赵磊蕾. 我国钢铁业僵尸企业的识别及退出路径选择 [J]. 财会月刊，2017 (21)：27 - 32.

[79] 罗伯特·W. 汉密尔顿. 公司法概要 [M]. 北京：中国社会科学院出版社，1999.

[80] 罗宏，曾永良，宛玲羽. 薪酬攀比、盈余管理与高管薪酬操纵 [J]. 南开管理评论，2016，19 (2)：19 - 31.

[81] 吕秀华，张峥，周铭山. 交叉上市降低了控股股东与中小股东的代理冲突吗？[J] 财经科学，2013 (8)：39 - 47.

[82] 吕长江，许静静. 基于股利变更公告的股利信号效应研究 [J]. 南开管理评论，2010 (2)：90 - 96.

[83] 马洪，刘世锦. 关于国有企业改革的若干问题 [J]. 中国工业经济，1995 (1)：9 - 13.

[84] 孟焰，袁淳. 亏损上市公司会计盈余价值相关性实证研究 [J]. 会计研究，2005 (5)：42 - 46.

[85] 牟旭东. 亏损上市公司重组分析 [J]. 证券市场导报，1998 (3)：4 - 14.

[86] 齐祥芹，沈永建. 市场态势、公司扭亏与盈余管理 [J]. 山西财经大学学报，2015 (1)：26 - 29.

[87] 强国令. 半强制分红政策、逆向选择与股利掏空 [J]. 投资研

究，2014（10）：118 - 131.

[88] 任曙明，吕镯. 融资约束、政府补贴与全要素生产率——来自中国装备制造企业的实证研究［J］. 管理世界，2014（11）：10 - 23，187.

[89] 桑瑞聪，刘志彪. 中国产业转移趋势特征和影响因素研究——基于上市公司微观数据的分析［J］. 经济管理，2014（12）：34.

[90] 沈艺峰，肖珉，林涛. 投资者保护与上市公司资本结构［J］. 经济研究，2009（7）：131 - 142.

[91] 施天涛. 公司资本制度改革：解读与辨析［J］. 清华法学，2014，8（5）：128 - 141.

[92] 苏坤. 企业风险承担经济后果研究——基于债务期限结构的视角［J］. 现代管理科学，2016（6）：57 - 59.

[93] 谭劲松，郑国坚，彭松. 地方政府公共治理与国有控股上市公司控制权转移——1996 - 2004 年深圳市属上市公司重组案例研究［J］. 管理世界，2009（10）：12 - 18.

[94] 唐跃军，李维安. 公司和谐、利益相关者治理与公司业绩［J］. 中国工业经济，2008（6）：86 - 98.

[95] 陶晓慧，柳建华. 会计稳健性，债务期限结构与债权人保护［J］. 山西财经大学学报，2010（4）：93 - 99.

[96] 童盼，陆正飞. 负债融资、负债来源与企业投资行为——来自中国上市公司的经验证据［J］. 经济研究，2005（5）：75 - 84，126.

[97] 万良勇，朱武祥. 法律制度、法律执行与上市公司破产重整效率——基于宝硕股份的案例研究［J］. 管理案例研究与评论，2013（6）：431 - 439.

[98] 王建成. 债权人的经济监控权与企业治理结构的改进——兼论债权人对所有者权益的限制［J］. 中国软科学，2002（5）：32 - 36

[99] 王进诚，辛树人. 发达地区农信社历史包袱的解决方案探讨［J］. 金融研究，2002（11）：94 - 99.

[100] 王晓梅，姜付秀. 投资者利益保护效果评价研究［J］. 会计研究，2007（5）：73 - 79，96.

[101] 王旭. 企业生命周期与债权人治理的"阻尼效应"［J］. 中南财经政法大学学报, 2013（1）: 129 – 136.

[102] 王旭. 中国上市公司债权人治理机制及效应研究［D］. 济南: 山东大学, 2013.

[103] 魏锋, 沈坤荣. 所有制、债权人保护与企业信用贷款［J］. 金融研究, 2009（9）: 26 – 39.

[104] 魏明海, 柳建华. 国企分红、治理因素与过度投资［J］. 管理世界, 2007（4）: 88 – 95.

[105] 吴斌, 黄明峰, 汤颖梅. 股权分置改革有效抑制了中小股东利益受损程度吗？——基于双重差分模型的实证检验［J］. 经济体制改革, 2011（2）: 127 – 133.

[106] 吴红军, 吴世农. 股权制衡、大股东掏空与企业价值［J］. 经济管理, 2009, 31（3）: 44 – 52.

[107] 吴育辉, 魏志华, 吴世农. 时机选择、停牌操控与控股股东掏空——来自中国上市公司定向增发的证据［J］. 厦门大学学报（哲学社会科学版）, 2013（1）: 46 – 55.

[108] 肖作平, 廖理. 大股东、债权人保护和公司债务期限结构选择——来自中国上市公司的经验证据［J］. 管理世界, 2007（10）: 99 – 113.

[109] 肖作平. 终极控制股东对债务期限结构选择的影响: 来自中国上市公司的经验证据［J］. 南开管理评论, 2011, 14（6）: 25 – 35.

[110] 谢德仁, 林乐, 陈运森. 薪酬委员会独立性与更高的经理人报酬—业绩敏感度——基于薪酬辩护假说的分析和检验［J］. 管理世界, 2012（1）: 121 – 140, 188.

[111] 谢琳, 李孔岳, 周影辉. 政治资本、人力资本与行政垄断行业进入——基于中国私营企业调查的实证研究［J］. 中国工业经济, 2012（9）: 122 – 134.

[112] 谢平. 中国农村信用合作社体制改革的争论［J］. 金融研究, 2001（1）: 1 – 13.

[113] 熊兵. "僵尸企业"治理的他国经验［J］. 改革, 2016（3）: 120 – 127.

[114] 薛爽. 经济周期、行业景气度与亏损公司定价［J］. 管理世

界，2008（7）：145 - 150，167.

[115] 杨蕙馨. 进入退出壁垒与国有企业亏损：一个产业组织理论的解释 [J]. 东南大学学报（哲学社会科学版），2002（9）：35 - 37.

[116] 杨瑞龙，聂辉华. 不完全契约理论：一个综述 [J]. 经济研究，2006（2）：104 - 115.

[117] 杨瑞龙. 我国企业治理结构的改变——由"股东至上"到"共同治理" [N]. 光明日报，2002 - 11 - 29.

[118] 杨雄胜. 财务基本理论研究 [M]. 北京：中国财政经济出版社，2000.

[119] 杨熠，沈艺峰. 现金股利传递盈利信号还是起监督治理作用 [J]. 中国会计评论，2004（1）：61 - 76.

[120] 姚少华，潘敏. 债权人利益保护的不完备契约理论分析 [J]. 商业研究，2005（21）：195 - 199.

[121] 叶檀. 透过亏损迷局看国企改制方向 [N]. 上海证券报，2006 - 03 - 27（A2）.

[122] 叶志锋，李琦，肖庆飞. 中国僵尸企业界定研究——构建企业、银行、政府三方因素的综合识别方法 [J]. 企业管理，2017（9）：112 - 114.

[123] 余明桂，李文贵，潘红波. 民营化、产权保护与企业风险承担 [J]. 经济研究，2013，48（9）：112 - 124.

[124] 余明桂，潘红波. 政府干预、法治、金融发展与国有企业银行贷款 [J]. 金融研究，2008（9）：1 - 22.

[125] 袁知柱，郝文瀚，王泽燊. 管理层激励对企业应计与真实盈余管理行为影响的实证研究 [J]. 管理评论，2014，26（10）：181 - 196.

[126] 张栋，谢志华，王靖雯. 中国僵尸企业及其认定——基于钢铁业上市公司的探索性研究 [J]. 中国工业经济，2016（11）：90 - 107.

[127] 张辉，黄昊，闫强明. 混合所有制改革、政策性负担与国有企业绩效——基于 1999 - 2007 年工业企业数据库的实证研究 [J]. 经济学家，2016（9）：32 - 41.

[128] 张利红，刘国常. 股权分置改革、大股东"掏空"与审计治

理效应［J］. 当代财经，2013（3）：109－119.

［129］张颂梅. 从信用角度对我国公司资本制度的思考［J］. 西南政法大学学报，2004（3）：53－56.

［130］张文魁. 企业负债的作用和偿债保障机制研究［J］. 经济研究，2000（7）：48－55，79－80.

［131］张昕，杨再惠. 中国上市公司利用盈余管理避免亏损的实证研究［J］. 管理世界，2007（9）：35－38.

［132］张雪娥. 资本维持规则的价值评析——以取消公司最低资本制为背景［J］. 天津法学，2015，31（3）：62－67.

［133］张雪岷，张德明. 公司属性、经营绩效与经营管理团队薪酬——基于沪市上市公司的实证分析［J］. 商业研究，2006（23）：87－92.

［134］张兆国，曾牧，刘永丽. 政治关系、债务融资与企业投资行为——来自我国上市公司的经验证据［J］. 中国软科学，2011（5）：106－121.

［135］张祖群，王波. 企业运营目标、环境伦理与股东利益最大化［J］. 改革，2012（7）：112－121.

［136］赵昌文，许召元. 国际金融危机以来中国企业转型升级的调查研究［J］. 管理世界，2013（4）：8－15，58.

［137］赵德勇. 公司资本制度改革应依法平衡效率与安全［N］. 光明日报，2014－10－13（7）.

［138］赵国宇. 大股东控股、报酬契约与合谋掏空——来自民营上市公司的经验证据［J］. 外国经济与管理，2017，39（7）：105－117.

［139］赵旭东. 资本制度变革下的资本法律责任——公司法修改的理性解读［J］. 法学研究，2014（5）：18－31.

［140］郑国坚，林东杰，张飞达. 大股东财务困境、掏空与公司治理的有效性——来自大股东财务数据的证据［J］. 管理世界，2013（5）：157－168.

［141］郑海航. 深化企业改革，搞好企业兼并［J］. 改革，1998（1）：46－48.

［142］周开国，杨海生，伍颖华. 食品安全监督机制研究——媒体、资本市场与政府协同治理［J］. 经济研究，2016，51（9）：

58 - 72.

[143] 周翔, 高菲. 我国公司资本制度改革中资本维持原则的修正 [J]. 甘肃社会科学, 2016 (1): 127 - 132.

[144] 朱慈蕴. 资本多数决原则与控制股东的诚信义务 [J]. 法学研究, 2004 (4): 104 - 116.

[145] 朱舜楠, 陈琛. "僵尸企业"诱因与处置方略 [J]. 改革, 2016 (3): 110 - 119.

[146] Aghion, P., Hart, O., Moore, J.. The Economics of Bankruptcy Reform [J]. Journal of Law, Economics and Organization, 1992 (8): 523 - 546.

[147] Aghion, P., Bolton, P.. An Incomplete Contracts Approach to Financial Contracting [J]. Review of Economic Studies, 1992 (59): 473 - 494.

[148] Aharony, J., Swary, I.. Quarterly Dividend and Earnings Announcements and Stockholders' Returns: An Empirical Analysis [J]. The Journal of Finance, 1980, 35 (1): 1 - 12.

[149] Ahmed, A. S., Duellman, S.. Accounting Conservatism and Board of Director Haracteristics: An Empirical Analysis [J]. Journal of Accounting and Economics, 2007 (43): 411 - 437.

[150] Alchian, A. A., Demsetz, H.. Production, Information Costs, and Economic Organization [J]. The American Economic Review, 1972, 62 (5): 777 - 795.

[151] Armour, J.. Share Capital and Creditor Protection: Efficient Rules for a Modern Company Law [J]. The Modern Law Review Limited, 2000, 63 (3): 355 - 378.

[152] Atanasov, V.. How Much Value Can Blockh olders Tunnel? Evidence from the Bulgarian Mass Privatization Auctions [J]. Journal of Financial Economics, 2005, 76 (1): 191 - 234.

[153] Bae, K., Kang, J., Kim, J.. Tunneling or Value Addition? Evidence from Mergers by Korean Business Groups [J]. Journal of Finance, 2002, 57 (6): 2695 - 2740.

[154] Ball, R., Shivakumar, L.. Earnings Quality in UK Private Firms: Comparative Loss Recognition Timeliness [J]. Journal of

Accounting and Economics, 2005, 39 (1): 83 - 128.

[155] Barberis, N., Huang, M., Santos, T.. Prospect Theory and Asset Prices [J]. The Quarterly Journal of Economics, 2001, 116 (1): 1 - 53.

[156] Barnea, A., Haugen, R., Senbet, L.. A Rationale for Debt Maturity Structure and Call Provisions in the Agency Theoretic Framework [J]. Journal of Finance, 1980 (35): 1223 - 1234.

[157] Baucus, M. S., Near, J. P.. Can Illegal Corporate Behavior be Predicted? An Event History Analysis [J]. Academy of Management Journal, 1991 (34): 9 - 36.

[158] Bebchuk, L. A., Fried, J. M.. Executive Compensation as an Agency Problem [J]. Journal of Economic Perspective, 2003, 17 (3): 71 - 92.

[159] Berry, A. J., Faulkner, S., Hughes, M.. Financial Information, the Banker and the Small Business [J]. The British Accounting Review, 1993, 25 (2): 131 - 150.

[160] Bertrand, M., Mehta, P., Mullainathan, S.. Ferreting out Tunneling: An Application to Indian Business Groups [J]. Quarterly Journal of Economics, 2002, 117 (1): 121 - 148.

[161] Bhattacharya, S.. Imperfect Information, Dividend Policy, and "the Bird in the Hand" Fallacy [J]. Bell Journal of Economics, 1979, 10 (1): 259 - 270.

[162] Bosch - Domènech, A., Silvestre, J.. Reflections on Gains and Losses: A 2 × 2 × 7 Experimen [J]. Journal of Risk and Uncertainty, 2006, 33 (3): 217 - 235.

[163] Bruche, M., Llobet, G.. Preventing Zombie Lending [J]. Review of Financial Studies, 2012, 27 (3): 923 - 956.

[164] Caballero, R. J., Hoshi, T., Kashyap, A. K.. Zombie Lending and Depressed Restructuring in Japan [J]. The American Economic Review, 2008, 98 (5): 1943 - 1977.

[165] Caprio, J., Demirgüc - Kunt, A.. The Role of Long Term Finance: Theory and Evidence [C]. Policy Research Department, World Bank Policy Research Working Paper, 1997.

[166] Caskey, J., Hanlon, M.. Dividend Policy at Firms Accused of Accounting Fraud [J]. Contemporary Accounting Research, 2013, 30 (2): 818－850.

[167] Christie, A. A., Zimmerman, J.. Efficient and Opportunistic Choices of Accounting Procedures: Corporate control contests [J]. The Accounting Review, 1994 (69): 539－566.

[168] Claessens, S., Djankov, S., Lang, L. H. P.. The Separation of Ownership and Control in East Asian Corporations [J]. Journal of Financial Economics, 2000, 58 (1/2): 81－112.

[169] Claessens, S., Stubben, S. R., Laeven, L.. Policy Burdens and Preferential Access to Finance: the Role of Campaign Contributions [J]. Journal of Financial Economics, 2018, 88 (3): 554－580.

[170] Clarkson, M. B. E.. A Stakeholder Framework for Analyzing and Evaluating Corporate Social Performance [J]. Academy of Management Review, 1995, 20 (1): 92－117.

[171] Clementi, G. L., Hopenhayn, H. A.. A Theory of Finan－cing Constraints and Firm Dynamics [J]. The Quarterly Journal of Economics, 2006 (121): 229－265.

[172] Cohen, D. A., Dey, A., Lys, T. Z.. Real and Accrual Based Earnings Management in the Pre and Post Sarbanes－Oxley Periods [J]. The Accounting Review, 2008, 83 (3): 757－787.

[173] Collions, D. W., Pincus, M., Xie, H.. Equity Valuation and Negative Earnings: The Role of Book Value of Equity [J]. The Accounting Review, 1999 (4): 29－61.

[174] Cronqvist, H., Fahlenbrach, R.. CEO Contract Design: How Do Strong Principals Do It [J]. Journal of Financial Economics, 2013 (108): 659－674.

[175] Datta, S., Iskandar－Datta, M., Raman, K.. Managerial Stock Ownership and the Maturity Structure of Corporate Debt [J]. Journal of Finance, 2005, 60 (5): 2333－2350.

[176] Dechow, P. M., Sloan, R. G., Sweeney, A. P.. Detecting Earnings Management [J]. Accounting Review, 1995 (70):

193 – 225.

[177] Demirgiiu – Kunt, A. , Maksimovic, V. . Law, Finance, Firm Growth [J]. Journal of Finance, 1998, 53 (6): 2107 – 2137.

[178] Djembissi, B. . Excessive Risk Taking and the Maturity Structure of Debt [J]. Journal of Economics Dynamics & Control, 2011 (10): 1800 – 1816.

[179] Doidge, C. , Karolyi, A. , Stulz, R. M. . Why Are Foreign Firms Listed in the U. S. Worth More? [J]. Journal of Financial Economics, 2004, 71 (2): 205 – 238.

[180] Dong, Z. , Wang, C. , Xie, F. . Do Executive Stock Options Induce Excessive Risk Taking [J]. Journal of Banking and Finance, 2010 (34): 2518 – 2529.

[181] Duchin, R. , Matsusaka, J. G. , Ozbas, O. . When Are Outside Directors Effective [J]. Journal of Financial Economics, 2008 (96): 195 – 214.

[182] Enriques, L. , Macey, J. R. . Creditors versus Capital Formation: The Case Against the European Legal Capital Rules [J]. Cornell law review, 2001 (86): 1165 – 1193.

[183] Faccio, M. . Politically Connected Firms [J]. The American Economic Review, 2006, 96 (1): 369 – 386.

[184] Fishburn, P. C. . Mean-risk Analysis with Risk Associated with Below-target Returns [J]. American Economic Review, 1977, 67 (2): 116 – 126.

[185] Francis, R. , Martin, X. . Acquisition Profitability and Timely Loss Recognition [J]. Journal of Accounting and Economics, 2010 (49): 161 – 178.

[186] Freeman, R. E. . Strategic Management: A Stakeholder Approach [M]. Boston: Pitman, 1984.

[187] Fukuda, S. , Nakamura, J. . Why Did 'Zombie' Firms Recover in Japan [J]. The World Economy, 2011 (34): 1124 – 1137.

[188] Gaur, A. S. , Max, D. Z. . Home Country Supportiveness Unfavorableness and Outward Foreign Direct Investment from China [J]. Journal of International Business Studies, 2018, 49 (3): 324 –

345.

[189] Ghosh, C. , He, F.. Investor Protection, Investment Efficiency and Value: The Case of Cross – Listed Firms [J]. Financial Management, 2015, 44 (3): 499 – 546.

[190] Grinstein, Y.. The Disciplinary Role of Debt and Equity Contracts: Theory and Tests [J]. Journal of Financial Intermediation, 2006 (15): 419 – 443.

[191] Grossman, S. J. , Hart, O. D.. An Analysis of the Principal – Agent Problem [J]. Econometrica, 1983 (51): 7 – 46.

[192] Haleblian, J. , Devers, C. E. , McNamara, G. , et al. Taking Stock of What We Know about Mergers and Acquisitions: A Review and Research Agenda [J]. Journal of Management, 2009 (35): 469 – 502.

[193] Harris, J. , Bromiley, P.. Incentives to Cheat: The Influence of Executive Compensation and Firm Performance on Financial Misrepresentation [J]. Organization Science, 2007 (18): 350 – 367.

[194] Hayn, C.. The Information Content of Losses [J]. Journal of Accounting and Economics, 1995 (20): 125 – 153.

[195] Hayward, M. L. A. , Hambrick, D. C.. Explaining the Premiums Paid for Large Acquisitions: Evidence of CEO Hubris [J]. Administrative Science Quarterly, 1997 (42): 103 – 127.

[196] Healy, P. M.. The Impact of Bonus Schemes on the Selection of Accounting Principles [J]. Journal of Accounting and Economics, 1985, 7 (4): 85 – 107.

[197] Henderson, V.. Prospect Theory, Liquidation, and the Disposition Effect [J]. Management Science, 2012, 58 (2): 445 – 460.

[198] Holmstrom, B.. Moral Hazard and Observability [J]. The Bell Journal of Economics, 1979, 10 (1): 74 – 91.

[199] Jensen, M. C. , Meckling, W. H.. Theory of the Firm: Managerial Behavior, Agency Costs and Ownership Structure [J]. Journal of Financial Economics, 1976, 3 (4): 305 – 360.

[200] Jiang, G. , Lee, C. M. C. , Yue, H.. Tunneling Through Inter

Corporate Loans: The China Experience [J]. Journal of Financial Economics, 2010, 98 (1): 1-20.

[201] John, K., Litov, L., Yeung, B.. Corporate Governance and Risk Taking [J]. Journal of Finance, 2008 (63): 1679-1728.

[202] Johnson, S., LaPorta, R., Lopez-de-Silanes, F., et al. Tunneling [J]. American Economic Review, 2000, 90 (2): 22-27.

[203] Joos, P., Plesko, G. A.. Valuing loss of Firms [J]. The Accounting Review, 2005 (80): 847-870.

[204] Kahneman, D., Tversky, A.. Prospect Theory: An Analysis of Decision under Risk [J]. Econometrica: Journal of the Econometric Society, 1979, 47 (2): 263-291.

[205] Kane, E. J.. Dangers of Capital Forbearance: The Case of the FSLIC and "Zombie" S&Ls [J]. Contemporary Economic Policy, 1987, 5 (1): 77-83.

[206] Kaplan, S. N., Zingales, L.. Do Financing Constraints Explain Why Investment Is Correlated with Cash Flow [J]. Quarterly Journal of Economics, 1997 (112): 169-216.

[207] Karim, M. A., Sarkar, S., Zhang, S.. Earnings Management Surrounding M&A: Role of Economic Development and Investor Protection [J]. Advances in Accounting, Incorporating Advances in International Accounting, 2016 (35): 207-215.

[208] Keay, A.. Directors' Duties to Creditors: Contractarian Concerns Relating to Efficiency and Over-Protection of Creditors [J]. The Modern Law Review, 2003, 66 (5): 665-699.

[209] Klapper, L. F., Love, I.. Corporate Governance, Investor Protection, Performance in Emerging Market [J]. Journal of Corporate Finance, 2004, 10 (5): 703-728.

[210] Klein, A.. Audit Committee, Board of Director Characteristics and Earnings Management [J]. Journal of Accounting and Economics, 2002 (33): 375-400.

[211] Klein, A., Marquardt, C.. Fundamentals of Accounting Losses [J]. The Accounting Review, 2006 (81): 179-206.

[212] Klein, B., Crawford, R. A., Alchian, A. A.. Vertical Integration, Appropriable Rents, and the Competitive Contracting Process [J]. Journal of Law and Economics, 1978, 21 (10): 297 – 326.

[213] Klein, B., Leffler, K. B.. The Role of Market Forces in Assuring Contractual Performance [J]. Journal of Political Economy, 1981, 89 (4): 615 – 641.

[214] Kreps, D., Wilson, R.. Reputation and Imperfect Information [J]. Journal of Economic Theory, 1982 (27): 253 – 279.

[215] Kyle, A. S., Ou – Yang, H., Xiong, W.. Prospect Theory and Liquidation Decisions [J]. Journal of Economic Theory, 2006, 129 (1): 273 – 288.

[216] La Porta, R., Lopez-de – Silanes, F., Shleifer, A., et al. Agency Problems and Dividend Policies around the World [J]. The Journal of Finance, 2000 (1): 1 – 33.

[217] La Porta, R., Lopez-de – Silanes, F., Shleifer, A., et al. Legal Determinants of External Finance [J]. Journal of Finance, 1997 (52): 1131 – 1150.

[218] LaFond, R., Roychowdhury, S.. Managerial Ownership and Accounting Conservatism [J]. Journal of Accounting Research, 2008 (46): 101 – 135.

[219] LaFond, R., Watts, R. L.. The Information Role of Conservatism [J]. The Accounting Review, 2008 (83): 447 – 478.

[220] LaPorta, R., Lopez-de – Silanes, F., Shleifer, A., et al. Corporate Ownership around the World [J]. Journal of Finance, 1999, 54 (2): 471 – 517.

[221] Leland, H. E., Toft. K. B.. Optimal Capital Structure, Endogenous Bankruptcy, and the Term Structure of Credit Spreads [J]. Journal of Finance, 1996 (51): 987 – 1019.

[222] Lettau, M., Ludvigson. S.. Expected Returns and Expected Dividend Growth [J]. Journal of Financial Economics, 2005, 76 (3): 583 – 626.

[223] Li, J., Tang, Y.. CEO Hubris and Firm Risk Taking in China:

The Moderating Role of Managerial Discretion [J]. Academy of Management Journal, 2010 (53): 45 -68.

[224] Li, D. D., Liang, M.. Causes of the Soft Budget Constraint: Evidence on Three Explanations [J]. Journal of Comparative Economics, 1998, 26 (1): 104 -116.

[225] Lian, Y., Su, Z., Gu, Y.. Evaluating the Effects of Equity Incentives Using PSM: Evidence from China [J]. Frontiers of Business Research in China, 2011, 5 (2): 266 -290.

[226] Lin, J. Y., Li, Z.. Policy Burden, Privatization and Soft Budget Constraint [J]. Journal of Comparative Economics, 2008, 36 (1): 90 -102.

[227] Lin, J. Y., Tan, G.. Policy Burdens, Accountability and Soft Budget Constraint [J]. The American Economic Review, 1999, 89 (2): 426 -431.

[228] Liu, Q., Lu, Z.. Corporate Governance and Earnings Management in the Chinese Listed Companies: A Tunneling Perspective [J]. Journal of Corporate Finance, 2007, 13 (5): 881 -906.

[229] Mayer, C.. Corporation Tax, Finance and the Cost of Capital [J]. The Review of Economics Studies, 1986, 53 (1): 93 -112.

[230] Mehran. H.. Executive Compensation Structure, Ownership and Firm Performance [J]. Journal of Financial Economics, 1995 (38): 163 -184.

[231] Miller, M., Rock, K.. Dividend Policy under Asymmetric Information [J]. Journal of Finance, 1985 (9): 1039 -1041.

[232] Miller, M. H., Modigliani, F.. Dividend Policy, Growth, and the Valuation of Shares [J]. The Journal of Business, 1961 (10): 417 -418.

[233] Mishina, Y., Dykes, B. J., Block, E. S., et al. Why "Good" Firms Do Bad Things: The Effects of High Aspirations, High Expectations, and Prominence on the Incidence of Corporate Illegality [J]. Academy of Management Journal, 2010 (53): 701 -722.

[234] Mitchell, R. K., Agle, B. R., Wood, D. J.. Toward a Theory of

Stakeholder Identification and Salience: Defining the Principle of Who and What Really Counts [J]. Academy of Management Review, 1997, 22 (4): 853 – 886.

[235] Modigliani, F., Miller, M. H.. The Cost of Capital, Corporation Finance, and the Theory of Investment [J]. The American Economic Review, 1958, 48 (3): 261 – 297.

[236] Mukwiri, J., Siems, M.. The Financial Crisis: A Reason to Improve Shareholder Protection in the EU [J]. Journal of Law and Society, 2014, 41 (1): 51 – 72.

[237] Myers, S. C.. Determinants of Corporate Borrowing [J]. Journal of Financial Economics, 1977, 5 (2): 147 – 175.

[238] Ortiz – Molina, H., Penas, M. F.. Lending to Small Businesses: the Role of Loan Maturity in Addressing Information Problems [J]. Small Business Economics, 2008 (30): 361 – 383.

[239] Peek, E., Cuijpers, R., Buijink, W.. Creditors' and Shareholders' Reporting Demands in Public Versus Private Firms: Evidence from Europe [J]. Contemporary Accounting Research, 2010, 27 (1): 49 – 91.

[240] Povel, P.. Optimal "Soft" or "Tough" Bankruptcy Procedures [J]. Journal of Law, Economics and Organization, 1999 (15): 659 – 684.

[241] Putnam, R. D, Leonardi, R., Nanetti, R.. Making Democracy Work: Civil Traditions in Modern Italy [M]. Princeton: Princeton Uni – versity Press, 1993.

[242] Rajan, R. G., Zingales, L.. What do We Know about Capital Structure? Some Evidence from International Data [J]. Journal of Finance, 1995, 50 (5): 1421 – 1460.

[243] Rajan, R. G.. Insiders and Outsiders: The Choice between Informed and Arm's Length Debt [J]. Journal of Finance, 1992 (47): 1367 – 1400.

[244] Roll, R.. The Hubris Hypothesis of Corporate Takeovers [J]. Journal of Business, 1986 (59): 197 – 216.

[245] Ross, S. A.. The Economic Theory of Agency: The Principal's Prob-

lem［J］. American Economic Review, 1973 (63): 134 – 139.

［246］ Rozeff, M. S.. Growth, Beta and Agency Costs as Determinants of Dividend Payout Ratios［J］. Journal of Financial Research, 1982, 5 (3): 249 – 259.

［247］ Safavian, M. , and Sharma, S.. When do Creditor Rights Work?［J］. Journal of Comparative Economics, 2007, 35 (3) : 484 – 508.

［248］ Sanders, W. G. , and Hambrick, D. C.. Swinging for the Fences: The Effects of CEO Stock Options on Company Risk Taking and Performance［J］. Academy of Management Journal, 2007 (50): 1055 – 1078.

［249］ Seifert, B. , Gonenc, H.. Creditor Rights and R&D Expenditures［J］. Corporate Governance: An International Review, 2012, 20 (1): 3 – 20.

［250］ Sharpe, S.. Credit Rationing, Concessionary Lending, and Debt Maturity［J］. Journal of Banking and Finance, 1991 (15): 581 – 604.

［251］ Shleifer, A. , Vishny, R. W.. A Survey of Corporate Governance［J］. The Journal of Finance, 1997, 52 (2): 737 – 783.

［252］ Shleifer, A. , Andrei. , Toider, F.. State Versus Private Ownership and Soft Budget Constraint［J］. Journal of Economic perspectives, 2017, 12 (4): 133 – 150.

［253］ Shyu, Y. W. , Lee, C.. Excess Control Rights and Debt Maturity Structure in Family Controlled Firms［J］. Corporate Governance: An International Review, 2009, 17 (5): 611 – 628.

［254］ Sin, S. , Watts, E.. The Information Content of Losses: Shareholder Option and Earning Reversals［J］. Australian Journal of Management, 2000 (3): 327 – 338.

［255］ Smith, J. C. , Warner, J. B.. On Financial Contracting: An Analysis of Bond Covenants［J］. Journal of Financial Economics, 1979 (7): 117 – 161.

［256］ Sun, L. , Liu, C.. Capital Province, Political Objectives and the

Post IPO Policy Burden [J]. China Finance Review International, 2012, 2 (2): 121 – 142.

[257] Tang, Y., Li, J., Yang, H.. What I See, What I Do: How Executive Hubris Affects Firm Innovation [J]. Journal of Management, 2015 (41): 1698 – 1723.

[258] Telsel, G.. A Theory of Self – enforcing Agreements [J]. Jurnal of Business, 1980, 22 (1): 27 – 44.

[259] Titman, S.. Interest Rate Swaps and Corporate Financing Choices [J]. Journal of Finance, 1992 (47): 1503 – 1516.

[260] Troy, C., Smith, K. G., Domino, M. A.. CEO Demographics and Accounting Fraud: Who is More Likely to Rationalize Illegal Acts [J]. Strategic Organization, 2011 (9): 259 – 282.

[261] Tse, T.. Shareholder and Stakeholder Theory: After the Financial Crisis [J]. Qualitative Research in Financial Markets, 2011, 3 (1): 51 – 63.

[262] Tversky, A., Kahneman, D.. Loss Aversion in Riskless Choice: A Reference Dependent Model [J]. The Quarterly Journal of Economics, 1991, 106 (4): 1039 – 1061.

[263] Wang, K., Xiao, X.. Controlling Shareholders' Tunneling and Executive Compensation: Evidence from China [J]. Journal of Accounting Public Policy, 2011 (1): 89 – 100.

[264] Waterson, M., Wren, C.. The Direct Employment Effects of Financial Assistance to Industry [J]. Oxford Economics Papers, 1991, 43 (1): 116 – 138.

[265] Watts, R. L.. Conservatism in Accounting Part I: Explanations and Implications [J]. Accounting Horizons, 2003, 17 (3): 207 – 221.

[266] Watts, R. L.. Conservatism in Accounting Part II: Evidence and Research Opportunities [J]. Accounting Horizons, 2003, 17 (4): 287 – 301.

[267] Whited, T. M., Wu, G.. Financial Constraints Risk [J]. Review of Financial Studies, 2006, 19 (2): 531 – 559.

[268] Wieser, R.. Research and Development Productivity and Spillo-

vers: Empirical Evidence at the Firm Level [J]. Journal of Economic Surveys, 2010 (19): 587 - 621.

[269] William, W. B.. Bond Covenants and Creditor Protection: Economics and Law, Theory and Practice, Substance and Process [J]. European Business Organization Law Review, 2006 (7): 39 - 87.

[270] Wu, A.. The signal effect of Government R&D Subsidies in China: Does Ownership Matter? [J]. Technological Forecasting and Social Change, 2017, 117 (4): 339 - 345.

[271] Xu, L. C., Tian, Z., Lin, Y.. Political Control, Agency Problems and Ownership Reform: Evidence from China [J]. Economics of Transition, 2005, 13 (1): 1 - 24.

[272] Yoshitaka, F., Tatsuo, U.. Corporate Diversification, Performance, and Restructuring in the Largest Japanese Manufactures [J]. Journal of Japanese International Economics, 2007 (21): 303 - 323.

[273] Zeff, S. A.. The Rise of Economic Consequences [J]. Journal of Accountancy, 1978 (11): 56 - 63.

[274] Zhang, J.. The Contracting Benefits of Accounting Conservatism to Lenders and Borrowers [J]. Journal of Accounting and Economics, 2008 (45): 27 - 54.

[275] Zhang, M., Gao, S. H., Guan, X. J.. Controlling Shareholder Manager Collusion and Tunneling: Evidence from China [J]. Corporate Governance: An International Review, 2014, 22 (6): 440 - 459.

[276] Zhang, X., Bartol, K. M., Smith, K. G., et al. CEOs on the Edge: Earnings Manipulation and Stock - Based Incentive Misalignment [J]. Academy of Management Journal, 2008 (51): 241 - 258.

[277] Zhao, Y., Chen, K. H.. Staggered Boards and Earnings Management [J]. The Accounting Review, 2008 (83): 1347 - 1381.

[278] Zhu, F. F.. Corporate Governance and the Cost of Capital: An International Study [J]. International Review of Finance, 2014, 14 (3): 393 - 429.

后　记

　　对历史亏损问题的关注来自于长航油运案例。2015 年我作为独立董事加入长航油运公司，该公司自 1997 年在上海证券交易所挂牌上市后，几年的经营业绩一直稳定向上，2005 年随着国家"国油国运"政策实施，长航油运通过租赁和委托建造等方式扩张 VLCC 船队，将自身的主业从长江流域石油运输业务向远洋原油运输业务转型。由于大型船舶建造周期较长，加之受到世界性金融危机的影响，长航油运的快速扩张和高杠杆融资使其不堪重负，2010 年长航油运经营业绩呈现亏损状态，2014 年因为连续 4 年亏损退出 A 股市场成为"央企退市第一股"。退市之后，公司以资产处置变现、现金清偿、债转股、债务展期等方式妥善处理相关债务，通过对 VLCC 业务板块的剥离化解远洋原油运输业务风险，通过稳健经营 MR 等中小船型运输提高主业盈利能力，通过加大研发力度、挖掘降本增效路径等策略使长航油运的经营业绩自 2015 年起实现了连续 4 年盈利。2019 年 1 月长航油运重返 A 股市场成为"重新上市第一股"。

　　我有幸参与并见证了长航油运的转型与脱困这一过程，为公司几代董事会的正确决策以及管理层的不断努力而称赞，与此同时，也为长航油运的未来发展隐隐不安。如前所述，长航油运虽已扭亏为盈，步入持续发展的轨道，但政策性负担形成的巨额历史亏损"包袱"仍将成为公司未来发展的桎梏，因为无盈利不分配是各国公司法关于股利分配的基本原则，当公司存在历史亏损"包袱"时，即便其经营盈利，股东也将长期无法通过股利收益分享公司的经营成果，这是对股东利益的直接损害；此外，巨额历史亏损"包袱"使得公司股权融资渠道受限，更多依赖债务融资，将会增加公司的财务风险。如何保持长航油运来之不易的转型发展成果，这是公司股东、董事会和管理层共同面对的问题。事实上，类似长航油运"负重前行"的历史亏损公司的数量在我国不容小觑，据 CSMAR 数据库统计，A 股市场 2007～2019 年间存在未分配利润负向余额的上市公司年平均在 360 家左右。如何消除企业负向未分配利润"包袱"实现高质量发展，也是会计学者需要认真探讨的课题。

2019 年我在英国访学期间将自己四年来对历史亏损问题的研究成果进行整理，成功申请了国家社科基金后期资助项目。感谢国家社科基金给予我的研究资助，感谢中央财经大学给予我的学术著作基金资助，使我能够针对历史亏损问题进行深入研究；感谢长航油运董事会、管理层的不懈努力，使我能够通过一个完整案例，立足现实情境探讨中国问题；感谢我的博士团队给予我的大力支持。该著作是国家社科基金后期资助项目"企业历史亏损的作用机理与治理机制研究"（19FJYB025）的结项成果，项目参与人分别为：孙雅男，北京物资学院讲师，完成了第 2、3、4、5、6 章的数据处理工作，参与了第 4、5 章的前期研究工作；李卓松，北京信息科技大学讲师，完成了第 7 章的数据处理工作，参与了第 7 章的前期研究工作；幸丽霞，中国矿业大学（北京）讲师，参与了第 3 章的前期研究工作；周晓敏，内蒙古财经大学讲师，参与了第 5 章的前期研究工作；李任斯，天津工商大学讲师，参与了第 6 章的前期研究工作；彭涛，北京市西城经济科学大学副教授，参与了第 6 章的前期研究工作。

在本书即将付梓之际，第十三届全国人大常委会第三十二次会议对《中华人民共和国公司法（修订草案）》进行了审议并向社会广泛征求意见，很欣慰地发现，该修订草案第 210 条明确提出"公积金弥补公司亏损，应当先使用任意公积金和法定公积金；仍不能弥补的，可以按照规定使用资本公积金"，该修订意见与本书基于实证检验提出的建议"从制度层面探讨资本公积补亏路径的可操作性""有条件放开资本公积补亏禁令"具有一致性，而我们近几年在《会计研究》《财政研究》《改革》《经济管理》等期刊发表的论文对上述观点均有不同程度阐释，我们的研究为我国补亏政策的拓宽以及公司资本制度的完善提供了经验证据。当然，目前对历史亏损问题的探讨还处于发展阶段，有许多问题还需要进一步论证和探索，包括开展历史亏损问题的国际化研究、拓展制度领域的研究空间等，本书仍存在诸多研究不足之处，恳请同行批评指正。

刘红霞

二零二一年十二月于北京

图书在版编目（CIP）数据

企业历史亏损的作用机理与治理机制研究/刘红霞
著 . --北京：经济科学出版社，2022. 7
国家社科基金后期资助项目
ISBN 978 - 7 - 5218 - 3872 - 5

Ⅰ. ①企… Ⅱ. ①刘… Ⅲ. ①亏损 - 研究 - 中国
Ⅳ. ①F279. 23

中国版本图书馆 CIP 数据核字（2022）第 128664 号

责任编辑：王　娟　李艳红
责任校对：王肖楠
责任印制：张佳裕

企业历史亏损的作用机理与治理机制研究

刘红霞　著

经济科学出版社出版、发行　新华书店经销
社址：北京市海淀区阜成路甲 28 号　邮编：100142
总编部电话：010 - 88191217　发行部电话：010 - 88191522
网址：www. esp. com. cn
电子邮箱：esp@ esp. com. cn
天猫网店：经济科学出版社旗舰店
网址：http：//jjkxcbs. tmall. com
北京季蜂印刷有限公司印装
710 × 1000　16 开　16. 75 印张　280000 字
2022 年 10 月第 1 版　2022 年 10 月第 1 次印刷
ISBN 978 - 7 - 5218 - 3872 - 5　定价：68. 00 元
（图书出现印装问题，本社负责调换。电话：010 - 88191510）
（版权所有　侵权必究　打击盗版　举报热线：010 - 88191661
QQ：2242791300　营销中心电话：010 - 88191537
电子邮箱：dbts@ esp. com. cn）